抢单手记

倪建伟 著

浙江人民出版社

图书在版编目（CIP）数据

抢单手记 / 倪建伟著 . — 杭州：浙江人民出版社，
2022.3
ISBN 978-7-213-10435-0

Ⅰ . ①抢… Ⅱ . ①倪… Ⅲ . ①销售－方法 Ⅳ .
① F713.3

中国版本图书馆 CIP 数据核字（2021）第 263288 号

抢单手记

QIANGDAN SHOUJI

倪建伟　著

出版发行	浙江人民出版社（杭州市体育场路 347 号　邮编　310006）	
责任编辑	祝含瑶	
责任校对	何培玉	
封面设计	沐希设计	
电脑制版	冉　冉	
印　　刷	三河市冀华印务有限公司	
开　　本	700 毫米 × 980 毫米　1/16	
印　　张	19.5	
字　　数	314 千字	
版　　次	2022 年 3 月第 1 版	
印　　次	2022 年 3 月第 1 次印刷	
书　　号	ISBN 978-7-213-10435-0	
定　　价	56.00 元	

如发现印装质量问题，影响阅读，请与市场部联系调换。
质量投诉电话：010-82069336

自序　成功靠自己导演

每个人都希望自己获得成功，每个人都知道一些成功人士的故事，知道他们说的一些成功理念。但是，生活中的绝大多数人竭尽所能还是不能成功，何故？因为虽然每个人都有成功的理想，但几乎所有人都有这样或那样的盲点。这些盲点导致我们在面对机遇时，往往看不到是机遇，或者即使看到却由于准备不足或基本功太差而与机遇失之交臂。

因此，销售人员必须不断学习、不断丰富、不断完善自己，也唯有这样，当我们面对机遇时，才能准确判断、全力拼搏、抓住机遇。

市场不相信眼泪，职场也不同情弱者！工业产品的销售尤其如此！现在的市场是买方市场，是同行竞争过度的市场。当你鼓足勇气去敲开客户的大门时，却发现客户的办公室里已经坐满推销各种产品的销售员；当你抱着美好愿望向客户宣传自己的产品时，客户一句话就把你打发了："我知道了，等需要你们的产品的时候再联系吧！"这就是目前工业产品销售行业的现状。

在买方市场里，在任何一个客户那里，你几乎都能发现有几个、十几个，甚至几十个竞争对手！当项目跟踪到最后时，却只有一个胜利者，蛋糕只能由一个人独享！所以，工业产品的销售向来都是赢者为王！

我在1996年加入日本一家最著名的制泵企业，在上海的营业中心担任项目销售工程师。从这一年开始，我还先后担任了办事处主任、营销总监和经营厂长。在长达十几年的工业产品销售和管理生涯中，每年我都要管理和培训几十位新、老销售员工。他们和无数人一样，都渴望成功，并为此积极地去储备知识，丰富自己。然而很遗憾，尽管他们苦读各类销售书籍，看得心潮澎湃，但当他们将这些书本中的技巧和观点运用到现实的销售工作中时，却突然发现理论和现实背道而驰。每一年，我都会看到一些工业产品的新、老销售员在自己的项目上有着这样或那样的失误，而这些错误其实是完全可以避免的。

于是我开始考虑，在工业产品销售领域奋战多年的自己，是不是可以把这些年成功操作的销售案例还原出来，给那些刚踏入销售工作的，或者没有接受过系统培训的销售员提供一些参考，模拟一些相似的竞争环境，让他们在具体的工作中，因为阅读过本书而不会对这些销售环节或场景感到陌生；在具体运作项目时，能因为本书有类似的成功案例而尽量减少一些操作层面的困惑。于是，我便在天涯社区陆续发布了一些帖文。这些帖子在网络一经发布，便受到众多网友的关注。读者还自发组织了"工业产品销售联盟"这样的团体，给我支持和鼓励，激励我继续写下去；更多的网友则期盼《抢单手记》能出版发行，他们也好买来更方便地阅读和指导自己的项目销售。

本书虚构了主人公倪峰从到某世界500强企业的一个风雨飘摇中的办事处工作开始，如何在逆境中，在落后的局面下，运用销售智慧，拼抢到一个又一个订单的故事。这些故事既有我亲身经历的案例，也有许多销售同行亲历过的场景，大家读起来都会觉得似曾相识。不过小说毕竟是小说，主人公倪峰及其团队所采用的一些手法虽然看起来精彩，却未必是完全正确的。但这些手法及其所表达的观点都反映了市场第一线销售人员的真实状态，都是动态的销售中必须计算的一部分。在销售中，牵一发而动全身，所以在具体销售过程中假如能计算得更精细一些，那离成功就会更近一步。故事虽然简单，但对生活在这个瞬息万变、竞争过度的买方市场中的销售员们来说，却不无指导意义。无论时代如何变迁、市场如何变化，销售工作的基本思路和方法都是基本不变的，因为人性是不变的。

"我是一名演员。"这是周星驰在电影《喜剧之王》中说的一句话。在人生的舞台上，我们每个人何尝不是一名演员呢？人生的戏最后演得如何，主要还是看我们自己是不是刻苦，是不是努力，是不是谋划过，是不是尽心过，是不是我们自己演的！成功，也是我们自己导演出来的！

目录

销售实用锦囊

01 谁说搞销售的不是在搞艺术

马克思把商品转换成货币，称为"商品的惊险的跳跃"，正是这一跳才创造了价值。而销售员就是完成这一跳的艺术家。所以，在这里我想说说那些基层销售实战的故事。

那天，是5月8日。

之所以记得那么清楚，是因为我前一年个人销售业绩全公司第一，被公司奖励去"新马泰"免费旅游一次，那是旅游回来后上班的第一天。

上午9点。

我刚刚到上海公司总部上班，还没到自己的办公室，就被总裁秘书——漂亮的Janet通知下午2点去总裁办公室见中国区的总裁。我一下子惊异起来，不知道总裁找我有什么事。现在不是裁人的时候，而且我和中国区的总裁按行政级别的划分隔着两级，应该不会有直接交流才对。

我赶紧询问前台的Cici，她是我的安徽老乡，一个很漂亮的女孩儿。Cici也说不知道，公司最近好像也没啥和我扯得上边儿的八卦传闻。打听了一圈也没探明总裁找我的意图，于是我索性到代理商那儿喝茶去了。

我们这个生产销售真空设备的德国公司的中国区总裁中文名字叫"潇洒哥"。下午2点见到潇洒哥的时候，潇洒哥好像很不潇洒。他坐在老板桌后面，正面带忧虑地抽着香烟，面前的烟灰缸丢满了烟屁股。整个房间烟雾缭绕。

"Key，公司在 H 省办事处的 Alex 已经被警方以行贿罪正式批捕了，办事处的销售额比往常下降了 90%，办事处处在停业的边缘，所以公司管理层决定把你派到 H 省去负责办事处的运营。"潇洒哥沉默了很久对我说。

我的英文名字叫"Key"，我当时起这个名字是希望自己成为一把能解决问题的"开门的钥匙"。

我很震惊。"那给客户带来的影响大吗？"我问。

"很大！出事的单位是 H 省最大的客户，排在前三位的客户都有人被抓，已经彻底不跟我们做业务了。"潇洒哥说。

我无语了。根据"二八定律"，80% 的销售额是 20% 的客户创造的，那么前三家客户都和我们断绝生意往来，我们的损失至少达到 60%。

"目标？待遇？"我问潇洒哥。

"你会被正式任命为公司的 H 省办事处经理，公司相关级别规定的待遇你都能享受。目标是完成今年 1000 万元的保底销售额。你有驾照吗？公司给你分派一辆别克车，但不配专职司机，你要自己开才可以。"

嘿！驾照都拿了 3 年了，还从来没自己开过车呢。我暗暗地想。

"恭喜你升职！我知道，你肯定会有大发展的。"从总裁办公室出来，我在公司咖啡间喝咖啡的时候，人事部陈部长碰到我对我说。

"谢谢你的祝贺，我会努力的。"我真诚地对陈部长说。我是被陈部长招聘进这家德国公司的。那时候，我在国内的工业产品企业从事销售工作多年，种种原因使我感觉陷入事业和人生的低谷，所以在那年的春节过后，我决定从头再来，于是去参加了上海春季一次最大的人才交流大会。

在招聘会上我就留意相关的企业，经过对自我优劣势的分析，我决定应聘这家专门生产销售真空设备的德国企业。这家企业门槛儿很高，所以怎么打动 HR 是关键。

"你好，我是来应聘你们销售工程师一职的，这是我的简历。"我对当时正在忙招聘工作的 HR 陈说。

我将简历递交给 HR 陈，看着 HR 陈把我的简历收起来。"你这身衣服真符合你的气质，你是全场最有气质的职业女性！"我对 HR 陈说。

听到我的夸奖，HR 陈的眼睛一下子亮了起来，人也瞬间显得和蔼、亲切起来。

"谢谢！我会认真看你的简历的。"她微笑着说。

我一直坚信，我在那么多名牌大学生和那么多销售高手中，能被这家以严格著称的公司挑中，我的这句赞美厥功至伟。

销售语录：打开客户心门最省钱、最有效的方法，就是赞美对方。
反面教训：不分场合、不合时宜地乱拍马屁，会让你的客户难堪。

_ 网友"yue_youhan"质疑：

的确，"销售无冬天"，但是时下谁还敢这么义正词严呢？虽说销售没有冬天，但是企业的经营却是有冬天的，而这恰恰影响了我们的销售。

_ 作者回复：

说"销售无冬天"，其实本意是"风生于地，起于青蘋之末"。也就是说，在事情的萌芽阶段就开始控制，这样在冬天来临的时候，我们由于早期就做好了控制和防备，以及设置了一些壁垒，这样就能做到别人过冬天，而我们却感受不到冬天的寒冷的意思。

其实从某种意义上也就是说："不谋万世者，不足谋一时；不谋全局者，不足谋一域。"

_ 网友"zta56"质疑：

我怀疑那个卖设备被警方逮捕的案例是否存在。可能是我做技术太久、做销售太短的缘故吧，我不太认同这种现象。当然从做销售的角度来看他走了"捷径"，但对公司的形象却是不好的，走夜路太多，搞不好哪天就撞到鬼了。

_ 作者回复：

人性是贪婪的，你的疑问《资本论》中有解答。

《资本论》中指出：如果有 10% 的利润，资本就保证到处被使用；有 20% 的利润，资本就会活跃起来；有 50% 的利润，资本就铤而走险；为了 100% 的利润，资本就敢践踏一切人间法律；有 300% 的利润，资本就敢犯任何罪行，甚至冒着被判绞刑的风险。

你可以将"资本"这个词换成"商人"，然后再看上面的话就明白了。

_ 网友"电子精灵"说：

作者你好，最近我在逛人才市场的时候，招人的看到我简历上的年龄（不到 20 岁）都很迟疑。是不是年纪小就没办法做工业产品销售？我也想过按照你的文章里的方法直接找话事人，但是我虽然有一些销售经验，由于没做过工业销售，之前的工作也不能说做得出类拔萃，加上年龄偏小，这样就没办法打动老板……求作者指点一下！

_ 作者回复：

年龄小得不到信任的问题找工作时会碰到，在销售工作中见客户时也会碰到。

25 岁的马克思在应聘《莱茵报》的主编时，就碰到了你目前的问题。该报老板说："你年龄那么小，我们招聘的可是主编啊！"马克思说："难道知识和年龄有必然的联系吗？你看看我的成果再说。"说完，马克思就拿出他那些年的投稿和大学的博士证。就这样，凭借自己的实力，马克思在 25 岁的时候获得了《莱茵报》主编的职位。

你年龄小的问题可以从三个方面去改善：

1. 穿职业黑灰色西装。职业装可以使你看起来成熟些，也更职业化些。一个再蹩脚的医师穿上白大褂也会使紧张的患者产生信赖感！这就是职业装的魅力。

2. 预判招聘单位需要什么样的人才，你就把自己包装成什么样的人才。这一点靠学习可以达到，一定要做个有真材实料的人。

3. 言行要职业化，多注意你认为成功的人的言行举止，可以去模仿。

02 在脑门上刻一个"忠"字

5月10日,星期四。

在一片蒙蒙细雨中,我开车从上海到了W市。虽然前两日在公司司机指导下进行了紧急练车,但第一次开车上高速公路,我还是紧张得要命,吓得要死。刚开始上路的时候车开到时速40千米都嫌快,身后喇叭声一片,还出了几次险情。但开到九江的时候胆子就大了起来,平均车速也到了120千米/小时。

一路上,我的心情也如这时下时停的雨,起起伏伏,不能自已,就这样到了H省办事处。办事处在W市的国贸大厦,这是W市最高级的写字楼之一。

H省办事处人数不多,就7个人。在H省办事处的全体人员会议上,自H省办事处出事以来,一直代管这里工作的集团总公司的销售总经理张军指着我说:"这是公司新上任的H省办事处经理倪峰,临危上任,希望你们支持。请倪经理发言。"

在稀稀拉拉的掌声中,我看到不高的士气。"我叫倪峰,职业销售,现在任你们办事处经理,希望以后在工作中能和大家齐心协力、互帮互助、再创辉煌。请各位同事先自我介绍一下。"我笑着对各位新同事说。

"我叫王笑,销售员,主要负责Y市一带。"

"我叫张雨,销售员,欢迎新领导,我主要负责S市一带。"

"我叫张淮,销售员,主要负责M市一带。"

"我叫江刚，销售员，主要负责 J 市一带。"

"我叫陶小美，公司财务。"

"我叫叶红，公司文员助理，负责日常杂事。"

就这样，我和办事处的全体人员算是认识了。

总部张总上午开完会就走了，回上海总公司了，甚至连午饭也没吃，工作上什么也没有交代。我还期待他能和我交接客户资料呢，结果什么也没有做就这样突然跑了。

我很茫然，在没有具体信息支持的情况下，对如何开展下一步工作感到茫然。

下午继续开会，听四个业务员简单介绍业务情况。也确实简单，他们只是随便报了几个厂名，然后说最近没什么需求就打住不说了。

我明白，也理解他们。一般来说，一个空降的新领导上任，以前的分公司业务员对此心里总有些不平衡，谁不希望领导岗位空缺时自己能被高层看中、被提拔当领导呢？哪个业务员愿意把自己手中的信息透露给别人呢？信息可是业务员的财富啊！

我说："过去的事情大家都知道，也都已经过去了，不管影响多大，不管过去你们每个人有多辉煌或者有多失败，我希望你们从今天起，把自己清零，把过去所有的一切都忘掉。从现在开始，让我们一起从零开始。"

没有人回应我，下午的会议就这样草草结束了。

接下来发生的事更加奇怪，四个销售员都要出差，说客户需要，他们甚至直接去找财务打个借支单把钱拿到就走了，对此我却一点也不知情。这些是直到第二天，我看到办公室里销售员都不在，问助理小叶才知道的。

"水很深呀。"我对自己说，"很明显，我作为 H 省分公司的最高领导，业务员去哪儿必须是要让我第一个知道且听我安排的，而这些分公司的老员工却自行出差且不向我请示。这说明他们目中无人，没把我放在心上！这种风气必须立即刹住，否则，以后这个办事处管不好！"

"难道借支钱不需要分公司领导批准吗？"我问财务。

财务说："以前的分公司领导都是这样的啊，给分公司的销售员销售备用金，销售员出差回来拿票核销，不需要事先批准的。"

我对叶助理说："明天（周六）上午开会，所有人不得缺席。"

叶助理说："我们上班五天制，周六从来不上班的！"

"我通知你我的决定，你再通知到每个应该知道的人，其他的不是你该考虑的。"我用平静得有点儿冷淡的口气对叶助理说。

"好吧！"叶助理有点儿无奈地答复说。

我周六让全体员工开会的做法很让人吃惊。我们这家德国企业，实行的是每周四天或者五天工作制度。你一天上班十个小时就可以一周上班四天，如果一天上班八个小时就应该一周上班五天。所以，周六上班可能面临向总部申请加班费的问题，这种事情牵涉太多，所以上一任从来没有在周六、周日开过会。

和我想象的差不多，周六开会的时候只来了三个人。销售员来了两个，一个是王笑，另一个是张雨，助理小叶也来了。其他两个业务员以种种理由请假没来，财务也没来。

小叶说他们都向她请假了，我一笑置之。

加上我就四个人，会还是照样开。

会上，我宣布：

一、今天没来的分公司员工一律除名！周一请叶助理正式将人事变动情况传真至上海总部，请总部核准。

二、财务开除后，助理以后兼管财务，近期不会可以找代账公司代账，但两个月后必须会做账。

三、分公司所有业务员最近工作时间内不允许出差，要在办公室修炼"内功"，好好学习产品知识和销售知识。考试合格后，方可代表公司外出进行销售活动。在办公室上班期间，上下班情况按分公司管理制度考核。

我喜欢并选择办事处领导这一岗位，因为这一岗位就是占山为王，能够最大限度地发挥你的指挥能力，检验你的判断力，看你的销售理想是否经得住现实的考验。

周六的会议就这样在一片惊愕中结束了。

销售语录： 带领团队，忠心比能力更重要，宁要一条忠心的狗，也不要一头离心的狮子。

反面教训： 古往今来，死在背后一刀的例子不胜枚举。

_ 网友"没有眼泪的季节"问：

我不懂为什么宁愿要一条能力不足的小狗，而不要一头很厉害的狮子，哪个领导不想要个像狮子一样厉害的下属啊？

我最近手上有个大单子，同行业的竞争对手在推荐品牌中的有三家。其中一家在这个省份的市场上用得多，价格稍高；我们家在这个省也有个比较大的项目；另一家是以低价冲市场。但是这两家公司都处于人员的变动期，第一家公司找了个在当地有些关系的人专门运作（估计这个人不只运作一种设备）。目前的情况是我已经联系过设计院，与业主浅接触，总包那边也基本没问题了，但是我听设计院的人说，他们找到了管理总包的直接领导，而我现在找的业主只是管我们设备的这部分。时间比较紧迫了，我也有点儿慌神了，不知道该咋办，请指教一二。

_ 作者回复：

呵呵，这只是比喻。意思是说领导一个团队，只要大家齐心协力，哪怕团队的人都很平庸，也有可能创造佳绩；而一个不团结、相互猜疑、四分五裂、各自为政的团队，即使团员都很出色，那整个团队也很难出佳绩。

你说的这个单子，首先你要搞清是总包方选择品牌并采购设备，还是业主指定品牌？如果是总包方选择品牌并签订合同，你主要的武器应该是价格。总包方的核心利益是价格，是利润。别人进行了深度交流协商后，自然价格就高了，所以你用价格战应该是有效的。当然，前提是你也得给总包方相关人员留个好印象。

如果是业主选择并指定品牌，那么你只要把握住质量：一方面，宣传质量；另一方面，做推荐人、关键人和拍板人的工作。一般这个打法是有效的。

如果不行，你可以效仿我曾经使用的招数，搬个你公司的样品放到客户的办公室里去。

有关系最好，但关系并不是万能的！很多时候你找了关系，就把希望寄托在关系上面，不注意客户真正的需求，反而容易招致失败！因为你不能确保你找的关系就一定能帮你办成事！

每个人都有自己的对环境的考量，你找的关系人感觉不是十分安全或合情理时，他会自我保护，不敢站出来支持你！很多情况下，人们都喜欢锦上添花，现在没有多少人肯雪中送炭了。

没有完美的销售员。不要泄气，肯定会有机会的，仔细观察，你一定会看出竞争对手的弱点，然后猛攻，这也是抢单的必要手法。

03　目标是成功的原动力

5月剩下的半个月时间内，我都在处理离职人员手续和调查 H 省市场。而留下的三个人，都待在办公室里天天看产品说明书学习产品知识。

销售员王笑是最先熬不住的，他给我写了出差计划书，强烈表示要到市场第一线去拜访客户。我给他回了封 E-mail，信中只写了五个字："先苦练内功。"

我不让他们去干任何具体的事情，只是天天在办公室里看产品说明书。

不让他们出门的目的是先抑后扬。《曹刿论战》里说得很清楚："夫战，勇气也。"先压抑一个人，困住他到一定程度，然后放出去，那么这个人必定会疯狂地表现一把。

很明显，经过我的"辣手摧花"，迅速开除三个人之后，剩下的三个人都很震惊，他们和我说话时明显都用了敬语。我们这家外企很少开除人，甚至几年都不会开除一个，他们也怕自己是下一个被开除的吧。毕竟，我们公司的待遇相对其他国内企业还是很有竞争力的。

5月底，销售王笑和张雨请我吃饭，我应允了。

我们开着车来到湖边，看着清澈的湖水，星星点点地分布在湖边的农家，大家心情都有几分清爽。

"倪总，你做销售多少年了？"王笑问道。

"10 年了。"我笑着回答。

"倪总，我们都想出去跑跑客户，天天关在办公室里好难受啊。"趁着酒劲儿，张雨说道。

"哦？那把你们放出去，你们一个人能干出 600 万元的销售额吗？"我反问道。

"600 万？我们去年的任务才 200 万元销售额，今年这个形势 100 万元就已经很高了。"

"所以你们得闭门学习啊，学习怎么才能干出 600 万的销售额。"我说道。

"那不是纸上谈兵吗？"王笑不解也不服地说。

"这个世界上，有的人比你富裕一千倍、一万倍，那么他们也比你聪明一千倍、一万倍吗？"我问他俩。

"不可能。"他俩异口同声地说。

"那么差距在哪里？"我问他们。

他们都摇了摇头。

"是目标，或者理想！推动人进步的就是这些东西，看不见，摸不着，却又真实存在！"我斩钉截铁地说道，"所以我要你们明天将你们各自的目标写在纸上，然后找出实现的方法来。也就是说，你们要就目前的工作写个销售计划：树立销售目标；找出实现目标的可能的最佳方法，拼命去做；时时检讨、修正自己，朝目标奋进。"

我继续说："你们现在每个人本年度的销售目标就是 600 万元，能做到吗？做不到提前说，我就不给你们安排那么大的销售目标了。如果能做到，那就给我写一份销售计划书，把你们如何实现 600 万元销售目标的方法展现给我看。

"知道陈胜、吴广吗？知道'燕雀安知鸿鹄之志'的典故吗？人在任何时候都不能没有目标，也不能有小富即安、吃一顿是一顿的意识。即使在最困难的时期，也要有远大的志向！

"再告诉你们，同样是销售员，一个销售阀门的销售员，一年的销售额做到 300 万元就已经沾沾自喜了，但是我却知道，前几年有个阀门销售高手一个订单是 2.3 亿元！同志们！销售工作永无止境，没什么是不可能的，平常销售民用建筑市场水泵的销售员一年能做个 300 万元就自我感觉良好，牛得一塌糊涂了。但是，在我们工业领域，有时候一台水泵就卖 2000 万人民币了。你们也是销售人员，不比别人缺胳膊少腿的，希望你俩也能创造出销售奇迹！"

看得出来，他俩的心被我鼓动了，明显有想去市场大干一番的冲动。

销售语录： 目标可以让你专注做事情。一个人如果专注，哪怕一颗小石子也可以砸死一个巨人。

反面教训： 每个人都有巨大的力量，但很多人往往将精力浪费在乱七八糟的小事情上，而这些小事情往往让他忘记要干什么，以致最后一事无成。

04 销售是从被拒绝开始的

6 月的前两个星期，我让销售员王笑和张雨分别带着我跑他们以前拜访过的老客户，在这些客户那里，我看到的客户情况应该说是客气有余、熟稔不足。

这让我很担忧。长期的销售工作经验告诉我：上门推销的关键是和客户成为朋友，与客户打成一片。如果客户跟你客气，这说明你还没有走进客户的内心。这样的客情关系其实是非常脆弱的，也是危险的，一旦竞争厂家高手级别的销售员出手，客户就会轻易倒向竞争对手。所以，营销界有句话叫作："先做朋友，再做生意。"

后两个星期是我单独拜访以前业务员拜访过的客户，和客户接触的情况更是让我心惊。我至今还清晰地记得第一次拜访鄂北矿业集团的情景。当时的鄂北矿业集团主要从事煤炭的开采和销售，固定资产 300 亿元，是我公司在 H 省最大的客户。

到鄂北矿业集团拜访是从一连串的羞辱开始的。第一个拜访的部门是鄂北矿业集团的下属供应公司。初次到供应公司设备科见到童科长的时候，我递上名片，童科长没接——场面就开始尴尬了。我递上产品的说明书，正准备给他介绍的时候，童科长一转身就把我递给他的产品说明书扔进垃圾桶了，然后对我说："我现在很忙，你有什么事情吗？"这是一个封闭性的话题，回答有事和没事，都不合适。在我们的工作中，一般都尽量避免使用封闭式话题，这样的句式是生硬的，也容易出现无话可谈、交流不畅的情况。我只好说："没什么大事，我专程来就是想给你宣传一下我们公司的产品。"之后他便不再理我，埋头去看他的资料了。我尴尬地坐了十多分钟，童科长抬起头见我还在那儿坐着，就又说："你还有什么事情吗？"

第一次拜访童科长就这样在尴尬的气氛中结束了。

拜访鄂北矿业集团的技术部，人家更是连门都不让进。我敲开技术部张工办公室的门时，张工开了门就问我是干什么的。我赶忙回答说："打扰了，我是德国佳菱真空技术公司的。"张工一听到我是佳菱公司的，马上脸色就变了，边将我向门外推边说："我们不用德国佳菱的产品。"然后"砰"的一声就把门关上了。

拜访其他部门的情况也基本如此，这让我这个销售老手也彷徨无助起来，不是因为我推销战术有问题，而是有些事情确实需要时间来消弭。有没有办法使这个老客户起死回生呢？现在我们公司在鄂北矿业集团的客情是这样的：

1. 鄂北矿业集团的机电副总经理曾到我们公司德国本部考察，觉得产品质量和技术确实不错，也非常节能，符合国家的节能减排政策，所以就正式将我的上一任介绍给鄂北矿业集团供应处的处长。

2. 供应处处长因为觉得我的上一任是单位领导介绍的，同时觉得我们的产品确实不错，所以就与我们合作了不少业务。

3. 在长期合作中，供应处处长拿了我们的好处，结果今年事发，被起诉并判刑七年。

4. 事情在集团内部公开后，分管机电的那个副总经理感觉是他介绍我们和供应处处长认识，从而导致供应处处长落马的，所以有点儿内疚，就在全集团的处级大会上正式宣布："只要我在，鄂北矿业集团就再也不用德国佳菱的产品。"

现在鄂北矿业集团的相关业务部门人员，连和我说话都躲躲闪闪的，唯恐给其他人看到，唯恐别人说他和我们有关系，让别人产生一些对他不利的联想。我们现在是过街的老鼠了，这个集团的任何部门和员工都避免和我们公开交往。从拜访其他客户的情形来看，我们的竞争对手早就将我们公司行贿导致鄂北矿业集团高层领导被判刑的事情传得沸沸扬扬。

现在的市场情形很糟糕。

销售语录：销售就是个试错的过程，不要怕失败，宝剑锋从磨砺出。

反面教训：老是重复错误的销售方法那是愚蠢，要善于总结为什么不被客户接受，这样才会进步。

_ 网友"Reborner920"建议：

鉴于文中德国佳菱公司与鄂北矿业集团的客情状况，本人妄自分析，认为在这种非常时期要想翻盘，解铃还须系铃人。何不先尝试着接触曾经为你们牵线搭桥的机电副总经理，摆出全新态度，真诚道歉，承认错误，从他这里开始稀释矛盾比跟鄂北矿业集团其他下属科室部门接触要有用得多。毕竟下面的人都忌讳他的那句话"只要我在，鄂北矿业集团就再也不用德国佳菱的产品"，所以你跟他们再怎么接触暂时也是徒劳的。个人愚见，权当笑料。

_ 作者回复：

此事还正处在风口浪尖上，当事人受牵连、伤害太深是听不得任何解释的。如同对吵架中的人讲道理一样，理论上可行，实际上当事人根本不予理会。你的建议在销售的实战中属于理论上可行，但实际上却走不通的情况。

_ 网友"马字头"问：

首先感谢你给我们分享你的销售经验。有一点我有疑问，就是倪峰去拜访童科长，而后者则将前者的产品资料扔到垃圾桶里了，我认为只要有点儿涵养的人都不会做出这种事，何况人家也做到科长级别了，他不可能连这点儿客情关系都不懂。能否分析一下？

_ 作者回复：

首先得说这种情况是很罕见的，但不是碰不到，几乎每个销售员在他的销售生涯中都会碰到类似的被严重藐视的情况。人都有倒霉的时候，也都有运气很好的时候，这就是倒霉的时候。

联系文中的情况，由于采购部门是公司行贿案件中牵连最广、牵涉最深的部门，供应处的处长都被判刑了，所以供应处采购科的科长有如此举动是可以理解的。他的举动很明确地透露出这样的意思：我单位不欢迎你们公司，希望你以后不要来了！这样的身体语言强烈表达出不愿和你发生任何关联的意思。

一个人做销售做久了，什么恶劣的情况都有可能碰到。我曾经在某地碰到个客户，一个老总，在我拜访他的时候，他应约出来吃饭了。吃饭中，他说他孙女今天生日。他做出这样的暗示，结果我花了一千多元买了些小孩子的东西送过去。事情过去了一个星期，那个老总就退休了，我的事情也没办成。你说，是这样的客户素质好，还是扔你资料的客户素质好呢？

销售中充满了阴谋和陷阱，一个新手销售员成长为高手实在不易，都是用血泪和金钱砸出来的！

05   在金字塔上挖得人才

接下来的 7 月，我去拜访我们公司的常规重点客户群时，也遭受到与拜访鄂北矿业集团时相似的境况。销售员王笑和张雨去拜访客户时遇到的处境也是类似的。唯一让我感到欣慰的是，王笑和张雨拜访的客户量是惊人的，如同卖保险的，他们收集了大量的潜在客户信息并大部分都去一一拜访了。这些信息估计是他们在办公室里苦练内功时，为开展以后的销售工作专门收集的，从这一点上判断，他们属于想要有所作为的销售员。

但信息多和拿到订单是两个概念。

7 月底的一个周一的上午，例行会议。

听到王笑和张雨汇报的工作情况，我看到了一种消极的思想。在诸多的碰壁面前，他们昂扬的斗志已经被磨得降到底点了。

我知道这是需要提高士气的时候了，提高销售员的士气，就要指导他们签下订单，光依靠语言的激励是远远不够的。

"王笑，张雨，你们手上有没有最近要采购的客户？"我问手下的两个兵。

"我没有。"王笑说。

"我倒是有一个，也给你汇报过，就是 J 市铁矿，他们 8 月要采购。但是他们筹备处的主任已经被我们的竞争对手联系上了，也参观过竞争对手的样板工程并且感觉不错，几乎没什么机会了，其他的厂家都不怎么去拜访这家客户了。"张雨说。

J 市铁矿的情况我听张雨汇报过，是知道一些的。J 市铁矿实施技术改造，需要我们这样的设备，初步预算 140 多万元。负责机电技术的是他们基建处设备科的朱科长，而朱科长和他的上级 —— 基建处处长牛处长已经被竞争对手说服了。竞争对手是通过主管单位找的矿长。所以，我们成功的希望很渺茫。

当然，这些信息是我后来在 J 市铁矿基建处一个管土建的人口中套出来的，而此时我们只知道竞争对手和客户关系很深，但具体是什么关系却不清楚。我决定拿下 J 市铁矿这个合同。

我永远也忘不了当我在会场上明确表态，要集中精力，全力拿下 J 市铁矿这个订单的时候，张雨和王笑看我的惊异表情。在他们眼里，我或者是个自说自话的大话狂，又或者是个疯子吧。其实，有时候高手就是疯子，没有那种疯狂的工作精神，怎么能一路攻城略地，怎么能付出别人所不愿付出的辛劳，怎么能在四面楚歌中仍斗志昂扬、走向辉煌呢？

人，有时候确实是需要一些"疯狂"的精神。

我在 J 市住了一个星期，每天都去基建处的牛处长和朱科长那里转一下，发根烟顺便说两句话就离开了，希望能给他们留个好印象。

经过一个星期的接触，我感觉朱科长对我们还是有兴趣的，只是人微言轻，连向上级推荐我们都不敢。但工作成绩还是有的，那就是无论是牛处长还是朱科长都觉得我们的产品确实不错。

事情的转机是在朱科长那里见到竞争对手的业务员 —— 董路和陈军两个人。董路是竞争对手金海公司跑 J 市铁矿的业务员，而陈军是他的同事，这次陈军是陪着董路来玩的。

我出了朱科长的门，就在 J 市铁矿的大门口等待他俩，一直等到董路和陈军出来。

"你们好，我是佳菱公司的倪峰，认识一下吧。"我对他们两个说着，并给每人递上一张自己的名片。交换了名片后我对他们说："你们这个项目进展得好啊，我是新调来负责这个市场的，还需要向你们学习啊！"

陈军很好奇，就问我以前是在哪里做的。

"我在上海总部做，这个省办事处出事了，公司急缺人，所以才把我派到这里来负责的。我们整个公司都缺销售员，招聘都招不到出色的人，所以把我这个新手弄到这里来了。"我对他们说。

"倪经理，你太谦虚了，你们 H 省分公司出了事我们也知道，以后还希望能相互交流啊。"陈军对我说。

"那是，那是，虽然是同行，但是竞争中也会有合作，以后常常联系啊。"我热情地说。

"好的，好的，常常联系。"

回到 W 市的第二天，我就打电话独自约了陈军出来喝茶。他借口有事没出来和我碰面，但语气很友善。约了三次以后，陈军出来了，和我在咖啡馆见面。

在上岛咖啡屋的一个包房里，客套了一番后，我对陈军说："我初来乍到，在 W 市这边没有什么朋友，所以很想结交几个知心的朋友。你在这边轻车熟路，该是顺风顺水吧？"

"我们这个公司老板不地道，总是克扣我们的佣金，我们做业务的真难。"陈军不回答我的问题，转而发出感叹。

"我们外企的一大好处就是养人，老板很遵守法规，对人才也十分尊重，有些人甚至可以在外企养老一般长期混下去。你可以到我们公司来试试啊。"我继续游说陈军。

"做完这单，我就不干。我女朋友在北京工作，我也正想换个环境。"陈军答道。

"这样啊，如果你去北京的话，我可以向北京那边的朋友推荐一下你。这些年我认识了一些外企的老板，别的不敢讲，推荐一下还是能做到的，就是一句话的事情。"我真诚地说。

"到时候再说吧。"陈军说。

"J 市铁矿我们公司和我都想做下来，还希望你能帮忙啊。"我对陈军说。

在和陈军谈过话后的两周内，J 市铁矿面向全国发了标书。我们 H 省分公司买了标书。

一天，我正在办公室做标书，突然"嘀嘀嘀"一阵手机铃声响起。我一看是陈军打的就赶忙接了。

"你好，我是陈军。"

"你好啊，你在哪儿啊？晚上外面一起吃饭吧。"我说。

"不了，别客气！倪总，我在马路上。我和老板闹翻了，我看你上次说想做这单子，很诚心。我也是想帮人，就估计了一下我们公司这次投标的价格应该在 165 万左右。我估计的，不一定对。"陈军一再叮嘱道。

"谢谢！谢谢！真诚感谢！你有时间就给我打个电话一起聚聚吧。"我说。

有了陈军提供的他们公司的投标价格，我做标书有了分寸。不出意料，中标候选人有两家：金海公司投标价是 162 万元，为第一中标候选人；我们公司投标价是 159 万元，为第二中标候选人。

开标后的第二天，我就去了 J 市铁矿。根据陈军事先提供的资料，我直接找到 J 市铁矿的朱科长，对他说："领导，我向你反映个情况，虽然金海公司为第一中标候选人，但是他们的产品却不符合你们这次招标的技术要求。"

"哦？"朱科长不置可否。

"我们的投标产品使用的是球墨铸铁，而金海公司的投标产品使用的是灰口铁。依据国家的材料标准，我们的产品承压 16 公斤，而金海公司的灰口铁承压才 10 公斤，而你们的实际压力已经达到 7 公斤，一个水锤下来就是 14 公斤，所以他们的投标产品一旦投入使用，必然会出现质量问题，严重的话甚至会导致你们停产！"我郑重地警告。

"一个安全的矿，才是一个高产的矿，希望你们认真评估他们泵的风险。我是从一个销售员的良知出发才这样说的。本来不应该说竞争对手的坏话，但我却不能眼看着竞争对手忽悠你们！不能看到他们卖最高价，却提供给你们有安全隐患的产品！"我一脸正气地说道，自己都被自己感动了。

朱科长本来就和我关系还可以，只是他的上级被竞争对手说服了，所以他一直没帮我说话，也不敢帮我说话。但是我提出的问题很严重，所以他就将这问题向上级汇报了。而朱科长的上级也很慎重，因为花大价钱买的产品一定要安全，买个质量没保障的产品，最后会连累自己的。

J 市铁矿打电话让金海公司来人解释这件事。结果董路虽然答应客户上门解释，却比约定的日子迟了一天才去，在客户要求解释的时候，他的态度又很傲慢。这下激怒了朱科长，也激怒了牛处长。在开完标的第四天，他们通过招标公司宣布我代表的德国佳菱公司中标。

销售语录： 正面阵地如果确实短期攻克不下，那么就一定要在脆弱的边缘集中力量全力拿下。

反面教训： 明知道是鸡蛋，还去碰石头，这是销售中没效率的事情。

_ 网友"HNYY"问：

很想知道，倪峰在决定拿下 J 市矿业时心里有几分底气？对于这个勇气和结果不得不佩服啊！

_ 作者回复：

人这一生会做出很多没有把握的决定，之所以做这样没把握的决定，是因为环境已经逼迫你不得不做决定了！记得李嘉诚说过，事情有 60% 机会成功的时候，就 100% 可以做了。实际上，我们做很多事情的时候连 60% 的成功机会都不会有。别期望有 100% 会成功的事情你才去做，当这个事情 100% 会成功的时候，你就会突然发现，你的身边已经站满了竞争者，因为对你来说 100% 会成功的事情，对别人来说也一样啊！

所以，机会永远隐藏在风险里。

_ 网友"wunaizi"问：

看了您的文章，受益颇丰，谢谢！有问题请教：在 J 市铁矿这个案子中，如果客户也耳闻你们公司出了个大案子，向你打听情况，你该如何应对？在实际业务中碰到过不少这样的情况，竞争对手拿我们失败的案子说事，客户问起时，实在不知如何应对才好。请不吝赐教！先谢过！

_ 作者回复：

这样的江湖流言传到客户耳朵里，客户很好奇，也会问起。这不是困窘，而是你的一次销售机会！在销售里，只要客户询问你问题，不管好的坏的，都是销售机会。你正好可以仔细地、有条理地向客户阐述你的观点。我的办法是诉苦：一是简单介绍确实有这事，二是重点介绍自己也是受害者。本来干得好好的，被上级任命到这里来救火，但上一任的事情导致自己的销售工作受到极大的影响，业绩也很难完成。这样去博取客户的同情！

_ 网友"adventure 830"质疑：

J市铁矿这个案例太假了，怎么可能将竞争对手两个人都吃定了？他们再来个将计就计，你就玩儿完了。

_ 网友"紫沙苦"回复：

如果你知道销售人员所在的公司一般在年底结算提成时，将该给你的提成10万元七算八算成了1万元，你就能理解为什么竞争对手的业务员那么容易"飞单"了。

_ 网友"wmfdlm"问：

峰哥你好，谢谢你的无私分享。冒昧地请教一下：关于J市铁矿的那个单子，倪峰能够成功拿下，是不是还有一些其他促成因素没有描述？

_ 作者回复：

你认为还需要其他的方法吗？挖人战略一直是高级别的商战标志之一。挖走一个人或一个团队，必然会带走一些客户、一些订单。在20世纪90年代，水泵战国时代，上海东 × 泵业至少有70%的办事处主任是直接从上海 × 泉水泵挖来的。

某些新的企业之所以能够迅速占领市场，采用的招数就是将排名第一的企业的销售团队挖过来！只要能挖过来，当年的业绩至少会是排名第一的企业业绩的30%，因为挖过来的不仅仅是一个人，还有那个人所拥有的客户群。这也是为什么资深销售员从来不去人才市场，因为资深销售员本身的客户群就是财富，就足够吸引老板们了。对他们来说，给想去的企业相关负责人打个电话，工作就到手了。

挖人抢单，这一招永远有效！

06　订单活着是因为有人在左右

H省办事处在十分不利的窘境之下干净利落地拿到J市铁矿这个159万元的标，这在办事处和公司高层都引起了高度的反响。这个反响中有对我能力的敬佩，也有对各自利益的考量。公司领导也经常在会议上夸奖H省办事处的销售工作做得比较好。只是一枚硬币总有正反两面，工作中也是。我当时被小小的胜利冲昏了头脑，以至于没有察觉青蘋之末，而给以后带来了些许的困境。

转眼到了9月，我通过领导将竞争对手金海公司的业务员陈军和董路介绍到我们公司北京分公司去了。这也算是对人家的一个回报吧，毕竟受了人家的恩惠。

这事儿已经过去好多年了，迄今我年年都能收到陈军发给我的贺年短信。对他来说，没有我的推荐，靠他自己的努力这辈子可能永远都进不了这家知名外企。

由于我开除了业务员而一直没有补充新的销售员，所以在9月初的时候，公司总部又派了销售员于泉来我们H省办事处。

在这期间我还被人投诉了两次。第一次是叶助理向公司总部投诉我，说我利用她。理由是在开除最早的那两个业务员的时候，是我叫叶助理去通知的，而一般情况下开除工作人员都是公司人事部门或者我们公司外包的人才公司专门用电话解聘。叶助理向销售总经理张总抱怨我把得罪人的事情交给她做，是在利用她。

第二次是去J市出差的路上，张总打电话给我，问我在哪儿。我说在J市跑J市铁矿呢。张总就在电话里说，我要经常在H省办事处里坐着，别没事四处乱跑，不然工作人员经常在办公室看不到我，会人心不稳。

我安排销售员于泉拜访鄂北矿业集团。这期间我也没有停止拜访鄂北矿业集团，但是和前期一样老是被冷遇，总是被拒绝。真的没有办法！

但是我没有急躁，没有急躁的原因是我在拜访鄂北矿业集团的时候见到了我的竞争对手们。看到我的竞争对手衣着歪歪扭扭、态度嚣张时，我就知道，我一定会在这场马拉松中取胜。根据自我判断，我的内涵和销售技巧都比竞争对手要出色，所以战胜竞争对手是情理之中的事情。销售，说到底是人与人之间的竞争。甚至可以下这样一个不是完全正确的结论：一个工业订单能否拿到手，不取决于企业品牌，不取决于企业实力，不取决于价格，不取决于其他各种外在因素，而取决于你派出去的业务员的素质。如果你派出去的业务员的销售水平比不上竞争对手的销售水平，几乎没有悬念，你会丢掉这个订单。

你纵有三十六计，纵是商界天才，但你的业务员不成气候，你即使是满腹经纶也无法施展。这就是为什么千军易得，一将难求，好的战略也要靠优秀的人去实施。

这样看来，不断提高自己的销售水平，也是我们销售员的宿命啊！那么，销售人员也有层次或者段位吗？答案是肯定的！

金庸在《神雕侠侣》里面提到杨过的师父、未出场的独孤求败大侠的学剑阶段，我们销售人员提高自己销售水平的四个阶段可与之类比。

一曰：利剑无意。

书曰：凌厉刚猛，无坚不摧，弱冠前以之与河朔群雄争锋。

少年人性格刚烈，锐不可当，自觉无坚不摧，与河朔群雄争锋云云更是使命之中的事。

这一阶段的销售人员一般都是新手或者进入销售这行不到一年的人，他们满怀理想，看了无数本销售方面的书籍，汲取里面的销售精华，为了成功不惜把自己跑死、累死。

但是，这一阶段也是销售员生涯中最没价值的阶段。一般而言，这个阶段的销售员跑 10 个客户最多只能成功 3 个，而且做不到高利润。做的单子价格接近出厂价，让公司很难受，自己也无多少收入。

二曰：软剑无常。

书曰：紫薇软剑，三十岁前所用，误伤义士不祥，悔恨无已，乃弃之深谷。

软剑比利剑快，比利剑多变，比平常的硬剑难使，有其自己的规律。只有摸清了软剑的运动规律，才能更好地使用它。但是由于要满足剑的运动规律，所以不能随自己的心来操作，否则无法收放自如，难免误伤义士。

处于这一阶段的一般是踏入销售行业 2 ~ 3 年的销售人员了。这个阶段的人求"巧"，求"奇"，懂得以花招求胜。这一阶段的销售员对销售充满患得患失的想法，但只看到客户表面的东西，还没看透客户的内在，所以为了订单会做出许多自作聪明的事情，比如拿回扣、追求差异化竞争或销售上的小技巧、跟踪客户到家里谈，等等。

这一阶段的销售员是最受销售主管欢迎的，市面上 80% 的销售人员都是这类型的。一般而言，这个阶段的业务员跑 10 个客户会成功 3 ~ 5 个。做单的质量有高有低，但基本上能在单位站住脚了，收入的多少得看销售主管人品的好坏。这个阶段的财富是积累出来的。

三曰：重剑无锋。

书曰：重剑无锋，大巧不工，四十岁前恃之横行天下。

老练世故的人，早已学会怎样举重若轻、不露锋芒，其威力反而更大。

这个阶段的销售员已经从事销售行业 3 ~ 8 年或者更久了。一般而言，这个阶段的销售人员跑 10 个客户会成功 5 ~ 8 个。他们历经磨难，拥有自己的销售风格，靠自己的销售魅力去吸引客户，不拘于形式，在平实中显神奇，经常能把一些别人的单子抢过来。这个阶段的销售员收入已经很高了，即使从单位赚不了几个钱，他也一定有其他的方式能够赚到钱。

到了这个阶段的销售人员一般出路是走管理路线，去当销售经理、办事处主任什么的，或者自己开公司。

四曰：木剑无滞。

书曰：四十岁后，不滞于物，草木竹石均可为剑。自此精修，渐进于无剑胜有剑之境。

这个阶段的销售员已经从事销售很多个年头了。做 10 个客户的单一般会成功 8 ~ 10 个。

这个时期的业务员实际上已经是为了自己的理想或者追求而做销售了，钱已经不是问题，已不再是其主要追求了。

如果前三个段位的销售人员是靠利用客户的内在矛盾来完成订单，那么这个段位的销售人员实际上已经完全转变，变为依靠事情的发展规律来达成销售了。可以这么说，前三个段位的销售是靠"推"来完成销售，而这个段位的销售是靠"拉"来吸引客户，使客户自己找到他，和你合作来达成销售。

销售工作也是门神奇的艺术。事情有阴必有阳，有正必有反。经常看到有销售人员去参加竞争，结果连怎么输的都不知道就被竞争对手给击败了。曾有个销售人员向我抱怨，他是国际一线品牌的销售，然而有个重点客户，他跟了一年半，无论怎么报价就是不中，无论是最低价、当中价还是最高价，反正他从来没中过标。

我对他说，你的产品一分钱卖给这个客户都卖不掉！什么问题？那是因为你没看透客户啊！看不透客户，而客户那儿又有三段级的高手操作，你不败下阵来才怪！

和客户打交道如同我们在森林里迷了路，你要想走出森林（和客户达成订单），就必须提升自己，使自己站在最高处，最好是爬到山顶。这样通观森林全貌，自然就知道走出森林的路了。所以，作为销售员，不可不汲取知识，不可不提升自己的眼界和段位！

销售语录： 知己知彼，百战不殆。商场如战场，不可不察客户内部，不可不察己方，牵一发而动全身，因势利导，获得先机。

反面教训： 经常看到新销售员第一次见到客户就拼命地向客户介绍产品、介绍企业，试问客户和你不熟，不把你赶出去就已经算是给你面子了，他还会认真听你的介绍吗？

_ 网友"振身"提问：

你的自身修养一说，我深以为然，只是一直都不得其法，究竟如何才能提升自己的修养和段位？不知道峰哥是怎么做的，可否给我们小辈些许建议？

_ 作者回复：

看到几个回帖的朋友询问如何提高自己的段位，那么怎么提高自己的段位呢？我们可以逆推一下，你就明白该怎么学习了。

1.100% 签订合同的基础是你能控制全局，所以你要明白什么是控制全局。

2. 控制全局的基础是你要明白全局是什么，和我们销售相关的全局指的是什么。

3. 要知道什么是全局，你就必须知道什么是局部，什么是推荐人、相关影响人、决策人和拍板人。

4. 知道局部的前提是说服局部的这些人（不然你就看不懂客户情况，因为局部的人会放一些烟幕弹，把形势搞复杂）。

5. 说服他人的前提是：（1）你要善于鉴定人；（2）你要敏感；（3）你要能拉近和客户的距离。

6. 要想具备这样的能力，你必须：（1）多跑客户；（2）善于总结。

所以，提高自己的段位不难，你就从第 6 点开始，一点一点上升。等你明白什么是控制的时候，你就会觉得销售其实并不难了！

07　找对人，做对事，说对话

周一开会的时候，我将自己关于销售境界的看法和三个业务员交流了一下，他们没有参与讨论，甚至我问新来的业务员于泉是怎么理解销售工作的时候，他居然很紧张，半天说不出个所以然来。

我叹了口气，龙生九子，各有不同。我做管理，那么就必须把不同的他们打造成一支一致的队伍。看来，我只有亲自带他们去拜访客户，让他们看看我是怎么拜访客户的，然后从里面悟出点儿什么吧！

我说："销售道理有千条万条，但'纸上得来终觉浅，绝知此事要躬行'，我明天带你们去跑个客户，让你们现场演练。谁有两三个月内要订货的客户？拿出来，我们去现场演练一下。"

王笑说："有个L市盐矿要进行设备改造，两个月后估计要采购设备，不过这个项目是总包项目，乙方采购。我们可以去跟这个项目。"

到达L市盐矿的时候已经是第二天的下午4点多钟。L市盐矿的筹建处在一个旧乡政府办公楼里。以前的乡政府因为新建，所有办公机构都搬走了。

王笑因为以前来过，所以就直接带我去见乙方的采购萧经理。王笑向我汇报过上次拜访这个客户的情况，这个L市盐矿的客户情况是这样的：

1. 他拜访了乙方设备采购部的严副经理。严副经理告诉他，这个工程是他们的大包项目，所有项目都由他们自己采购。

2. 严副经理说，采购的事情由萧经理负责，但萧经理当时不在，出差去了。

3. 他也试图去找过业主，当时找的是一个副总，结果一说是厂家代表，就被这个副总赶了出来。

"这是我们办事处的倪总，这是环亚技术工程公司的萧经理。"到了客户那儿，王笑将我介绍给客户。

这样介绍人的方式是没错的。在一般的社交礼仪中，一般都是下级向客户介绍上级，将己方人介绍给客户。

"听王笑说你们在两三个月内将采购主要设备，现在我们这块儿的设备也提到你们的工作日程上来了吧？"寒暄过后，我单刀直入，询问萧经理。

"是的，我们现在已经在和业主一起考察厂家了。"萧经理回答说。

"和业主一起考察？你们不是总包吗？业主也有设备的指定权或者推荐权？"我很奇怪地问。

"其实也不是严格的总包，业主有 60% 的权力选购设备，应该说是合作。"萧经理说。

"哦，你们工作是最辛苦的，考察什么的，还要比对，工作量很大啊！"我说。

"是啊，最近太忙了。"萧经理说。

接下来又寒暄了几句，我便带着业务员告辞了。因为这时候已经是下午 5 点多了，我决定明天去找业主看看是什么情况，所以就直接在当地找个宾馆住了下来。

"你给萧经理发条短信，说我晚上请他出来吃饭，交流下工作。"我对王笑说。

王笑用手机短信连续邀请了三次，萧经理都没答应出来吃饭。

第二天一大早，我便带着业务员王笑去拜访业主。我随机敲开业主的一个副总的门，和他聊了一会儿，得知业主负责采购设备的是技术部的李部长。我转头去找李部长，门锁着，等了半个小时没等到人，所以我就带着业务员准备回去了。出了乡政府，想想既然来了，还是应该见到业主的人再说，所以我就又派王笑去看李部长来了没有。结果王笑进去了 20 分钟都没出来，我就知道他应该碰上李部长了，于是我也进去了。

李部长办公室的门开着，我轻轻地敲了敲就进去了，进去的瞬间发现李部长的面前摆了两本我们企业的产品说明书，而王笑正在向李部长介绍另一本产品资料。我抢过王笑的话头，简单地介绍了自己，然后询问李部长道："李部长，根据工程进展，你们矿估计什么时候会采购真空设备啊？"

"还早，估计是明年的事情了，现在具体方案还没定呢！"李部长说。

"啊？大包方不是说再有两三个月就会采购吗？"我吃惊地问。

"呵呵，你们这样的主要设备肯定不会定，乙方会先买些地面上的小辅助设施。"李部长解释道。

"哦，也就是说，总包方现在只是在询价好做预算是吗？"我问道。

"是的，不过你们这类设备的具体方案也没定，询的只是初步设计的型号。真正的方案还要张总定呢！"李部长说。

"张总？"我问。

"我们公司的张总，技术员出身，所有的设备都必须他拍板才可以定。"李部长说。

"谢谢你，李部长，和你的交谈太重要了，知道很多东西，欢迎你去 W 市找我们啊。"我说。

告辞李部长出来，看得出王笑很泄气，因为这次出来拜访的结果和他第一次向我汇报的情况截然不同。

回到宾馆，我给王笑上了一课："你知道为什么被业主老总赶出来了吗？你知道你为什么会被总包乙方忽悠了吗？"

王笑一脸内疚。

"勤奋是成功的基础，但不是成功的唯一条件！"我说，"比勤奋更重要的是你的业务修养，简单来说，就是你能不能把客户'镇'住！

"你可以给乞丐钱，但你会和乞丐交流工作吗？答案是否定的！因为乞丐和你不是同样的人！人人都仰慕出类拔萃、人见人敬的人，你、我和客户都是这样。所以，我们要在客户面前将自己包装成他的同级别或者更高级别的人！这样，客户才会敬重你、认可你，才会和你讨论工作，才会对你说真心话，而不是忽悠你。

"我说过，做销售的第一阶段是'利剑无意'，那怎么才能把自己培养成一把利剑呢？若想成为一把利剑，首先就要会包装自己！

"1.用最少的时间、金钱和精力，树立起一个最为大家所尊重和接纳的个人形象。业务员应尽量穿西装出门，这样显得你很职业化和干练。

"2. 身上一定要有一个抢眼的地方，比如我就是戴一块十多万元的名表。这样显示你有成功的过去和成功的现在，每个人都向往成功，所以客户也自然愿意和成功的你打交道。

"3. 自信！以自信的形象出现在客户面前。记住，权威是让人跪拜的！你自信所以显得权威，这样你说的话自然就有分量！所以无论出现在哪里，无论是在什么重要的场合，我们都要对自身充满信心，步履坚定，笑容亲切，抬头挺胸。

"有这三点就足以使你进入'利剑无意'这个销售级别了！所以王笑你要记住：见客户时绝不可弯腰驼背；绝不可让大公文包遮在你的身体前面，这会让你显得怯弱可欺。"

"你说得太对了，这些都是我以前没注意到的！"王笑自责地说道。

"修炼到第一阶段'利剑无意'是最简单的，没任何技术含量，希望你持之以恒，迅速达到！"我认真地对王笑说。

"销售单位不养闲人！五个月不出单子，都会被降级甚至开除，希望你珍惜工作机会！"我恐吓道。

销售语录： 第一次见面时一瞬间的亮相，就足以决定一个人的身价，就像相亲的人总是在第一次见面后就决定是否要和对方继续交流了！

反面教训： 三国的"凤雏"庞统和诸葛亮齐名，却因为形象不佳而得不到重用。因刘备觉得庞统脸黑，且是个猪鼻（朝天鼻），所以看不起他。

_ 网友"woo 4002"感叹：

销售高手与新手的差异就是大啊！且看文中的"我"一见到李部长，谈话内容总是绕着采购时间、采购内容、采购方案在走，甚至还"不小心"知道了最终决策者张总。然而不算销售新手的王笑，逮个人就介绍产品，白白浪费时间，根本无法获取有效信息，从而做出相应的正确决策，像是无头苍蝇。

我今年刚毕业，现在西门子的一个公司让我去做一个产品全生命周期软件的技术支持，但我一直想做的是销售，现在有些迷茫，不知道用两年时间做技术之后再转去销售这条路是否可行，还是说现在就去做销售？

_ 作者回复：

技术员工资高，销售底薪比技术低，但有提成。不过做销售需要有一些底蕴。

1. 魄力。比如，在不知道一个人会不会帮你的时候，你敢不敢提前投入，维护和他的关系？胡雪岩在自己都穷得叮当响的时候，居然敢赞助同样落魄的王有林，当王有林发迹之后，胡雪岩就进入了人生高潮，遂创造了红顶商人的神话。

2. 心狠。比如，你创造了业绩，老板却总是不想给你钱，本来你赚到 10 万元，结果他七算八算你才能拿到 1 万元，你怎么能拿到你的 10 万元？

一万个做销售的，真正有出息的，也就百十来人吧。销售竞争也残酷啊！

08　和稀泥也是一种艺术

在 L 市盐矿的当天晚上，我接了个电话，是业务员于泉打来诉苦的。他说，他正在向客户宣传时，突然来了个其他真空设备厂家的业务员，把他臭骂了一顿，说我们佳菱的质量不好，对业主说千万不要买佳菱的产品，等等。他说他和那个竞争对手差点儿吵起来了。最后，那个竞争对手拉着客户吃饭去了，搞得他很没面子。

于泉很郁闷，我也很郁闷。我说，你在向客户介绍产品的时候，他是进来就开始骂，指责我们的产品不好的吗？

"不是，他是在旁边站了一会儿才突然发飙的。"于泉说。

"哎，知道为什么我不把大客户让给你们去做吗？就是怕你们没有基本功或者基本功不扎实，把事情办砸！

"在客户的办公室里要说漂亮话，不得罪人的话！做进步的、高尚的事情！

"你碰到的这种情况很少见，可以买彩票了，但这样的事情我也经历过一次，只不过我是幕后操盘的，是骂别人的。"我对于泉说。

那是早年间的事情了，也是在 W 市。当时我在国内的一家企业做销售员。

W 市有家单位叫化工第十四设计院，他们有个总包公司（设计带总包现在是国内设计院的常规经营模式了）。化十四院是做设计时的名称，搞总包时它就叫中国十环工程有限公司，在国内是非常有实力的企业，在国际上也很有名。

那时候，中国十环公司接到个项目是沙特阿拉伯的一家化工厂，正好需要我销售的产品。我去谈的时候，得知十环公司要货很急，在一个星期内必须签订合同。因为从中国到沙特阿拉伯的货物运输一般要走海运，走海运很慢，再拖就没时间了。

在初步交流的时候，一个工程师跟我讲，他们主要想买 A 公司的产品，也向领导汇报了，我去晚了。A 公司是国内名牌，设计师都很熟悉，你来谈，只不过是向你询个价，走个过场罢了。

我当时听了没有泄气。虽然落后于竞争对手了，但未必就没有机会！当时一直思索到凌晨 3 点多钟，我才想起一个办法。

这个单子是议标，到议标现场的除了 A 公司和我们，还有我们的朋友代表的 B 公司。在议标现场，十环公司去了两个领导和下面的设计部、技术部及采购部门的人。

事情在议标现场出现了戏剧性的变化，B 公司毫无征兆地向 A 公司发起挑战，指责 A 公司的产品质量不好，并提出 W 市一个用过 A 公司产品的客户现在遇到了质量问题。对于这猝不及防的一幕，A 公司的销售员回答时语气不是很自信。

B 公司后来又提出 A 公司的售后也不行，在 W 市也反应不及时，如果产品要出国，一定会闹笑话，建议客户不要选购 A 公司的产品。A 公司的销售很生气，反过来指责 B 公司是家小公司。这下子，A 公司和 B 公司员工当着十环公司领导的面在议标现场就吵起来了。

设计院一直是个比较安静的地方，十环公司的人都是设计师出身，哪见过销售员吵架的场面，面色一下子都难看起来。最后的结果是 A 公司和 B 公司两败俱伤，我没发一言，轻松拿到这个合同。

我在电话里将这个故事告诉了于泉，对他说："别人指责你，你首先应反省自己是不是犯错了。如果自己没犯错误，就一笑了之，千万别在客户面前和竞争对手对骂！"

其实，我基本上判断是于泉犯销售大忌了，估计他是在客户面前说其他厂家的坏话，结果得罪人了。销售员在客户办公室里应该说些套话，在没有第三者的情况下，才可以说些夸张的话，如果有其他人在场就只能说套话、官话。如果我的判断没错的话，于泉应该是在竞争对手面前对自己夸大太多，引起了竞争对手的怒火，才导致竞争对手发飙。

销售语录： 感觉落后于竞争对手时，要多运用"浑水摸鱼"，这招往往有奇效。

反面教训： 销售员在任何时候都要冷静，不要让表面现象牵着鼻子走！一定要看清
本质才动手！

＿ 网友"w17583"说：

请问峰哥，您为什么赞同从事工业产品销售？

＿ 作者感触：

我为什么赞同从事工业产品销售？我入行很久了，见得很多，说实在的，做技
术发财的真没见过几个！而做工业产品销售，只要你丢掉一些幻想（比如总是幻想
客户或自己的老板讲诚信，讲公平），两三年就可以改变自己的经济条件了。

你自己想想，如果你够努力，每年总要签订几个合同。在你的人生经历中，你
只要拿下一个大客户，这辈子你就吃喝不愁了。当然，前提是你能够将客户掌控在
自己手里。我曾经带的一个业务员叫小唐，初中毕业。我看他是从深圳工厂回 W
市，可怜他，就招他进公司。一年后，他结交了一家大型企业的老总，在向人家销
售公司产品的时候，还向这家企业销售很多其他产品，每年他能固定从这些销售订
单里赚取 50 万元以上。

为什么说销售就是要说服人？因为工业产品是客户企业生产的一部分，无论
何时，客户都是要买的！比如说阀门，难道说金融危机来了，客户就不需要阀门了
吗？不可能的，可能还会需要更多。

而且工业产品销售，能够真正体现一个人的智慧。一个几百万元、几千万元的
单子，你想想有多少企业、多少销售员在盯着。如果你不具备狼的敏感、狐狸的狡
猾、老虎的凶猛和蚂蚁的合作精神，你能拿到单子吗？

别幻想和别人谈谈技术就能把合同拿到了！除非是国家急切得到的技术，比
如大型电厂的高温高压的阀门技术或超高压泵技术等，国家是有用技术换市场的政
策的。但你想想其他人的仿造能力，一旦产品被仿造成熟，在国内你还会有多少
市场？

09　跑在前面时要手握一把刀

9月底的时候，按照公司统一规定，销售中层管理人员回上海总部开会。

在销售会议上，公司总裁潇洒哥评价H省办事处的时候说，H省办事处让他眼前一亮，看到了希望，看到了公司的未来增长点。

能不看到新的增长点吗？上一任把我最大的客户群都玩熄火了，我不寻找新的销售领域难道要硬攻最难攻的客户？那和拿鸡蛋砸石头有什么区别？

兵法有云：攻其两翼之薄弱。面对坚固的堡垒，从正面进攻永远是愚蠢的。特洛伊城被攻下，是因为巧用了木马计，而非强攻。

公司的斗争是永无止境的，也是静悄悄而没有硝烟的。看懂了，你就明白这是激烈的搏杀；没看懂，你会觉得天下太平！

总裁潇洒哥刚刚表扬完我们H省办事处，销售张总就拿天津分公司王总开刀了："天津分公司管理不善，到目前为止，销售额完成很不理想，计划的执行情况、目标市场也很茫然，不知道销售细分市场在哪里！"张总声音很大，目光巡视着全场。

我们都同情地看着王总。公司早有传闻，张总一直想开除王总，但王总一直不反抗、不暴躁，硬是韬光养晦了三年。

晚上11点半，我拎了瓶白酒去天津分公司王总的宾馆房间找他喝酒。北方人性格直爽，和他们沟通，直接拿瓶酒去，效果可能会更好。

"第一次参加公司中高层会议，很激动，睡不着，所以来找王总聊天。"敲开门，我对很吃惊的王总说。

"欢迎，欢迎。"

拿了宾馆的杯子洗了洗，白酒一人一半，本来相对陌生的两个人也有话题了。

"想不到张总会批评天津分公司。天津分公司还可以啊，销售额在公司算是高的了。我们H省办事处啥也没有，现在是下等偏上。公司领导的想法真的看不懂啊。"我打开话题。

"屁！张总和我有矛盾，这几年一直想收拾我。"王总说。

"有什么深仇大恨啊？"我说。

"张总想让我当炮灰，前几年想让我在销售会议上搞财务总监，我没同意，结果我被整了好多年了。"

"哈哈哈，还有这样的事情啊。"

"你H省办也要小心，H省办是张总的地盘，上一任是他的心腹。知道吗？你现在业绩没上去，局面没真正打开，如果打开，张总会插手你那块儿的！注意点儿啊！"

又聊了一会儿我就回去了。临出门王总说："要小心你的销售员于泉。"

"他有什么问题？"我问。

"他是张总以前在国有单位上班时同事的儿子，他们有十多年的交情了。张总本来要安排于泉来我这儿，我坚决反对，这也是公司的人告诉我的。"听到这儿，我大吃一惊，冷汗都流了下来。

回到H省办事处，我分别找了张雨、王笑谈话。

"我把你们看成自己的兄弟了，我走的这几天有没有什么新闻？"我问。

"没有什么啊，老样子跑客户啊。"王笑说。

"于泉最近工作如何？有没有和你说什么？"

"没什么啊，只是请我吃了顿饭，说以后好好合作。"王笑说。

从和张雨的谈话中，我得知，于泉也请他吃了顿饭。

在他们都去跑业务的时候，我找助理小叶谈了一次话。

"于泉最近有没有跟你说什么？"我问小叶。

"没什么啊，都是工作上的，填填工作表什么的。"小叶说。

"我不在的时候，你负责管理日常办公室事务，一些人的想法、看法、做法，你都要帮我留意。有些事情业务员不会和我说，但会和你闲聊的。"我说。

"于泉真的没和我说什么，有次我问他，怎么不留在上海，跑到 W 市来？他说是他家老爷子让他来 H 省办事处的，他不想来。上海比 W 市好玩多了。"

"他老爷子是谁？"

"没说，好像和公司张总关系挺好的。"

"哦，知道了，这事千万别和任何人说，否则后果自负。"我严肃地对小叶说。

转眼就到了 10 月，鄂北矿业集团的事仍然没有进展。虽然在这期间鄂北矿业集团有几次招标，总金额有 3000 多万元，但是鄂北矿业集团连标书都没给我们公司发。

我决定把于泉派到鄂北矿业集团，应该说那里是最好的潜在市场，但也有可能是最坏的市场，如果他实力达不到的话，最好的市场就是最坏的市场，一切全看他的个人能力。

在周一的例会上，我宣布业务员的工作划分。

"鄂北矿业集团一直是我集团公司的最大客户群，是公司的目标，只有公司最优秀的销售员才有资格去拜访。以前是我亲自拜访，但现在我有个项目抽不开身，所以我决定让于泉负责鄂北矿业集团。希望于泉能给鄂北矿业集团的工作带来新的变化。"

开会的时候我还鼓动说："希望于泉能够全力以赴，创造佳绩！其他的事情都可以放一放，但鄂北矿业集团必须占领。我将申请于泉为办事处副主任。"

"倪总，于泉既没业绩又没表现出能力来，你怎么提拔他？"张雨事后问我。

"你不懂就看，哪儿来那么多话！"我不理他。

但是，于泉拜访客户过程中的难度超过了他的能力，无论是在精力上还是财力上。原因是于泉拜访的鄂北矿业集团与采购相关的客户以男性为主，而于泉认为，男人之间一起出去抽个烟之类的，有助于加深和客户的沟通以及对客户的了解，于是他就经常给客户散发香烟。客户的办公室里往往聚集着六七个工作人员，他总不能给拜访的人发一根，另外的人不发，这样容易得罪人。但是所有人都发烟，一盒烟发两三次就发完了，这样算下来，一天光是香烟最少都要 2 包。出门在外又不能买特别便宜的烟，这样自己感觉没面子，而拿得出手的玉溪烟便宜的也要20多元一包，一天下来光是烟钱就要40多元，这对于还在奋斗中的小年轻来说，实在是一个不小的负担啊！每天的烟钱和每天的碰壁，很快使于泉有点儿泄气。他提出烟钱能不能报销的问题，我说："烟钱能不能报销的问题，我们公司没有固定的条款规定。一般而言，用在客户身上的能报销，自己私人抽的就不能报，要不你去请示下公司总部？不然的话，这烟钱你怎么承受得了呢？每月都得两三千呢。"

于泉有没有请示张总我不知道，但关于烟钱的事情，他从此没有再提。

我的安排是让于泉专门拜访鄂北矿业集团这一客户，还有其他两个稍微有点儿小的矿业集团。我仍然保持每两周去一趟鄂北矿业集团的拜访频率。

在业务员的销售生涯里，对客户拜访频率的把握是很重要的！一个业务员首先要给自己的客户分级别。

1. 按重要程度，级别可以分 A 类、B 类和 C 类。

2. 按采购时间，级别可以分为最近半个月内订货、最近两个月内订货和两个月以上订货。

这样，你就可以计划自己花在客户身上的时间和拜访的次数。很多年轻的销售员丢单就丢在没计划好拜访的频率上。有的业务员在前期、中期客户关系维护得非常好，但就是在客户马上要订货的时候与客户接触的时间少，或者在客户订货最关键的前一个星期没有出现在客户那里，结果丢单了。

你想想，客户快要订货了，正是需要你的时候，你却没有出现在客户面前，客户会主动联系你吗？你没有出现在客户面前，但是竞争对手呢？可以这样讲：这就如同一场球赛，尽管你在前面的 85 分钟都处于领先位置，但在最后短短的几分钟内松懈的话，你都可能会被翻盘。因为你不出现，但你的竞争对手会出现在客户那里，竞争对手只要耍点儿花招，你就失去机会了。

一般情况下，一个销售经理会根据行业特点安排手下的业务员的拜访频率，比如：

A 类——半个月内要订货的客户，业务员必须天天守在客户那里（主要是各种公关手段的运用）；

B 类——两个月内要订货的客户，业务员必须最少一个星期去一次客户那里

（主要是侦察客情）；

C 类——两个月以后要订货的，业务员半个月去一次客户那里足矣（主要是判定发力时机）。

经常看到在项目中期，业务员拜访得很勤快，但是到了后期，业务员可能很忙，反而很少出现在客户那里了。这样的业务员就是没分配好自己的时间。

销售语录：安内优于攘外。岳飞就是死在内部的斗争中，销售员更是如此。你出来是赚钱的，内部不处理好，很容易出现前人栽树，后人乘凉的事儿，本来是你打下的江山，坐江山的却是别人。

反面教训：解决内部问题要在无形中顺势而为，别自己出面。杀敌一万，自损八千，这不是销售员所为。

＿ 网友"hcn2001"提问：

我感觉我们初入行的销售人员镇不住客户，反而很容易被客户牵制，很被动！怎么办？

＿ 作者回复：

"镇住"客户是一种口头说法，其实严格来说应该是吸引住客户，使客户对你产生兴趣。

1. 外形。你要穿着得体，最好是职业装，要把自己包装成一个成功人士。

2. 气质。要提高自己的气质，使自己的气质出类拔萃；别把自己弄得太寒酸，这样的生意是谈不成的，客户还有可能把你赶出去。

3. 语言。多说些肯定的、诱导性的语言，说话的时候最好搭配一些恰当的手势！

4. 自信。一个自信的、气质佳的人，永远是焦点，永远吸引人。

5. 产品知识。产品知识很关键，我们销售产品，一定得是产品的专家！这是内核！

从以上五个方面多培养培养，你或许就能"镇住"别人了。

_ 网友"振身"质疑：

倪峰对于泉使的计策我有一点不甚明了，望解答！

于泉既然是张总的"亲信"，那么张总对于泉的行程当然一清二楚，我相信倪峰的捧杀计策在张总眼里应该是洞若观火。这样，他还放任倪峰的所作所为不管？还是说对倪峰这一招没有办法？倪峰不怕他跟自己玩别的阴谋阳谋？毕竟他在公司的位置比倪峰高，影响也更大。相信这些因素倪峰肯定也考虑到了，那他又是出于何种考虑还敢这样做呢？

_ 网友"情与剑"回答：

阳谋与阴谋的区别在于即便你看得出来，也无计可施。

事物总是有对立面的，往往你是在办好事，可能结果却不好，那么对方能否了解你的衷肠呢？

_ 作者回复：

你好！看到你的回帖，看得出你对倪峰处理于泉一事不明白。

前提是你要明白业务员的收入从哪里来。可以说，99%的人都会说是靠拼命工作拿提成！从理论上讲，这样回答是没错的，但是你的内心要真是这样想就错了。现在很多老板不仁义，基本上说好的提成都会扣掉一部分，还一年一付，甚至会拖更久。所以，有些业务员的收入不是靠提成，而是靠操作项目得来的。

这也是某些业务员能进步成为老板的秘密，靠提成你一辈子都只能替人打工。当然，这也是一些管理者坚决铲除异己的原因，怕被不是自己人的人抓到把柄。

记住，任何事物都有主要矛盾和次要矛盾，主要矛盾和次要矛盾也可以相互转化。如果于泉是我的手下，服从我的管理，我们是相互帮助的上下级关系，那么我们是可以和平共处的。但如果于泉表面上是我的手下，而实际上是为取代我的位子而来的，那么我和他之间则是对立关系，是斗争的关系。

明白了这一点，你就知道，于泉可能是张总派来取代我位子的人。所以，对付于泉这样的"敌人"，一定要"挂"起来，把他放在一个不毛之地让他折腾，然后抓住他的小辫子一击致命，他也无话可说。

内部的斗争有时比做客户还重要。于泉的例子是我一个朋友的经历。我的朋友在日本的一家公司做事，世界 500 强企业。朋友当时受命开发江西市场，被任命为营业事务所副所长。营业部部长（相当于销售总经理）当时对我朋友说："你只要能出单子，我就让你当江西事务所所长。"于是我的朋友一马当先，想尽计谋，还请我帮忙一起拜访客户，一起花了四个月的时间做下了一单，那是江西省最有影响力的项目之一，单子的销售额是他们营业部成立以来最大的。

但是结果呢？我的朋友被调到福州事务所去了，还是副所长，江西事务所所长职位被另一个业务员张泉获得。事后了解到，张泉是营业部部长的同事的小孩。

后来，我那个朋友一气之下辞了职，结果每况愈下，六年多都没翻身 ——生活中，犯一个错误付出的代价比我们任何人想象的都大得多，可能一句话说错，命运都改变了。

10　小虫也能成龙，靠的是什么

在职场，几乎所有人都认为：态度决定一切。这几乎已成为一个公论。事实果真如此吗？

在古龙的小说里，武功排名第一的是一位叫"天机棍"的老人，第二是上官金虹。在一个小亭，"天机棍"却被上官金虹杀了。古龙的解释是，"天机棍"当天下第一太久了，没有实战经验，所以在真正决斗时就被杀了。

事实上，我们的生活不是理想状态的，相互牵涉的因素太多、太复杂，那种单一理论上的东西会祸害很多人。尤其是新加入销售行业的人，往往被教育要努力，"今日工作不努力，明日努力找工作"；被教育要注重工作细节，因为"细节决定成败"。这些话不能说不对，只是我们不能片面地去解读，认为人只要努力就够了。要知道，如果方向错了，越努力你就离目标越远，南辕北辙的故事我们都知道。人是社会的人，是大时代里的普通一员，所以我们既要脚踏实地，又要抬头看天；既要关注细节，又要关注自己所在的时代的潮流和行业发展趋势。哪怕我们仅仅是一只普普通通的小小鸟，一只毫不起眼的菜青虫，如果我们能因势利导，利用好时机，也能转化为龙，所以有人戏谑道，"站在风口上，猪也能飞上天"。在对的时机里，做对的事，这才是真正"成龙"的关键。

人的际遇不同，拥有的资源也不一样，可能一个人一出生，就拥有了我们一辈子孜孜以求的东西。对工业产品销售而言，一般的市场状态都是好几家竞争对手争抢一份合约，僧多粥少，所以我们一定要坚持"君子终日乾乾，夕惕若厉"，要慎始慎终。千里之堤，毁于蚁穴，有时候可能一个小小的大意，就轻描淡写地把你几年的努力和心血给抹掉了。

拿下鄂北矿业集团很艰难，于泉的拜访一点儿效果都没有。我虽然也找过鄂北矿业集团的高层、中层和基层，但是仍然没有进展，谁都不敢开这个口子。

有时候只能靠时间了，时间会冲淡一些记忆，给我卷土重来的机会。由于受行贿受贿事件的影响，再厉害的销售高手都不可能在鄂北矿业集团完成订单。因为客户怕受到牵连，躲我们都来不及，哪里还敢合作！只有待时间冲淡一些记忆后才有操作的空间，或者采用其他的非常规方法。

其实，最近几个月我一直在参与L市盐矿的项目。经过我两个月的拜访，客情已经很清晰了。

1. L市盐矿是国有企业，非常有实力（几乎每个省都有一个这样的盐业公司）。

2. 项目虽然大包给乙方，但是L市盐矿仍然是业主，在选购设备上有60%的权力。

3. 竞争对手主要是瑞典高盛公司，他们的代理商是L市盐矿的商务部前部长陈某。

4. 表面上的接触业主还接待，但是一谈工作，业主就劝我不要做了，说竞争对手是单位以前的领导，我没有希望成功的。

但我没有放弃，L市盐矿隶属于中国盐业总公司，是个垄断性企业，利润很大，值得拼搏，而且这个合同最少有400万元。

业主上层的李部长不敢帮我说话，因为代理商是他以前的领导。业主的副总也不理我，估计代理商和他有过交流。经常见的是底层的负责机电技术的王小小工程师。估计王工职位最低吧，高盛公司对他也不怎么重视。

我决定就从王工入手。

"王工，我想起工作上还有一些重要的事情需要向你汇报下，虽然现在是晚上了，如果你没有什么安排的话。我想和你见个面。你不要有什么思想负担，我就是单纯和你聊一下工作。"

"工作上有什么事情你在上班时间到我办公室里谈。"

"有些属于工作上的个人建议，有点隐私的成分，办公室里人来人往有点嘈杂，不如安静的场所那样能静下心来思考。"

"你在哪儿？"王小小工程师问。

"我在稻花香酒店 218 房。"我说。在邀请不下五次以后，王小小终于答应出来听听我对工作上的一些看法。

我们年龄相差不大，在沟通完工作之后，有时候时间晚了，我会邀请他一起吃个夜宵垫垫肚子。

"我真的帮不了你啊。"王小小说。

"我知道你帮不了，毕竟高盛公司是你们单位的老领导搞的。把你叫出来，也是想跟你沟通一下我这些年销售产品所积累的一些产品使用和选型的经验，抛砖引玉，一是想帮助你们选择一个适合的好产品，二是我们年龄差不多，也想多交个你这样的朋友。"我笑着说。

"我带个朋友，负责采购的王经理，好吗？"王小小在电话里说。

"欢迎！欢迎！求之不得呢。"我在电话里说。

我硬是在 L 市盐矿待了一个月，隔三岔五地就邀请王小小和他的朋友一起交流行业和产品的一些见闻和知识，有时候沟通时间久了也在一起吃夜宵。

"倪总，我只能说尽我最大的能力去帮你，事情到哪步算哪步吧。你最好去找设计院，设计院是我们总公司的，他们的方案我们一般是不改的。"私下交流了一个月的产品和行业知识，在对我和我公司产品充分了解和信任之后，王小小对我如是说，"我和设计院的范工是好朋友，你可以找他试试。"

我就又去了北京的设计院。幸运的是，我和设计院的设计师范工交流得不错。

在北京待了一个星期，打着王小小的旗号，设计师的范工对我没有对陌生人的那种防范之心，而是能敞开胸怀接纳我的一些说法。甚至由于我对北京不熟悉，在我的多次请求下，范工还带我品尝了名扬四海的北京烤鸭。在弄清我公司产品的性能、技术特点和一些合作方法后，范工终于答应修改图纸，变动了一些产品参数，将产品的材质提高了一个档次。然后我就又从北京回到 L 市，回来的时候，特意带了几只北京烤鸭，送给了业主工程师王小小、技术部李部长和张副总。毕竟出了一次远门，顺便带一些当地的特产给朋友品尝，也是中国的一种传统礼节。

就这样又在 L 市盐矿待了两个月，其间我回了几次 W 市，也陪业务员拜访了其他的几个客户。但是绝大部分时间都用在了王小小和王小小帮我邀的乙方工作人员身上，和他们一起交流行业内一些先进的企业是如何建设盐矿的，生产工业盐如何更好地提纯和转化为更加精细的民用盐，甚至提到了海外流行的美容盐、养生盐等概念，使他们对未来矿产产品的增值和市场前景更有信心，他们听了也很高兴。

业主们对我都很熟悉了，甚至打扫卫生的阿姨见到我都主动向我打招呼，连最难见的张副总也能和我说几句话。但工作仍然没有进展，除了王小小明确表示全力支持我以外，其他的相关人等说话都很含蓄。我理解他们，毕竟我的竞争对手是他们以前的同事或者说领导，他们也不敢明目张胆地得罪高盛公司。

有人问我设备价格，我说大概750万元吧。

时间过得很快，一晃就到12月了。12月对一些企业来说是一个重要的财务月，是一个财务年度的最后一个月，很多企业要在这最后一个财务月把当年的财务预算全部花完，不然剩下的预算资金会在下一个财务年度中被白白扣除。12月也是采购的最后一个月。

L市盐矿就在月初4号卖标书，月底26号开标。

开标当天，我一脸平静，谋事在人，成事在天，有的时候即使付出百分之百的努力也有可能是零收获的结局。不过起码我的判断没错，参加投标的7个人，我熟悉的有5个。参加招标的是业主技术部的张副总、李部长、王小小，机电采购部的王经理，还有纪检部的一个书记，设计院的范工也在，其他的都是专家库里的专家了。

开标的结果出乎高盛公司的意料，我以620万元的第二高价中标。其实，我的成本最多300万元不到。高盛公司很生气，提出质疑，要求L市盐矿给他们落选的理由。招标公司的答复是：在参标的厂家中，只有佳菱公司一家的设备可以最大限度地满足设备的安装要求。换句话说，就是其他的厂家参加投标的设备都比L市盐矿的进口面积大，无法将设备运送到井底。结果只能是我中标，否则，L市盐矿要是买了其他厂家的设备而无法安装，就会成为废铁。

北京。盐业设计院边的一家小咖啡馆。

"合作愉快！谢谢你。"我说。

"不客气，明年还有两个项目是我设计的，有机会再合作。"范工说。

L 市盐矿。

我给业主们送请帖，邀请他们去上海总部参观。他们都没去。

我能理解他们的顾虑。为了解除这种顾虑，我又在业主这里待了差不多一周，亲自陪他们下到项目工地现场，去落实各种安装和运输工具，以及定位和移位的尺寸，确保货到之后能顺利地拆卸、安装和测试。工作不出问题才是对客户真正的关心和爱护。

销售语录： 想得到人生的成功，就必须啃下硬骨头。关键机会的一次努力抵得上普通的几倍、几十倍的努力！所以人生有时也需要一点赌性。

反面教训： 凡事别追求 100% 的把握，有 100% 把握的就不是机会了。那时候商机也会变成死机！会套住你！

11 方向是最好的细节

到 12 月底，我花了半年时间做成的两个单子就基本将全年的销售额完成了。做的项目由于都是国有企业的，所以回款也比较顺利，都按合同要求回款了。回过头来看于泉、王笑他俩（第一个 J 市铁矿的单子算张雨的），他们付出的努力可能更多，对成功的渴望可能更强烈，但是到目前为止却一无所获。这起码说明了两个问题。

一、跟对领导比能力重要。

你再有能力，若是领导让你完成一个你无法完成的任务，那么你的处境就等同于慢性自杀；或者说你再有才华，却跟错带头人，那么最终的命运也好不到哪里去。

二、关键机会的搏杀很重要。

平时不要搏，如果时时刻刻都要搏的话，只会使你紧张而无力。但关键时刻要敢搏，成功则功成名就，失败就蛰伏，等待再搏的机会。

怎么判断搏杀的关键机会呢？

1.客户有钱。

2.客户有权。

3.客户有大需要。

当这三个要素集中体现在你的客户身上的时候，你就要奋起一击、全力一搏了。

我有个销售中央空调的朋友，在 W 市做淘金广场的项目时就没判断对。W 市人都知道，淘金广场以前是个烂尾楼，停了十多年才修起来。我的朋友提前介入，淘金广场的业主和老板他都通过关系找到了。朋友当时盲目自信，认为那么好的地段（W市黄金商业圈），又认识最高领导，这个生意错不了，就提前介入，花掉了几十万元，结果直到他破产，淘金广场仍然没修起来（政策调控贷不到款）。

我的朋友就这样赔掉了打工数年赚到的钱，一个项目又把他弄成穷光蛋了。所以，做生意、做销售一定要记住，我们的客户一定要同时满足前面提到的三个条件，缺一不可。

一般机电设备或者系统销售的企业在每年的1～3月，销售基本上是停滞的。因为有个春节，每年的年末至第二年的年初这段时期，客户一般都会停止采购。这段时间也是厂家开总结会、算提成、培训业务员的时间，当然更是维护客户关系的最佳时期。

在此期间，王笑依靠个人的能力签订了一笔5万多元的小单子。我很高兴，毕竟是靠业务员自己的努力，说明业务员的业务水平有了进步。

在开公司例会的时候，我对业务员们说了三点内容。

1. 感恩。要用感恩的心态对待每一个人！

2. 我们要建立一个什么样的团队？

3. 自己的短期人生目标是什么？

我解释说："第一，为什么要感恩？首先要感谢企业，因为在我们业务员还没出单，自己没能力养活自己的时候，是企业养活你的！其次还要感谢客户，没有客户，企业就没有收入，我们就不会聚在一起。最后还要感恩同事，同样在你还不能真正靠业绩养活自己的时候，你其实是被同事养活的！你别和我谈什么心比天高，命比纸薄，也别和我讲你靠自己的鬼话。一个不知道感恩的人，很难有什么真正的作为。

"第二，我需要的是一支高效的友爱的团队。任何人觉得自己异于常人，靠自己就可以独闯天下，可以千里独行，那么就请你早点儿走人。一个不友爱的、自私自利的人是走不远的，只有与他人团结友爱，才能真正地爱护自己。

"第三，新的一年要到来了，每个业务员写一份明年的年度工作计划。不需要你们写遥远的，也不需要你们写做不到的。遥远的未来，那是企业家谋划的事情，业务员也不配去规划。做不到的你也写上去，那就是鼓励你们公开行骗了，所以也不要写。"

等业务员们将他们写的年度销售计划交上来的时候，如果你真正从事过销售管理，你就知道了，我们往往会高估很多人。起码，我拿到他们三个业务员的销售计划的时候，我就是这样的感觉。

有的人比较含蓄，只有表面上的交流，虽然也触及思想层面，但不够深入，销售计划写得都没有逻辑，看不出因果。我看不出他们哪些人有完善的销售体系认识。换句话说，他们是为了销售而销售，为了计划而乱侃。

我问他们："你们为了什么而销售？为什么选择做销售？赚钱吗？事业吗？生计需要？没其他的选择才从事销售的？OK！无论你是哪一种，都是正常的。那么，你起码知道你干销售能不能赚到钱吧？怎么推断你能不能赚到钱呢？很简单啊！你今年想赚 10 万元，那么就必须有约 300 万元的销售额（我们佣金 3%）。而根据"二八定律"，300 万元的销售额必须有 1200 万元的有效信息量；1200 万元的信息量大约要从 5000 万元的一般信息中筛选出来；而一个客户平均 100 万元的话，最少要跑 50 个有效客户；50 个有效客户最少要从 200 个普通客户中筛选而来。再往下推算，你起码每天要拜访 2 ～ 3 个客户才能确保你今年能赚到 10 万元。

"所以，你们能不能赚到钱，或者目标能不能实现，其实是和你拜访客户的数量有关的。这是个从量变到质变的过程。当然高手除外，因为高手都是经过了质变的。

"你们的计划书我都看了，但你们只有目标，而没有完成目标的必要过程。你们这样的计划书，其实就是扯淡。撇开文字修辞，你们的年度计划书起码应该具备：

"1. 目标（具体的销售额）；

"2. 实现目标的方法（起码逻辑上是可行的）；

"3. 在实施过程中需要的协助或者潜在的威胁分析；

"4. 修正、检讨自己的方法，以不偏离计划的跑道。"

销售语录：我们经常高估或者低估和我们有关的人的能力，所以为了还原事情本质，一定要多花时间在他们身上，看透他们才能更好地利用他们。你花多少时间在客户身上，客户就回报你多少。

反面教训：不超过三分钟交谈，一个销售管理者通过估算销售员的有效拜访客户时间，就可以预测他近几年能有多大作为了。一个在客户身上花费有效时间不多的销售，无论他有什么借口，都不会有好结果。

关于潜规则，每个行业或多或少都有，关键看你的段位能否达到，看你的悟性是否够强。如果在没有人带的情况下，你的天资又不是很高的话，那就吃亏吧，亏大发了，你就知道变通了！这一点大家可以参考之前说的，为什么新销售员有高手带，半年就可以达到类似高手的级别！销售高人不仅是对外，对内来讲也是如此，内部的事务处理清楚了才能够去打仗！

_ 作者回复：

谈到潜规则，其实潜规则和显规则一样都是无处不在的，它如阴阳一样是相互依存、相互对立的。个人认为，辩证地看待显潜、阴阳、进退、强弱之间的关系，这才是销售人员真正需要把握的东西。

比如你去领导家，领导说一起吃饭吧。试问你敢吃吗？你敢不吃吗？表面上看是领导一句无意的话，实际上你需要揣摩领导的"潜意思"，要自己把握到底是吃还是不吃。判断不好，回答的不是领导想要的，领导可能会觉得你没有悟性，不够聪明，不值得培养，那你不就惨了？

胡雪岩第一次去见左宗棠的时候，左宗棠就对胡雪岩说道："今日聊得如此投机，咱们一起吃顿饭吧。"

考验胡雪岩的时候到了。

古往今来，拜"传统"所赐，对某些邀请的理解不能太实在。对方说第一遍的话，我们真的不知道其真实意图，但如果说第一次你就当真了，那就只能自己吃亏了。

举一个很简单的例子，你到别人家做客，正好赶上人家吃饭。因为你是客人，所以主人一定会热情地款待你，也一定会说这句话："吃饭了吗？来一起吃吧。"

听见主人第一次叫你吃饭的时候，你敢直接过去吗？如果主人是真心实意的还好，如果主人只是"意思意思"呢？你一坐过去，饭桌上啥也没了，饭也见底了，菜也吃完了，只剩盆底一口汤了，这样双方岂不是都很尴尬？

而且遇到这种情况，你还不能埋怨主人。你跟主人说："啥都没有，你干吗还要招呼我吃饭？"主人肯定会回答："我就是客气一下，谁知道你真的就过来了！"

最后，你只能落一个自讨没趣。

所以当左宗棠第一次叫胡雪岩吃饭的时候，胡雪岩怎么也不敢过去，谁知道你是真心，还是假意？直到左宗棠再三要求，胡雪岩在确定彻底没问题后，这才听从左宗棠的安排，随他一起吃饭。

看我文章的大都是草根阶层，所以更需要了解、认识显规则和潜规则的重要性。比如说求职，一般人喜欢寄简历，等 HR 找你谈，或者在人才市场上找 HR 谈，但都是要经历人事这一关。这是显规则。那么在公司里，人事的作用能有多大？他们有用人的决定权吗？恐怕无论走什么程序，最后用什么人，都得老板或者总经理才能拍板吧？事实上在公司里，是否录用人，最后是老板这样的负责人说了才算的。这才是潜规则，这才是事务运行的规律！

所以真正的高手找工作，根本就不会通过人才市场、人事部门等，那会让他身价倍减。真正的高手都是直接打电话找他想去的公司（无论是国企还是外企）的负责人，毛遂自荐，几句话介绍自己，几分钟获得高位！人事部门负责的只不过是最后的入职手续罢了！

解决问题的关键首先是战略上的，是对规律的掌握，然后才是技巧上的，最后才是心态、细节上的。

_ 网友"KAWEN"说：

我现在发现，做项目节奏是很重要的，现在感觉万事万物真的是欲速则不达，这话古人早就知道了，真是实践出真知啊。一个人做到快和忙很简单，最牛的是要有耐心，伺机而动。我现在觉得这是一个高层销售一定要具备的素质，要稳。我要努力放慢节奏，不急不躁。

_ 作者回复：

工作节奏十分重要，但把节奏仅仅理解为欲速则不达或者稳，也是不妥的。销售的拜访是讲究频率和密度的，与之相伴的、密不可分的是时间、资金和精力投入的多少。

如果解释得清楚些，销售的节奏应该是这样的：

一个项目假如说三个月后订货，那么在第一个月你两个星期去一次是妥当的；第二个月，你就应该一个星期去一次，这时候，可以适当请客户参观样板工程，甚至一起吃个饭加深了解；第三个月则是决战之月，你需要几乎天天出现在客户面前，这时候投入的时间和精力就要多很多。

如果在第一个月，你就按照第三个月的打法，那么就会有这样的结果：一是客户会厌烦你频繁地去打扰他，二是你没有精力和时间再去跑其他重要的客户了。如果在第三个月，你仍按照第一个月的做法，那么请哈哈大笑吧，估计合同要离你远去了，因为客户一般很少主动找你，在关键时刻你人都不出现，客户怎么敢买你的产品呢？

拜访节奏的快慢和精力、资金投入的多寡，要根据客户采购的缓急而采取不同的策略，这才是一个成熟销售员日常要做的。

12 你知道你想去的地方吗

带领一支队伍要知道把队伍带到哪里去。我们带领销售团队的，每个人都知道铁打的营盘流水的兵，说不定自己会比带的兵先流走呢！但往哪里流呢？我们销售员最终将流到哪里？

知道了我们的最终之路，那我们的职业生涯是不是更有目的性、更有效率？这确实是值得每个销售员思索的问题。时间是世界上最高的成本，作为销售员，我们更应该明白我们最终要流向哪里，提前做好计划，这样才会有更好的发展！

很多有才华的人碌碌无为一辈子，社会上三个人就会有一个人发出心比天高、命比纸薄的人生感叹。要避免未来怀才不遇的惨状，就必须提前做好准备。

销售员最终要流向哪里？学习经验，积累资金，有机会就自己当老板？骑驴找马，销售只是无奈的过场，找到机会就转行？丰富人生阅历，不停地跳高，目标是做个职业销售经理人？可能还有更多、更好的选择。我想无论你选择哪一种，你都要明确自己的最终之路。你要做的就是缩短你的现状到最终之路的距离。

比如，你的最终之路是自己当老板。

1. 目标是自己当老板。

2. 资金和市场的积累是实现当老板目标的前提。

3. 市场不是问题，那么唯一的问题是资金。怎么积累资金？是借还是自己创造？用多长时间积累资金？

4. 有了资金，自己做老板的风险在哪里？怎么控制风险？

无论你有什么样的目标，当你将自己的目标写在纸上时，你会发现，其实很多事情并不难做到。难的是你没有系统的认识，没有去思考；难的是你没有去做，没有按照计划给未来铺垫基础。所以有先哲说："不谋万世者，不足谋一时；不谋全局者，不足谋一域。"

想要水到渠成地实现销售员的终极之路，我们可能要花费很长的时间，经历很多的事情，受过很多挫折，才能让社会和生活逼迫我们去改变。如果我们现在知道了我们的最终之路，如果我们现在的每一天，做的每一件事、每一份工作都在为了实现自己的最终之路而做铺垫，你认为实现我们的最终之路还会难吗？时间还会久吗？

成功者，总是提前布局，只有愚笨的人才会临时抱佛脚。阴与阳，高与下，善与恶，白与黑，都是相互依存、相互对立又相互统一的。同样，有了最终之路这个人生大目标，那么我们当下更应该做的是打好基础这样的小事。玄妙啊！没有付出就没有收获，没有先亏就没有后赚，不做小事就成不了大事。

我们做销售也是一样的！真正的营销高手去拜访任何一个客户，他都抱着必然胜利、一定拿到订单的信心（这就是最终之路）。怀着必胜的信念，然后仔仔细细、认认真真去做好销售环节的每一件事。甚至给客户打个电话都要考虑半个小时，在纸上画来画去、反复推敲、权衡得失，研究电话语气和用词，确认万无一失才给客户打电话。更何况拜访客户！

有了必胜的信念，再完善细节，竞争对手一犯错，你自然就轻松将合同拿到了！故孙子曰："先为不可胜，以待敌之可胜。"

销售语录： 微笑是可以传染的，信心也可以传染，所以抱着必胜的信心，对你的销售会起到巨大的作用。

反面教训： 成功者不抱怨，抱怨者不成功，很多人怀才不遇，却从来没有想过自己的最终之路和与最终之路之间的距离，最终浪费了时间。

＿ 网友"奋斗 2002"说：

我觉得销售员最重要的是心态问题。心态不好会影响你的发挥，太在乎某个项目就会过度担心，其实没什么大不了的，即使搞砸也不用在乎。开始下一个比挽回上一个容易得多。

＿ 作者回复：

我对你这话的理解是，你是在业务里保持平常心，即领先也不用太高兴，落后了也不用太伤悲。其实这也是我们中国人的中庸之道。谈论销售，我们每个人都有成功的案例，也都有失败的案例。成功与失败，原因都很多，只强调心态这个因素，类似以不变应万变的原则，这不可取。

一个人立足这个社会，汲取社会资源，把不可能变成可能，使自己成功，其中最重要的我个人认为有两点：1. 守原则；2. 变通。光有原则而不知变通，是为书呆子、蠢材；而如果没有原则，光知道看风使舵，无论有多大能力、多少技巧，也难免会失败。正所谓聪明反被聪明误。

13 不要倒在通往目标的路上

H省办事处这三个业务员修改后的销售计划书，我看后还是不满意，他们还是没写到点子上。但罗马不是一日建成的，我没有继续计较，年底的时候我回了上海总部。

过完春节，上海总部召开销售的中高层领导会议，总共30多人参加了这次会议。

记得清楚的有两件事。一件事情是一个领导做报告的时候，以"以老板的心态，积极开展工作"为标题；而随后发言的南昌办事处主任，居然也用了同样的标题。

两个人发言重合，当时气氛就很怪异。我内心苦笑了一下，知道南昌办事处主任危险了。果然一个月后，南昌办事处主任被换岗，搞售后去了。

再有一件事就是我们公司的销售额总目标又变了，由以前的保守增长20%改为进取增长了，整个任务比前一年提高了50%。我知道，今年的办事处主任又要大换血了，一家成熟的企业增长50%可不是一件容易的事情。

这个世界上常常树立目标的公司或者人都很多。一个人一天内树几个目标，这叫常立志，比如经常立志戒烟的人；还有一种人立长志，比如越王勾践卧薪尝胆，十年潜伏，三千越甲终吞吴。

当然，我希望自己和我的业务员都立长志，也就是有远大的目标。有了远大的目标，知道了实现目标的方法，我们还缺什么？

首先你要明白：有目标不厉害，天下人人都有目标；知道实现目标的方法也不厉害，知道实现目标方法的人太多了，但无数人倒在了实现目标的半路上。那么什么才是最厉害的？做人做事的技巧和手段！这才是成功的关键，也是我们销售员要努力具备和熟练使用的东西。

前面说过了，落后时要"浑水摸鱼"，把简单的局面弄复杂，从而乱中取胜；领先时要将复杂的局面简单化，设置障碍，从而清退竞争对手。将简单的局面弄复杂，这叫初级手段；将复杂的局面简单化，这是高级手段。何谓手段？就是在关键的时机做表现最好的事，从而力挽狂澜，改变局势。

唐朝大诗人陈子昂的故事就很有意思。陈子昂年轻时从家乡来到都城长安，准备大干一场，然而朝中无人，故四处碰壁，怀才不遇，他很是郁闷，继而苦思良策。一天，他在街上漫无目的地闲逛，见一人手捧胡琴，以千金出售，观者中达官贵人不少，皆无人敢买。陈子昂二话不说，买下此琴，众人大惊，问他为何肯出如此高价。他说："吾擅弹琴，请明天到我住处来，我将为你们演奏。"

次日，陈子昂的住所围满了人，陈子昂手捧胡琴，忽地站起，激愤而言："我虽无二谢之才，但也有屈原、贾谊之志，自蜀人京，携诗文百轴，四处求告，竟无人赏识，弹琴本低贱乐工所为，我看不上，不屑弹之！"说罢，用力一摔，千金之琴顿时粉碎，还未等众人回过神，他已拿出诗文分赠众人。众人为其举动所惊，再见其诗作工巧，争相传看。就这样一日之内，陈子昂便名满京城了。

这就是手段。我们做销售的，尤其是做工业产品销售的，只要你愿意，你也能如陈子昂一样，谋定而后动，一鸣惊人，一举获胜。

那年春节后，回到 W 市没一个月我就签订了一份 55 万元的合同。这中间也运用了一个小小的手段。

这个客户是王笑从去年开始就在跟的，效果不好，是准备要放弃的客户，是 W 市第一热电厂的改建项目。跑工业产品销售的人都知道，只要不是新建的企业，业主几乎都有固定的长期合作的供应厂家。这家电厂的真空设备一直是南京真空设备厂提供的，双方合作已经二十多年了。

冲着这个项目去的真空设备的厂家有十来家，有几家去过后感觉没戏就再也不去了，所以当时有竞争力并经常拜访业主的厂家基本就三家：南京真空设备厂、山东的一家真空设备厂，还有我们德国佳菱公司。但我们佳菱因为是进口品牌，价格比较高。南京真空设备厂和业主的关系太好，估计我们也就是被他们拉去陪个标，抬高一下价格。最有意思的是，南京真空设备厂的销售公开说，这次你们都不要来了，我们和业主的关系摆在这儿，你们来也没机会。

基本的客户情况是这样的：

1. 业主的张副总已经被南京真空设备厂说服，铁了心地要买南京真空设备厂的设备。

2. 业主的机电采购部门由于长期使用南京真空设备厂的产品，和南京真空设备厂的人关系很铁。

3. 业主的技术王工，一直在用南京真空设备，但都是买进来后才由他进行技术交流。

4. 业主董事长谭董，没有任何厂家去找过他。你去找他，他也不见你。

我和王笑在那儿待了两天，感觉南京真空设备厂确实将关系做得非常到位，我们德国佳菱和其他厂家都没有机会。本来我也准备放弃的，但是一想到南京真空设备厂的销售员狂妄的话语和嚣张的态度，我就很不服气。思索了很久，我终于想到一个可以应对这个困难局面的方法，虽然不一定成功，但可以一试。

他们企业的联络电话号码都压在王工办公桌的玻璃下面，我用手机拍了几个关键领导的电话。开标前两天，我派王笑去山东的竞争对手那个城市，派张雨去湖南的一个城市，买标书的其中一家企业就在那个城市。开标前一天，我用座机拨通了业主董事长谭董事长的手机："喂，你好，是热电谭总吗？你好，我是佳菱公司的。听南京真空设备厂的人说你们公司这次招标真空设备都内定他们的产品了，你们这样做对我们不公平啊，也使你们买不到最好的产品，这样投标也没意义啊！"

"没有这回事，我们招标都是公平、公开、公正的。你们放心投标吧。"谭董在电话里解释道。

同一天下午，在山东和湖南，王笑和张雨也分别用当地的座机给谭董事长打了电话，电话内容和我说的差不多。这是我事先安排好的。

开标当天，在现场，业主方来了三个人：谭董事长、张副总和技术王工，采购部门的人一个都没来。我给王工发了条短信：我是佳菱倪峰，请多帮忙。

经过三个小时的开标和答疑，到中午11点的时候，我收到技术王工的短信：恭喜，你中标了。那一刻，我用力地握紧拳头，狠狠地挥了一下——不可能的标也拿下了。

事后王工说："很奇怪！本来谭董事长从来不参加招标的，一般都是管设备的张副总参加开标，张副总说话分量是很重的。因为谭董事长亲自来，所以这次开标张副总都不敢发言。而谭董事长对南京真空设备厂很反感，第一时间就表示听说南京真空设备厂产品质量不好，所以我才敢推荐你们佳菱的。"

我笑了笑，没说话，心里想：如果没有打给谭董事长的那通电话，他怎么可能会出现在开标现场呢？

这是我唯一一次用损招，最重要的还是自身产品质量过硬，这才能令对方信服。

销售语录： 第一名不一定是实力最强的，而是在关键的节点上表现最好的！

反面教训： 经常有人感叹"煮熟的鸭子又飞了"，这是在关键时刻没把握好机会，以至于人生两重天。

_ 网友"臭鱼丸美眉"质疑：

反间计这个例子，我有点儿想不通。接到三个电话后，谭董为何决定出席招标会？不出席对他有何坏处？难道是为了保全自己在圈内的名声和仕途？

_ 作者回复：

故事里的三个电话，都用当地的座机打给了对方董事长的手机，使董事长出现在招标现场。其实很容易理解，那是电话的内容诱导的。记得细节吗？为了打这三个电话我安排手下的人远赴山东和湖南，可以说是颇费周章。为什么要如此？就是想让董事长觉得是投标的几个不同厂家打电话投诉的。他的手机会显示是外地的座机来电。

1.直接点名南京真空设备厂，这样开标时他们会更谨慎对待南京真空设备厂的产品。

2. 投诉南京真空设备厂，其实就是暗示经常去开招标会的副总和机电采购部门有猫腻，所以为了显示公正，他没让机电采购部门的人参加，但对副总他还是给面子的，所以副总也来参加投标会了。

3. 客户也是人，甚至比我们职业销售员还敏感，还会看风使舵。客户内部的斗争远比我们想象的激烈。

14　欲穷千里目，更上一层楼

4月的时候，我又去了趟鄂北矿业集团，但是仍然受我上一任行贿事件的影响，找相关部门相关人员，他们也都陪我叹气，表示想帮忙但帮不上或者不敢帮。我理解他们，换作我，也会明哲保身的。

心情郁闷的时候，我就窝在宾馆里上网。我想既然在鄂北，那就看看鄂北市一些与新建项目相关的信息吧。搜索一下鄂北新建项目信息，竟无意闯进鄂北市政府网站下属的招商局网站，网站上弹出招聘专业招商人员启示，说面向社会招15名招商人员，从事经济开发区面向全国的招商业务。其中，待遇中有一条引起了我的兴趣：聘用期满，有显著招商实绩的，经考核合格，可改为事业编制。

"这或许是个机会。"我陷入了沉思。我想我也需要改变一下目前的局势了。应该站得更高一点，站在一个全新的视角，来突破当前的困局！我想我可以试试，起码也没什么损失。

那么，我应该怎么做呢？

1. 招商局的工作最需要的是什么？它能为我带来什么？

2. 我能提供的最大价值是什么？我最大的需要是什么？

招商局最大的事情就是宣传、推介投资环境和政策，促进贸易发展，这是他们最关心的。我最大的价值是我个人的销售能力，同时还是知名企业的员工，我头上有世界500强企业的光环。

我在招商局的官方网站查到招商局的局长姓马。

"喂，请帮我转下马局长好吗？我是德国佳菱公司的，有点儿事情需要沟通下。"我拨通了招商局的办公电话。接电话的工作人员将马局长办公室的直拨电话告诉我，让我直接打进去。

"喂，是马局长吗？我是世界500强企业德国佳菱公司的倪峰，我想拜访一下你可以吗？"我打通了马局长的电话。

"哦，你找我有什么事情吗？"马局长在电话里说。

"我在W市，想和你谈谈合作的事情。希望你能在百忙之中抽点儿时间，想单独和你聊聊。"我说。

"哦，那明天下午3点，你来招商局608室找我吧。"

"好的。"

我回去拿了些东西，然后又返回了鄂北市。

第二天下午3点，招商局608室。

我一进办公室，便连忙自我介绍了一番，寒暄过后，宾主坐了下来。

马局长看起来45岁左右，大背头，保养得很好。

"马局，办公室布置得好雅致，看得出你读过很多书啊。"我说。

"哪里！只是没事的时候翻翻而已。"马局长说。

我从办公包里拿出一本精美的公司宣传册，递给了马局长。

"我这次来找马局长，是想看看有没有合作的可能。"看到马局长在很有兴趣地翻看我们公司的宣传册，我说，"我们企业是世界500强企业，我负责华中地区市场销售，常驻W市，我们的生产基地在丹麦、意大利、印度尼西亚等5个国家，我们这种产品主要用在矿山、电力、化工等行业，你们市的鄂北矿业集团也是我的主要客户之一。我先说说我的想法：第一，我能做的是说服我们企业在鄂北市投资建厂，这可能是鄂北市目前能招到的名气最大的外资企业了。"我说到这里的时候，感觉马局长的眼神亮了一下，"第二，我们希望你们做的，就是说服鄂北矿业集团指定全部用我们的产品。如果可能的话，也指定其他两大矿业集团用我们的产品。"

"这个嘛，我要了解一下然后向市里汇报看看领导批示，我是很欢迎你们500强企业能来鄂北市投资的。"马局长说。

"嗯，假如你有意向的话，我安排我们上海总部正式给你发个邀请函，邀请你们和我们的亚洲区总裁商谈下合作的愿景和细节。我只是个帮忙传话的。"我说。

"嗯，我们也希望跟贵公司合作，能给你们企业创造一个优良的环境。"马局长说。

"马局长，你蛮忙的，第一次见面没带礼物，只带了两盒茶叶。"我将两盒茶叶送给马局长。经过一番推辞后，在我的坚持下，马局长还是收下了。招商局毕竟是招商部门，有时候和客户礼尚往来一下，也是必需的。

回到宾馆后，我马上退房回 W 市，然后买张机票飞到上海回公司总部。

我给总裁潇洒哥打了电话，说有事情向他汇报，约了第二天上午 9 点半见面。外国人就喜欢这样，喜欢预约，不然的话，哪怕他无聊得发疯，他也不见你。

"什么事情？"潇洒哥在他的办公室里说。

"你知道我们在 H 省最大的客户是鄂北矿业集团，他们一年的采购额为 3000 万元左右，常常从包括我们在内的三个设备厂家分购。但受去年行贿事件的影响，他们老总已经宣称不会使用我们的产品了。"我喝了一杯茶，继续说道，"现在鄂北市相关领导建议，如果我们企业在他们鄂北市投资办厂，他们将建议鄂北矿业集团以后可以使用我们的产品，这是个机会啊。"

"啊！这样啊！公司也一直想在中国建厂，但地址一直没确定，而且现在经济环境不好，董事会不一定同意。"

"鄂北每年基本固定采购 3000 万元我们这样的设备，还有周边城市的两大矿业集团的采购额，在那儿办厂的话，这些都可以争取过来。这样每年约有 5000 万元的固定销售额。再加上周边的省份，销售额是很惊人的。而且廉价劳动力和优惠的地方税收政策，会使我们成本大大降低，可以提高竞争力啊。"我说。

潇洒哥沉思了一会儿说："你写一份可行性报告给我，我看看再说。"

"我已经写好了一份大纲。"说着，我将自己连夜写的一份鄂北地区办厂可行性报告递给他。

销售语录： 抽空多看看新闻联播和当地政府新闻，这也是高级销售员的必修课之一。

反面教训： 销售越是做到客户高层的时候，越是需要商业之外的东西。比如一个老总，你去和他聊产品，他是不会有兴趣的，产品有他的手下把关即可！但你和他聊高尔夫，可能会聊得很好。

_ 网友"布川内绔"说：

其实作者说的很多东西，我估计很多做过销售的都懂，但问题是没能做到位，这方面我想和业务员本身有关系，也有其他的问题。比如说，要说服一个高级的领导，那么你需要资本，这种资本并不单纯是指钱，你的职位有时候也会有很大影响。你想，你一个小业务员，有时候高级领导感觉和你谈的东西很多你并不能做主，或者是你根本就谈不到关键点上，这就造成很多业务员只能打外围，将起决定作用的人选出来交给老板接触。

_ 作者回复：

普通的销售员是遵守规则的，优秀的销售员是突破规则的，高级的销售员是创造规则的。其实，很多企业已经在为业务员说话分量不够而进行弥补了。比如，很多企业将业务员的头衔改为销售经理或者销售区域经理。其实都是单方面提升业务员的级别，来满足和客户高层交流的需要。但是因为实权、资金的问题，底层的业务员开展工作确实是有困难的，所以悟性高的业务员往往会变通，在底层的销售中加入自己的想法。

我最早开始做销售时，也是一名底层的销售员，但我私下给自己印刷了一张名片，上面的头衔是首席业务代表。身处社会，有无数个规则制约着你，就看你能否巧妙突破。如果这样的小节你都无法突破，怎么能有更大的谋划？怎么能担当更大的责任？

15 如何制造销售之势

回到 W 市没两天，我就接到鄂北市招商局马局长的电话，说他们的刘副市长指示："深化改革开放，更加积极有效地吸引外资进入鄂北市。"所以，他们鄂北市准备组团到我公司上海总部洽谈招商工作。

我将情况汇报给潇洒哥，潇洒哥表示他已经向德国总部汇报过了，但德国总部没有正式答复，他私下问了 CFO（财务总监），CFO 表示，因为意大利当地的机场扩建，会征集意大利的生产工厂用地，公司总部已经在考虑新的工厂选址，但是他们主要考虑的是印度尼西亚，因为印尼的劳动力便宜，海运也很方便。不过机场扩建计划现在也没开始，所以也没把意大利工厂搬迁的事情放到工作日程上来。

"印尼的市场很小，不像我们中国的市场巨大。在中国生产的产品满足中国市场时，能提供更及时的服务，竞争力会提高很多。"我在电话里和潇洒哥说。

"Key，公司董事会也感觉这几年国际市场订单量少了不少。而中国的销售量和过去相比没有多大差距，所以也更加重视中国市场，也是有部分意向在中国建厂的。不过要开董事会研究，评估风险，才会有具体意向性意见。"

"那鄂北市招商局领导要到上海考察怎么办？"我问。

"我们没时间在上海接待他们，我们可以先到鄂北市去考察当地的经济、交通、原材料、资源等情况，如果要建厂，公司在上海建的可能性会比较大。可能下下周我们会组织人先去鄂北。"

夜幕下的 W 市，灯光一片灿烂，在 W 市国贸大厦的 28 楼俯视这座城市总让人感到亲切。W 市有它的特点——最市民化的城市。

　　我深有感触。上海的客户很冷静，拿了你的钱还向你压价，到最后一刻你都不知道他有没有帮你；江苏的客户很稳重，他们认为国有企业是最好的；山东的客户很真诚，你酒喝多了，喝醉了，他们就把你当哥们儿了，就将生意给你做了。

　　我感觉还是 H 省的客户最有意思。我至今还清晰地记得去拜访青山化工集团的一些片段。那是一个夏天，明晃晃的太阳晒得人发晕。那时候我刚到 W 市，不了解这个城市，当然更不知道客户在哪儿。

　　销售员的第一个技能就是找客户。怎么找客户呢？当然是通过专业杂志、电话黄页和网络。我从 W 市的电话黄页上知道青山化工集团这个客户，打电话过去，得知设备部的部长姓刘。我决定去拜访拜访。

　　门卫卡得很严，盘问了一番找谁、什么部门，幸亏我在电话里询问清楚了，不然连门都进不去。最后押了身份证，门卫才把我放进去——手续复杂得难以想象。

　　不过，进了厂房后我并没有直接去找刘部长，而是去生产车间的设备间看了看，看到设备间有几十台破旧的真空设备，我起码知道他们是有这个需求的。

　　然后转了一圈儿，找到设备部，设备部的办公室总共就两个人。不巧的是，刘部长下车间去了，办公室里还有个女员工叫潘小妹。给潘小妹递了一张名片，我简单说明了来意。潘小妹说，设备的事情她不管，她只管办公室的文件打印之类的杂事，设备的事情都是刘部长在负责。

　　等了半天，也和潘小妹唠了半天嗑，刘部长终于回来了。刘部长年龄估计在 35 岁左右，很年轻的领导。

　　我与他亲切握手。介绍完产品后，刘部长说给他留下一套资料，他消化消化。问及需求，刘部长说他们现在的一个车间改造需要这种设备，但是要在几个月以后了。

　　我说，找你们的厂家多吧？刘部长一笑说，你们销售真空设备的仅上海就来了七家，外地的厂家加起来共有十多家了。十多家同行！看来竞争确实激烈啊。

　　过了一个星期，我又去了。去设备部的时候，我买了三根冰棒，自己吃了一根。刘部长依旧不在，他几乎不怎么在办公室，天天在车间。后来发现，刘部长因为敬业，很受职工和领导的赞赏。

潘小妹吃了我给她的冰棒很是热情，主动告诉我刘部长在哪个车间。我找到刘部长的时候，冰棒已经快化了。面对快化的冰棒，刘部长也没再推辞，现场将冰棒"消灭"了。

人就是这样，吃人家的嘴软，拿人家的手短。自从他们设备部吃了我一元钱一根的冰棒后，就感觉和我亲近了很多，语言也随便了些。以后我每次去的时候总是买一些冰棒、雪糕之类的，甚至会多买一点儿，他们办公室有时候会来其他人，我一去，一群人在吃冰棒，情景很是有趣。

有一次闲聊，潘小妹问："你在外企发工资是美元吗？"

我说："一般发人民币，只有出国的同事才能申请到美元。"

"那你能帮我换点儿美元吗？"潘小妹问。

"可以啊。"我回答说。

"帮我换 1000 美元吧。我的亲戚要出国，找到我换美元。"潘小妹说。

"没问题。"我说。

时间一晃就这样过去了一个月，经过我的"冰棒公关"，不仅潘小妹、刘部长对我比较熟稔，其他部门的人我也认识了几个。

"倪经理，你的产品究竟怎么样啊？"有一天刘部长问我。

"绝对世界一流啊。"我回答。

"呵呵，你们做销售的哪个不夸自己的产品好啊？就知道忽悠！"刘部长不以为然地说。

第二天，我就到办公室把一台陈列参观用的产品样品，搬到了青山化工集团设备部的办公室。100 多斤的样品啊，是张雨和我两个人抬进去的。

"你搞什么啊？没地方放喽！"潘小妹提出抗议。

"给刘部长看的，他怀疑我们产品的质量，所以我搬个产品给他看看。"说着，我就把样品放在了进门最显眼的地方。

"搬回去吧，又不能启动，光看外表能说明什么问题？"半个月后，我再次出现在刘部长的办公室里，刘部长说。

"外观我们都做得这样漂亮，这正说明我们的质量也会很好啊！"我大声地说。

"快搬回去了，来我办公室的人老问这是什么东西，都懒得解释！"

我借口工作忙，就这样，那个样品就一直放在那里了。

"刘部长，我明天去上海喽，走之前和你吃个便饭，聊一下？"我给刘部长打手机。

"忙。谢谢，没时间啊。"

"刘部长，我说句心里话，你是我在 W 市认识的第一个朋友，不管生意做不做得成，都想和你交一辈子的朋友，你就别推辞了。我在艳阳天等你。"我说。

刘部长最后还是来了。

两个月后，设备部潘小妹打电话给我，说刘部长找我。

进去设备部，发现刘部长不在，问潘小妹刘部长又去哪个车间了。

"刘部长在办公室啊，你没看到？"潘小妹说。

"啊？他换办公室了？"我问。我两个月没来了。

"赚钱就不来了，就忘了我们。刘部长现在升为机电副总经理了，你去办公室找他。"潘小妹说。

"你上次报的价很高啊！而且你的品牌名声并不是最响的，但价格却是最高的！别人都最少下浮 15%，你怎么只下浮 3% 呢？"刘部长（现在叫刘总）一脸严肃地说。好不容易找到刘部长的办公室，还没来得及祝贺刘部长升为刘总，就被他当头一棒，我的冷汗唰地就下来了。

"那，要不我给你下浮 5%？我们的品牌知名度不是第一，但质量绝对是第一的！"我说。

"算了，这次就算了，就按你的报价来，你去设备部找潘小妹打印合同吧。"刘总说。

有这样玩儿人的吗？一个大棒砸头上，吓得我要死，然后又拿根胡萝卜给我？

销售语录： 客户没有傻瓜，你真诚对他，他也会真诚对你。

反面教训： 拿下小客户靠做人，因为小客户没有什么利益冲突；拿下大客户靠方法，靠计谋。

_ 网友"马甲报道"感叹：

销售过程中有个东西很关键：势！这个"势"是由客观、主观因素合力形成的，包括销售员的格调（例如职位、是否开车拜访客户、请客吃饭的档次、穿着、与客户交流中是否自信等）、公司的行业地位、公司在行业中的做事风格等。一般来讲，"势"一旦形成，签单就是顺势而为，自然天成，所以，会造势的公司和销售员才在市场上无往而不利。

为什么像国际商业机器公司（IBM）等外资公司在中国能做好工程类的销售？究其原因无一不深谙此道。大家学过高中物理，知道里面有一个很著名的理论：惯性定理，所谓一切事物朝着原有趋势继续运动。大家想明白了这个定理，就知道为什么那些大型外资公司在中国做生意，它们的销售做起来相对容易了，大家得先弄清楚事物的本质。

_ 作者回复：

"势"这个东西看不见、摸不着却又真实存在，因势利导才能更好地运作。

那么，如何判定这个"势"？就是要靠"察"。在"察"的基础上，用"异"的方法，来引导这个"势"往自己的方向和轨道上来，从而占据先机，获得主动权，获取最后的胜利。所以，既要明白"势"，更要引导"势"，指挥"势"，为己所用。

但别人有势，你没势怎么办？那就创造"势"。如何创造势？用"异"（关于"异"的论述，请见"21. 销售三术之'异'"）。

16 走活"五步推销法"

闲下来的时候,在网上聊 QQ,突然看到一个朋友的 QQ 签名改成"有翅膀的不一定是天使,也有鸟人",心里一下子乐了。可不是吗!同样,对你好的不一定就是你的朋友,也很有可能是骗子;名片上印着销售员的不一定是销售员,也可能是个乞讨者。

前几年我去日本参加培训,我印象最深的不是日本的繁华,也不是它的进步,而是日本人对工作的态度。给我们上课的是一个叫松尾的销售员,可能大家都不敢相信,松尾君已经 64 岁了。一个 60 多岁的销售员,这在中国是不可思议的,更令人不可思议的事发生在私下的聚会上。大家知道日本人喜欢喝酒,所以在日本我们也和松尾等两个日本人喝上了。我们同去的一个女士,在酒会要结束的时候敬他们酒,说是中国的风俗,必须喝三杯。两个日本人听翻译这样说,就表现出很痛苦的样子,因为我们几个中国男人快把他们灌醉了。

如果是中国人,相信此时就要开始打"酒官司"了,东扯西拉的就不喝,但这两个日本人不这样,他们高举着拳头,相互鼓励,喊着"嗨!嗨",一仰脖子,连喝三杯酒。其中一个喝完就瘫在地上了。

这一幕给我很大的震动,让我思考什么叫"销售",销售的含义里面应该有"担当"两个字吧。困难任何时候都是存在的,但一家企业给你"销售管理"这一岗位,你就要完成规定的销售目标,这叫担当!所以有条格言叫:"成功者不找借口,找借口者不成功。"

担当是衡量一个销售是否合格的重要指标，那么还有什么其他指标呢？当你穿着运动裤出现在客户面前时，对不起，我不认为你是个销售，我认为你是个运动员；当你穿着皱巴巴的西服出现在客户面前时，对不起，我不认为你是个销售，我认为你是个乞讨者；当客户问你一个专业知识你回答不出时，对不起，我不认为你是个销售，我认为你是个宣传员；当你只知道送回扣而不知你的产品能给客户带来的价值时，对不起，我不认为你是个销售，我认为你是个害人者。

销售不是乞讨者，不会蓬头垢面的。销售应该是：一身整洁西服，一台笔记本电脑，有一定的品位；言之有物，不经意间就带出些专业知识；不低头也不抬下巴，一进门就带着淡淡的、友善的笑容；有一双专注的眼睛，不犀利，也不四下乱瞟。

有句话叫大道同归，将销售的道理应用到交女朋友上去是不是也会旗开得胜？我已经单身很多年了，但有朋友提出他还没女朋友，让我出出招。

很简单啊，运用销售的点滴知识就可以交到女朋友了！这就是所谓销售员的"五步推销法"。

1. 搜寻你的客户。

我们销售员判定客户有个标准，就是有没有采购需求。同样，交女朋友你就要判断，她有没有找男朋友的需要。

2. 接近你的客户。

我们销售员接近自己的客户时候总是很慎重的，第一印象异常重要。喜欢上一个美女，就要去接近她，怎么接近呢？找个幽默的理由，或者开个玩笑啊。比如，我在一个新城市去买鸡腿吃，看到售货的女服务员很漂亮，我就说"哇！好漂亮的鸡腿"，那女服务员嫣然一笑，我就问开这样的店一天能赚不少吧，就这样聊上天了。

3. 引起客户的兴趣。

我们销售员进行销售活动的基础是客户有兴趣和你交谈，客户没兴趣，你有天大的本事也没用。女孩子也一样，要让她对你感兴趣！怎么才能让她对你感兴趣呢？你要自己创造让女孩子对你感兴趣的方法。比如，我以前做销售的时候在名片上印了个"佛"字，以此来吸引客户的注意。

4. 激起客户的欲望。

销售员只有激起客户的潜在欲望，才能知道客户究竟关心什么，才能够知道下一步该怎么做。那女孩子呢？她的内心有什么真正的欲望？将她的欲望扩大啊！

5. 满足客户的欲望。

销售员都是通过激发、扩大客户的欲望，引起客户的不满足，然后去满足客户的欲望来"拿下"客户的。女孩子呢？你当然也要证明你能满足她的欲望啊。呵呵，别对我说："她想嫁个大款，我现在很穷，满足不了。"

潇洒哥在电话里对我说，鄂北市招商局驻上海办的两个工作人员来到公司，给了份邀请函，邀请我们佳菱公司去鄂北市做考察调研。不过潇洒哥没有接待他们，是公司市场部的经理接待的。潇洒哥电话里还说下周三他会到 W 市，周四去鄂北市考察一下，周四或者周五回上海，然后从上海回德国总部去汇报。让我安排下行程。

电话里与招商局马局长沟通好后，我又将详细的日程安排给马局长发传真过去。没办法，外国人做事喜欢先列个一二三四五，然后按照流程去做。马局长回传了传真，内容改动了不少，由我们去拜访马局长变成了去君帝大酒店，接待人也变成了刘副市长及市外事办公室工作人员和招商局的马局长。我研究了一下接待名单，发现居然是 1∶1 的比例，看来市政府对我们确实是比较重视啊。

事实上，虽然有预感，但是鄂北市的接待规格还是超出我的预期，潇洒哥也很激动。

上午，市外办的工作人员和招商局马局长一起带着我们转了下经济开发区，接近中午的时候直接将我们佳菱公司一行五人送到君帝大酒店。

君帝大酒店彩旗飘扬，上书"欢迎德国佳菱公司来我市商务考察"，门口站了八位美女，给我们献花，进门就有两台摄像机进行拍摄。

我不得不整理下西服和领带。"马局，怎么搞得那么隆重？"趁潇洒哥在和市外办的人交谈，我赶忙问马局长。

"外事无小事！"马局长微笑着说。

刘平刘副市长在君帝大酒店二楼会议厅会上做了发言："我代表鄂北市委、市政府热烈欢迎德国佳菱公司总裁 Daniel 一行来我市做商务投资考察。"并指出，"鄂北市将继续坚定不移地坚持对外开放，优化投资环境，简化各部门办事程序，不断加大工作力度，规范政府行为，采取有效措施降低企业的经营成本，努力为外商投资企业营造良好的政策环境、法制环境和服务环境。"

潇洒哥估计这辈子就没被人这么重视过，很激动地说了半天，絮絮叨叨了一大堆，害得翻译忙乎得满头大汗。

午餐接待的时候，刘平副市长和我也握了握手，亲切地说："听马局长提到过你，你做得很好！"

我赶忙答："为自己国家招商引资，应该的，应该的！"

下午，仍然是马局长带队和市外办的工作人员陪同，我们又去了鄂北矿业集团。鄂北矿业集团董事长兼鄂北矿务局局长李亮会见了我们。李亮指出："鄂北矿业集团在企业发展的过程中一直本着'优秀人才，精良设备'的企业发展理念，这些年来一直注意提高生产装备的现代化。德国佳菱公司也是国际性大公司，我们也一直在使用佳菱公司的优质产品。"

潇洒哥也谦虚地强调："愿意为鄂北矿业集团的高效、安全生产提供自己最先进的技术设备，为鄂北矿业集团再做贡献。"

晚上，鄂北市有关部门举行了晚宴。晚宴后，宾主一起欣赏了鄂北市歌舞团的优美演出。

第二天，在"解放思想，奋起直追，矿产强市，以外引外，以民引外"（马局长的工作报告用语）的口号下，我们圆满地完成了鄂北市的考察活动，返回 W 市。

销售语录： 每个成功的销售人员都要有担当，或者叫责任心，你负责的案例不管成败都要付出全力，坚持到最后一秒。这不是说教，这种肯担当的精神，实际上是成功人士的共同特点之一。

反面教训： 借口永远是不成功者的挡箭牌！看一个销售员水平如何，可以看他是不是在找借口，一旦销售员给自己找借口，那么就可以给他贴上"劣质销售员"的标签了。

17　销售的名字叫"机会"，而不是工作

潇洒哥在 H 省办事处只简单和员工开个会，说几句话就走了，对他来说，没必要和下面的人接触。其实潇洒哥是个很好的人，喜欢摄影，几乎每个中层干部都欣赏过他的摄影作品集。他是那种生活品质很高的人，将生活的乐趣融进了工作。

销售张总没有走，他要去拜访几个客户。当初我来的时候啥交代都没有就丢下我一个人，连个客户档案都没有；现在看工作有点儿起色就来指导工作，所以这也是个有翅膀的"鸟人"。

周六我喊了于泉，还有其他几个人一起打麻将，然后喝酒，就这样混了一天。周日我小心地暗示张总回上海，他居然不愿意回去。周一，张总让我跟他一道去跑客户，我借口要和王笑一起去张营房铁矿就拒绝了。最后，张总开着我那辆破别克，和于泉一道去了鄂北矿业集团。

我们的这个销售老总可以说是劣迹斑斑。我刚刚进这家德国公司时，和其他的销售工程师聊天，他们给我的一致劝告是，小心张军这个人，离他远点儿！我一开始还不知道是怎么回事，后来才知道，原来，我们的一个女业务员做了一笔140多万元的单子，没花一分招待费。季度算提成的时候，居然比规定的少得多。女业务员身处底层也不敢提出来，只是向她的直接主管问了下，直接主管回答说公司就是这样算的，就这样不了了之了。

后来，公司的财务人员和一个销售员聊天，那个销售员以为政策变了，财务人员说计算佣金还按原来的标准。那个销售员说："怎么那个女业务员一分招待费都

没有花，才拿那么点儿提成？"那个财务人员说："没有啊，张总说这个单子花了两万多元的招待费，张总说是他出的钱，都已经报销过了。"女业务员知道后也不敢闹，毕竟饭碗要紧，但这事就这样传遍了公司。

尊重他人是必须的，但尊重也是互相的。产品放在仓库里，永远只有价格，而没有价值，所以别做那个没价值的人。

我问王笑："拜访张营房铁矿前的准备工作都做好了吗？"

"都准备好了！你看，名片、产品使用说明书，地址、联系人也问清楚了。"王笑说。

"那还有呢？"

"还有什么？还要带什么？"王笑不解地问。

"你问这个问题，就是合格销售员与优秀销售员的区别，你只知道如何跑，却不知道为什么这样跑！这个张营房铁矿信息你是如何收集的？"我问。

王笑说："收集信息很简单啊，无外乎以下几点：

"1. 从电话黄页上收集我们的目标客户信息；

"2. 从行业杂志上收集本区域的目标客户信息；

"3. 拜访专业设计院，通过设计师了解并收集本区域的目标客户信息；

"4. 利用网络收集本区域的目标客户信息。"

"OK！从收集信息这点看，你已经是个一般的销售员了，然后呢？"我又问。

"然后就是'拜访前的准备'啊！"王笑说，"弄清楚客户的地理位置；客户的企业形式，是国企、民营还是其他；客户的企业规模；客户的与业务有关的部门；客户的部门联系人。"

"那客户一般不知道什么部门和我们销售有关联，也没有联系人怎么办？"我问。

"倪总，你怎么问这么简单的问题啊？直接打电话询问客户，不就知道了吗？"王笑反问。

"那还有呢？"我问，"还需要什么？"

"不知道了，我觉这样的事前准备已经很完善了，很多销售还没我准备得齐全呢，随便找个单位钻进去就开谈了。"王笑说。

"你难道不能向上看，非要和那些业务员比？"我说，"王笑，你知道吗？你这样的做法，是一个合格销售员的做法，却不是一个优秀销售员的做法。一个优秀的销售员，将销售看成改变自己命运的机会，而不仅仅是工作！比如收集潜在客户信息，你这样收集信息没错，但一个优秀的销售员却懂得筛选，他最多只收集客户群里本省50强企业的信息。小洞掏不出大螃蟹，只有那些最大、最强的客户才能给你带来大的回报！"

这就是合格与优秀的区别：合格的销售员做常理上应该做的事情，并把它们做好；优秀的销售员做最能改变局面的事，一举改变格局。合格的销售员跑100个客户，几乎把自己累死，做出了200万元的单子，还未老就先衰了；优秀的销售员只跑3～5个单子，一个单子500万元，轻轻松松走在了合格销售员的前面。

销售语录：从合格到优秀，从优秀到卓越，这是由体力销售转向脑力销售的过程。

反面教训：合格的销售员只能一辈子打工，完成不了原始积累。只有跨越合格成为优秀，才能有所突破。

_ 网友"也文也武"说：

偶然路过，不承想一口气看完了楼主的精华帖。我在企业做了七八年采购，接触的业务员无数，站在客户的角度总结一下成功的销售必须掌握的技巧。

1. 通过各种渠道获得你的目标客户信息；

2. 拜访客户之前进行必要的自我包装；

3. 身上随时备点小礼品，男士无论是否抽烟，都要带上一包当地人喜欢抽的烟；

4. 提前预约（通常被预约者都不会真的把你放在心上，但预约可以成为接触客户的敲门砖）；

5. 初次拜访不要指望马上能说服客户，最多就是投石问路，主要目的还是通过接触客户，了解其内部情况，比如谁可以拍板、哪些关系需要处理等；

6. 只要客户有时间，你可以陪着他胡吹乱侃，利于掌握更多的内部关系，并适当地满足他的一些要求，而且要不显山露水，所以察言观色很重要；

7. 在拜访时间上要掌握好分寸，不要引起客户的反感，有的业务员被人耍了还不知道怎么回事，多半是因为不识趣；

8. 临走前一定要主动找相关的人打招呼，点到即止；

9. 承诺的事情一定要兑现，生意不成朋友在，小钱不出大财不进；

10. 永远给客户留下诚实可靠的印象。

18 不"犯忌"，不"浅薄"，不"误事"

"GO! GO! GO!"

王笑知道我今天要带他去跑陌生客户很是兴奋，对他来说，除了J市铁矿，很难得有机会和我一起去跑客户，更别说陌生客户了。

张营房铁矿办公地点坐落在麻城市的一个小院子里。刚刚进门，一个门卫大爷就拦住了我们："站住！你们是干吗的？"

"哦，对不起！对不起！我刚才在想事情没注意，我找技术部的刘工。"我发了根烟给那看门老头儿。

"你们以前来过没有？刘工在三楼的第二个门。"看门老头接过烟狐疑地问道。

"砰！砰！砰！"

我轻轻地敲了三下门，然后往后退了一步。往后退是因为敲门时站得离门口很近，别人一开门就突然看到一个人堵在门口，印象不好，这是销售工作中一个简单的常识。

"进来！"有人回应但没人开门。我深呼吸两下，轻轻地推开了门，几道目光"唰"的一下盯向我。

我面带友善的微笑，环视下全场，看到了一个面善和气的人，直接走到他的面前："你好，请问负责机电的刘工是哪位？"我问。

"刘工，是靠近窗口的那个。"那人回答。一般而言，面善者不容易拒绝人而且不会盘问你。

我快步走向刘工，快到的时候冲刘工点了下头。

"你好刘工！我是佳菱公司的 Key，这是我的同事王笑。"说完我递上了我的名片。

我拉了张椅子坐在了刘工的左边，偏45度角的地方。中国人把左边叫作下席，右边一般是领导或尊贵客人坐的位置。王笑递上了说明书，我简单地介绍了企业，然后聊了下产品的基本特点。

"刘工，你们以前用的真空设备使用效果还好吧？是哪个品牌的？"我问。

"不知道是哪一家了，使用效果还可以，就是有点儿漏油。"

"这是难免的。国产的产品加工的工艺只能精确到15个丝，一般日本加工的工艺在8～10丝，我们佳菱的加工工艺可以精确到6个丝。我们的密封结构也很独特，是迷宫状的。你看看，我们是不是能彻底解决漏油问题。"说完，我把资料翻在了密封介绍那一页。

和刘工聊了一会儿，我拿出一块口香糖给刘工："刘工，根据改建进展，你们矿的真空设备估计什么时候会采购啊？"

"估计要到七八月，工作还没到这一步呢。"刘工回答。

"对了，到时候采购是你们部门牵头，还是采购部门？"我问。

"现在还不清楚。"

"刘工，百闻不如一见，你看哪天你们有时间，你组织一下到我们样板客户那儿考察一下我们产品的具体使用情况。我有车，来接你们。"我热情地说。

"没时间啊，到时候再说吧。"刘工说。

"好的，那我就不打扰你了，我去其他地方转转，到时候我来找你，你帮我组织下考察啊。"

说完，我和刘工握了握手，王笑给每个人发了根烟，我们就走出去了。

设备科的张工、技术副总李总，我们都拜访了一遍，不过每人都不超过五分钟，只是简单地递上名片，介绍了自己是做什么的，然后就离开了。

下楼的时候，王笑要开口说话，被我摆手止住了。路过门卫的时候，给那位看门大爷发了根烟，那老大爷很高兴。

"在客户的单位里交谈是销售的大忌！"出了门，我对王笑说，因为隔墙有耳，你谈的内容如果牵涉他人，万一被人听去，你就完蛋了。

我严肃地对王笑说："除了销售知识，更重要的是要学习人际交往的社会知识！"

"知道了。对了，你怎么和李总、张工谈话那么少？我还没来得及给他们发烟你就走了。"王笑不解地问。

"人，最忌讳交浅言深，此乃君子所戒。"我解释道。交情不到，你就说些只有交情深了之后才可以说的话，那叫浅薄。很多业务新手，才跑客户那儿没两趟，就开始约客户出去吃饭，就许诺给回扣，那更是幼稚。交情不到，谁信你？

一个销售人员，说话要有三种限制，用来规范说话的深度和范围。

一是人，话要说给懂的人听，说给需要的人听，不要对牛弹琴。

二是时机，有些话时机未到就提前说了，那叫轻浮；有些话应该说了而你不说，那叫误事！

三是地点，在办公室里永远记得要说些光明正大的话，永远别在办公室里和别人窃窃私语。同样，在私底下，你再说些办公室里的套话，那就愚蠢了。

见人说话要谨慎，口风要紧，因为你不知道听你话的人和别人是什么关系。是你需要的人而时机不对，话最多也只说三分，暗示一下就足够了。比如刘工，我邀请他去考察，他肯定不会去的，毕竟不熟。但是我的邀请给了他一个暗示，表明了我想和他接近的态度。暗示他这是在办公室里，有些话不方便说，可以以后换个场合再谈。作为一个优秀的销售人员，每一句话都要有其价值。比如，我对刘工说"我有车，来接你们"，暗示我是个成功人士，和我合作他会有更好的保障。

"那我们没车的，不就完蛋了。"王笑说。

"笨！你可以从其他方面去暗示啊！"我笑了。

销售语录：将欲取之，必先予之。要想和客户加深关系，就必须给客户一个思考反应的空间。

反面教训：很多年轻的销售人员总是试图在第一次和客户见面时就和客户成为朋友，所以第一次见面就喋喋不休，将企业、自己和产品一股脑儿地推荐给客户！试问，这样的强行推销，怎能不引起客户的逆反心理？

◻ 网友"大青山"问：

看到这章说，新手见到客户就约客户出去吃饭不妥，汗一个！我手上有个单子就是第一次见客户就约客户吃饭，客户也答应了，请帮我分析分析。

我最近在跑一个单子，某省有一个电厂要建设，需要我们的产品，如果做成了基本上是600万~700万元的合同。我去电厂了解了一下，他们是公开招标，分为技术标（40%）、商务标（10%）和价格标（50%）。招标组组长是一个副总，负责技术标的是机电主任，商务标由机电主任外加设计院的几个专家负责，价格标由副总和省纪委的几位官员负责。

我去电厂后按照你前文的方法见到了机电主任并请他吃饭，第一次约他他就出来了（跟你写的不一样）。吃完饭后我跟他谈了一些实际问题，结果他一口就答应了，说技术标他会帮忙的。我很高兴，第二天去找副总，结果一直都不让见，因为公司还有事情，所以等了三天还没见到副总，我就回公司了。

请作者指点一下，我还需要做些什么工作。还有，请帮我分析一下，那个机电主任说话靠谱吗？谢谢！另外，设计院的专家和纪委的官员都是随机抽取的。

◻ 网友"wangba 3"回复：

估计机电主任是哪家请吃饭都答应的那种人，你还是要去说服副总才有希望。并且要想个理由去见副总，多了解信息才好判断！

◻ 作者回复：

"wangba 3"的回复非常正确。

1. 你尚未能证明机电主任是真正想帮你，还是来者不拒吃百家饭的。

2. 在整个决策程序中，对方有老总出面，有纪委参与，你判断下作为一个中层或者底层的机电主任敢在招标现场帮你吗？

3. 那么大的项目，仅仅依靠摆平一个人就有信心拿下，显然是不现实的！每个参与的人都是火药，都有利益诉求，所以尽量都去说服。

4. 找到副总是必须的！再忙你也得见，哪怕在办公室讲些官话也要闯进去！没有讲官话，哪有机会讲私密话？

你的工作还在外围，还没触及核心，工作只做了 10%，要继续努力。另：

1. 设计院的设计师是固定的专工，届时可能会到招标现场。

2. 纪委是他们项目组的主管部门，也是固定会派人参加招标的。

唯一不确定的是评标的专家，那是临时抽取的。

这么大的单子讲的是控制。你在跟，你的竞争对手也在跟，都各自在做工作。你想不到、做不到的事，竞争对手想到了、做到了，你就失败了。所以要提前布局，控制容易出变化的环节，要找出所有会参与招标的部门和人，然后实施工作。

技术的交流异常重要，尤其是对对方的老总而言。那是说句话就能决策风向标的人，哪怕不说话，只吭一声就可能改变结果。如果他在技术上认可你了，工作就简单了。

19　对不同的人要用不同的招

从张营房铁矿回到办公室，张总和于泉还没回 W 市。

"李总你好，我是德国佳菱的 Key。谢谢你今天的接待，我已经回 W 市了，诚心想和你交个长期朋友，假如你有时间来 W 市的话请给我打电话，我给你接风。"我用手机给张营房铁矿的李总发了条短信，李总没回。

很多年轻的销售员，不知道该如何改进与客户的关系，感觉老业务员也没做什么大事啊，怎么就在不知不觉中将关系做好了呢？比如，很多年轻的销售员，拜访完客户就回去了，甚至连招呼也不打，这怎么能让客户喜欢你呢？

一个成熟的销售，应该在他拜访完客户的两天内，给客户打电话或者写信，告诉客户他已经离开了，谢谢他的招待，下次再去拜访他，请他吃饭。这样，假如以后真的需要请客户吃饭，由于你事先多次做请吃饭的语言铺垫，请客户出来也容易得多。这样做有四个好处：

一是可以让客户重新回忆起你的样子，记住你的时间会更长些；二是不管客户回不回复你，客户接到这样的短信肯定会心情愉快的，毕竟你在惦记着他，在感谢他；三是证明你是个素质高的人，知道礼节；四是这也是吸引客户的一个手段，虽然客户目前没采购需要，但这样可以保持联系，不至于中断关系。

有的销售人员喜欢在五一或春节给久未联系的客户发短信祝贺，这样临时抱佛脚能起多大的作用呢？还不如你认真地在本子上做记录，然后有空的时候翻翻，每隔 2 ~ 3 个月发一条短信，简单问候一下。这样长期保持关系，到需要的时候，自然轻易就把线给连上了。所谓"随风潜入夜，润物细无声"，不张扬、不显眼就把一些事情做好，这样就领先对手了。这一招叫拉近客户与你的距离，客户就会跟着我们的思路走下去了，自然离成功也不会远。

引诱客户，首先要知道客户是什么样的人，这样才能马到成功。客户是无限的，但是客户的性格却只有有限的几种，大致可以分为以下几类：

1. 喜欢讲的 —— 活泼型；

2. 喜欢听的 —— 懦弱型；

3. 冷静分析的 —— 利益型；

4. 不耐烦听你说而打断你的 —— 权力型。

一般而言，活泼型的人，追求瞩目与喝彩，担心失去关注，反感受约束；懦弱型的人，追求平稳和被人接受，担心突然的变化，反感强行与之接触；利益型的人，追求认真准确，做事一丝不苟，担心被别人批评和非议，反感盲目做事；权力型的人，追求支配地位和效率，担心被强迫、被命令，反感优柔寡断。

经过和客户交谈，大致可以判断客户属于哪个类型的人（可能有的人兼具多种性格），然后就可以投其所好。

活泼型的，让他多说，注意聆听，明确地支持他；懦弱型的，不用急于获得他的信任，帮他定个目标，热情鼓动他，迫使他做出决定，跟这样的客户要以谈感情为主；利益型的，向他提供周密严谨的技术方案，遵守许诺，以干练的形象示人，遵守规则；权力型的，采用开门见山的处事与谈话风格，承认他是领导，是对的，坚持多沟通，多汇报你的想法。

要善于在不知不觉中慢慢让客户"上钩"。比如离开客户时，给客户发条短信。万里长城就是这样一点一点筑成的。

这样的做法其实很阳光，别人即使知道，也无法拒绝。你直接拿个钩，客户早就吓跑了，更谈不上合作了。

销售语录：投其所好，胜算八成，每次销售活动都要善于吸引客户。

反面教训：客户有何"好"？这要耐心、细致地观察、思考、判断，不可妄为，客户不抽烟，你却硬劝烟，明显是牛头不对马嘴，收不到好效果。

_ 网友"agatha001"：

没人会相信，就这么一篇文章我看了一整天，不是看得太慢，而是思考得太多。我是一名即将毕业的大学生，毕业即将从事销售工作，虽说是个女孩子，但是真的很喜欢这类工作，可能因为自己的性格使然吧。希望得到老哥的就业指点。

_ 作者回复：

销售这个圈子是个角斗场，会让一小部分人走在社会的前面，更多的销售人员则陷在苦苦挣扎的窘境中。原因多多，可以参考下"二八定律"，100个人当中，永远只有20个左右的人会处在金字塔尖，其他的都是被成功者踩在脚下的。所以，如何成为那20个人之一是至关重要的。这也是此书试图揭示的内容。

对于如何写诗，宋朝大诗人陆游曾说："汝果欲学诗，工夫在诗外。"他说他初作诗时，只知道在辞藻、技巧和形式上下功夫，到中年才领悟到这种做法不对，诗应该注重内容和意境，应该反映人民的要求和喜怒哀乐。同理，要想做好销售，也是功夫在销售外。

20 销售三术之"察"

这个社会永远是"树欲静而风不止"。你虽然是一片赤胆忠心，一心往前冲，但是往往有很多扯后腿的，使你疲于应付来自后方的矛盾。岳飞"精忠报国"，兵法盖世，岳家军所向披靡，战无不胜，攻无不克，终无法避免风波亭之憾——岳飞败给了秦桧！

所以，你在前方打拼的时候，你办公室的同事却可能在算计你。当然你可以反对，说你没受到过算计。如果真是那样，那是因为你没价值，还不值得别人算计。我就被算计过。

4月，公司新成立了一个信息发展部，信息发展部的职责是管制各地分公司、办事处的所有信息。各地分公司、办事处超过50万元的项目信息必须报公司总部信息发展部，由信息发展部进行评估、测算，然后对各外派机构操作信息给出指导意见，并配合做前期公关。上报信息达不到信息部规定的，还要接受相关的处罚。

这一下让大家炸开了锅。一个销售人员最重要的是他的客户资源，一个办事处同样如此。如果把客户资源都交上去，那办事处负责人还有什么价值？就好像一个销售人员，如果他的全部客户信息都上报到他的主管手中时，这个销售员就没有多大的价值了。因为主管有客户详细信息在手，随时可以招个新的销售员去取代他！所以，上报信息的事情遭到不少销售人员的抵制。

我没有理睬信息发展部，就随便敷衍了下。

转眼过了一个月，已经是5月了。5月底，潇洒哥携信息发展部的刘部长驾临

W 市，说要考察各个外办部门。潇洒哥这次带来了两个坏消息。

第一个坏消息是，由于 H 省办事处的销售员王笑没有汇报信息报表给信息发展部，被建议除名。这是我在和潇洒哥、刘部长三个人内部开的小会中知悉的。我无语。

看着刘部长又在向潇洒哥说其他办事处主任的坏话，我有点生气。

"信息发展部什么时候接手人事的管理了？信息部的设置有其必要性和先进性，但是一些规章制度确实无法落实，建议还是将信息的管理权下放到各办事处。"我不平地反击道。

"设置信息部是公司的一项战略考虑，是长期行为，但制度不是死的，制度的执行必须灵活！"潇洒哥各打五十大板。

"销售员王笑没有按规定上报信息报表，违反了公司制度，除名我也支持。另外，由于前段时间出差没能认真审查财务报销的真实情况，这几天我看了以前的财务报销情况，发现销售员于泉有几次报销成条的高档香烟给客户，其实客户并没收到。如此违反财务纪律，建议除名！"

"人事的事情，你打个报告给人事部，让人事部处理吧。散会了。Key，你等下。"潇洒哥说。

"上周，德国本部回电，说现在资金困难，公司近期不打算在中国开办工厂。"潇洒哥说，看得出，他也不大高兴。在潇洒哥负责的区域建立新厂，潇洒哥的地位也会提高很多。如果新工厂业绩出色，进董事会的可能性都有，如今这都成为泡影了。

"哦，那我得去和鄂北市的人通报下我公司的态度，另外，Daniel，销售员王笑一定要开除吗？"我问潇洒哥。

"一定要开除，其实他们也投诉了你，说你以前在别的公司可能存在一些不良记录。我说，过去的就过去了。"潇洒哥说。

"我能有什么不良记录？"我反问。

"有人反映你和前公司打官司！"潇洒哥态度很严肃。

"那是以前的单位提成本来是 40 多万元，结果只算给我 9 万元，所以打官司。"我怒道。

"嗯，这事儿他们说了，但我还是信任你的。不过，王笑必须开除！"

"嗯，我明白，我明天写报告，王笑和于泉一起开除吧！"我说。

"OK!"

我给鄂北市马局长打电话，含蓄地说了下德国总部的决策。马局长非常重视，说来鄂北市详谈。这些天，我已经和马局长建立起了不错的私人感情。

第二天晚上，我请王笑吃饭。

我将公司的决定告诉了他，当然没告诉他直接导火索是信息部的问题。王笑很失落，也没说什么。除了喝酒，说些自己都不怎么相信的安慰话，我也没啥好说的。一个管理者，经常见的就是这样的场景。铁打的营盘流水的兵，业务员来来去去太平常了。如果多情的话，一个管理者一生中怕不知要流多少离别的眼泪了。走的时候，我送王笑一个笔记本，上面写着我送他的八个字："吃亏是福，死而后生"。

销售人员经常处在被动的境地。比如说跑到一个新客户那儿，却悲哀地发现，竞争对手早已经出现在客户那里了，客户也有长期的供应商了，貌似铁板一块，打进客户内部都难，更何况去抢生意？

我们要想以弱胜强，就必须找出对手的漏洞来。如何找？这就是销售之术的第一术，曰"察"。察，是观察，是洞察。察己，察客户，察竞争对手，察他表面的行动和内在的含义。

"察"的目的是使销售员能够明白事理、了解形势、懂得进退。通过"察"的手段，知己知彼，则能判断我方在整个形势里是领先还是落后，于是就像前面说的：落后的时候浑水摸鱼，使局面混乱，我方于乱中取胜；领先的时候设置障碍，使竞争对手无法逾越，从而淘汰竞争对手。

销售语录： 有人的地方就有江湖，你所供职的单位也是个江湖，也需要你认真经营、积极面对，团结大多数。

反面教训： 据我个人亲身经历而言，50% 以上的销售员不是因为和客户斗争失败完不成任务而离开公司的，他们大多是公司内斗中的失败者或替罪羊而被迫离开公司。很多新手往往把公司和同事想得很美好，把公司当作家，当成依赖，所以新人更容易给别人顶罪，黯然出局。

_ 网友"文武"感叹：

我感觉自己在做销售前和做销售后简直就是两个样。总之，对任何东西都冷漠了许多，有时都不敢相信那就是自己。

_ 作者回复：

销售是看穿人心的工作。由于看多了人情冷暖和人性丑恶，所以做销售越久就越冷漠，这很正常，这也是要坚守销售原则"真诚守信，实事求是"的原因。如果没有遵守这个原则，销售员就可能会迷失自己，变得越来越冷漠，成为销售的奴隶。

21 销售三术之"异"

如何设置障碍？如何浑水摸鱼？这就是销售之术的第二术，曰"异"。

异，就是"差异化"。通过对比而总结出来的"异"，其实就是卖点，就是客户买你的产品的理由。追求差异应该贯穿于销售员的一切销售活动中。异，可以让人对你产生兴趣，可以让你成为焦点。

销售员的目的是获得订单，而差异化就是最好的武器。普通销售人员都拿着千篇一律的名片，而你的名片设计独特是"异"，可以让人过目难忘；普通销售人员拜访客户从基层一级一级地往上找，而你从上往下找是"异"；普通销售人员逮到个客户就如吃了兴奋剂一样夸夸其谈，而你简单说两句就走是"异"；普通销售员见到客户就夸张地伪装自己精明干练，而你沉默寡言帮客户倒杯水是"异"；普通销售人员夸耀自己的产品天下第一，而你谦虚谨慎、有的放矢是"异"；普通销售人员见到客户才考虑下一步，而你谋后再去见客户是"异"；普通销售人员到客户那儿见招拆招，而你主动出击也是"异"。

一"异"制百敌。"异"来自"察"，恰如爱神之箭射中人心，使人不愿防备。

于是我们听说陕西榆林的某某销售员大字不认识两个，居然每天早晨7点多到客户那儿帮客户擦了一个月桌子，由此获得了大订单，而令竞争对手知名企业一个硕士学历的销售员空叹而归。

于是我们听说广东一个牛人将一个民用建筑基建项目用泵卖到3000多万元。没错，是3000多万元（一般民用基建项目用泵不会超过500万元）！

于是我们听说安徽一个上亿元的中央空调大项目都签订合同了，又被人做成了重新招标，操作人也最后成功中标了。

我们在销售工作中一定听说过这样或那样的神奇故事，那么故事的背后隐藏的东西你能察觉吗？你还以为普普通通的常规性拜访真的能拿下几百万元、几千万元的单笔合同？你还以为单靠技术、心态、细节或者品牌就能在客户那儿呼风唤雨、起死回生？

快乐的背后隐藏着痛苦，成功的背后隐藏着艰辛，光明的背后隐藏着黑暗，普通的背后隐藏着特异。

打个电话，有的人抓起来就打，有的人苦思一个小时反复考虑说辞和揣摩对方的反应。所以，从最基础的打电话开始，普通销售员和高级销售员就显出巨大的差异了，更何况是大项目后期的决战之时！

我亲眼见到一个销售员为了某个领导的喜好亲自去内蒙古买了一头羊回来。那个领导现在在南方，年轻的时候去内蒙古插过队，喜欢内蒙古的羊肉。那个领导在一次闲聊中提及自己的嗜好，结果那个销售员当天晚上就买票去内蒙古，第三天坐火车返回 W 市。所以，别羡慕别人的成功，他的成功里绝对有你不知道的谋算。

《战国策》里有个《蔡泽见逐于赵》的故事很有趣。蔡泽，燕国人，学习出师后，就向许多大小诸侯毛遂自荐谋求官职，但没有得到任用，一直不得志，在赵国还被赶了出来。

在最落魄的时候，连吃饭的锅都被人抢走了，可见他是彻底地穷困潦倒了，不然强盗不会抢走他的锅碗瓢盆。一般而言，强盗只会对钱和值钱的东西感兴趣。

有一天，蔡泽听说了秦国的丞相范雎，他因为推荐过的一个武官王稽涉嫌造反，所以一时抬不起头，在政界受到打压。蔡泽判断范雎出现了隐患，而自己平步青云的机会来了。蔡泽便决定西行入秦，去拜见秦昭王，事先故意向人发出豪语，以激怒范雎：燕国大纵横家蔡泽，乃是天下最牛之士。只要他一见到秦王，秦王必定任命他为丞相，替代范雎的地位！

范雎听到这话，心想他什么人没见过，什么书没读过，什么计策没考虑过，还有什么人能把他搞下课的？他非常气愤，就打算见一见那个说大话的家伙，当面教训他。

蔡泽来到秦国的时候，范雎就派人去召蔡泽来。蔡泽见到范雎，只向应侯范雎作了个揖。范雎本来心里就不痛快，等见了蔡泽，看他又如此傲慢，就责问他说："你扬言要取代我做秦相，可曾有这种事？"

蔡泽回答说："有的。"

范雎说："让我听听你的说法。"

蔡泽说："唉，阁下为什么这样迟钝呢？即使是四季的转移，也是本着'功成身退'的自然法则……商鞅、白起、吴起、文种均因为没能及时'功成身退'，最后都没能避免惨祸加身。"

蔡泽的一段说辞让范雎惊出一身冷汗，范雎说："先生的说法太有道理了。"于是请蔡泽入座，待以上宾之礼。

过了几天，范雎入朝拜见秦昭王，对秦昭王说："有位从山东来的客人蔡泽，其人擅雄辩，臣阅人无数，更无人与之相比，臣自愧不如。"

于是昭王召见蔡泽，聊完之后，昭王十分欣赏蔡泽，拜为客卿。范雎这时自思后路，便称病不朝，并且借病辞官。秦昭王不准，范雎便推言病重，昭王无奈只得允准。秦昭王由于对蔡泽十分欣赏，便任命他为相。就这样，落魄至极的蔡泽，仅凭三寸不烂之舌，居然获得了丞相的职位，可谓牛人！

这就是销售之术啊！

蔡泽听说范雎的手下犯了重罪，马上意识到正处事业顶峰的范雎已开始有了隐患。深明盛极则衰道理的他，知道自己说服权臣、飞黄腾达的机会终于来临了。这就是销售之术中的"察"。

蔡泽去秦国之前造势宣称只要他去秦国，秦王肯定就任用他当丞相，取代范雎，来激起范雎的好奇心。位于高位的范雎每天接触的无外乎阿谀奉承和溜须拍马之人，突然听到这样的逆耳之言，一下子好奇起来，就想见见此人。这就是销售之术中的"异"。

简单的"察"和"异"，运用得好，连丞相职位都可以得到，更何况我们这小小的销售呢！

销售语录： 销售中期的关键就是差异化。差异化给你一个标签，使你看上去与众不同，吸引客户眼球，引起客户的注意和兴趣。这是在具体跟单的过程中期必须做到的。唯有这样，客户才会对你多些关注。

反面教训： 销售员不提炼自己的差异性，就会使自己的人和产品模糊化，泯然于众。结果自然是被客户忽略，最后必然陷入价格战的泥沼里，因为你没有其他的优势，就只能主动降价求单。

_ 网友"何时能破茧"问：

请作者就"如何做到面对一个地位比较高的陌生人能轻松自如地和他交谈"传授一些经验。我认真学习了"察"，但是去客户那里见客户的高层，却不知道和他们说什么。

_ 作者回复：

面对陌生人根本不需要你自如交谈，销售忌讳的就是交浅言深！你见到陌生的客户，只需要告诉客户你来自哪个公司，你是干什么的，留下你的企业宣传册或者产品说明书就可以了。工业产品销售是马拉松式的长期工作，胜负之手千万不可在第一阶段就放出来！否则前紧后松，那会闹笑话的，这也是新手常常犯的错误。

地位比较高的人，在他的单位都是受人尊敬和敬仰的。你不需要自如地和他交谈，见到陌生的地位高的人，你只需要表达出你的尊敬就可以了。你可以拍马屁，也可以一言不发，只恭敬地介绍你的企业和你自己，然后等对方发言。对方不发言的话，你就找借口离开。这是第一次拜访，千万别祈求第一次就能和客户轻松自如地交谈。这不太现实。

你是做生意的，记住你是和别人进行利益交换的，所以你得给别人时间观察你，同样你也得慢慢观察客户。水是一度一度慢慢烧开的，别揠苗助长。

_ 网友"马甲报道"说：

在这里和作者讨论一个问题，我对这个问题一直没有好的思路，就是如何在标书中给对手设置障碍。目前我的问题是我们公司的产品几乎在任何功能上都很难和对手有差异，我甚至让我们公司的高级顾问整理有差异的地方，但也是徒然，搞得以前有客户支持我们时，会说对方标书不认真、方案没条理之类的连我都觉得站不住脚的话。

_ 作者回复：

在标书中设置障碍是很简单的。哪怕你公司的产品和竞争对手的产品完全一样，但是你找一找软件，还是会发现不一样的地方！比如你公司的注册资金是 3000 万元，而竞争对手是 2500 万元，你就可以在标书里写：要求投标企业注册资金最少 2800 万元。这样，就足够排除掉你锁定的竞争对手了，你的竞争对手想和你竞争投标也没办法。

事实上，你看现在的公司发售招标文件，其中几乎有 10% 是限制投标公司注册资金的，这说明这一招已经被大多数销售人员或者业主掌握了！

想找到你和别人不一样的地方，多研究一下你就会发现，太多了。

22　销售三术之"勇"

鄂北市建设大道。

我向招商局马局长汇报了我公司的一些情况，说德国总部目前资金紧张，不愿意冒资金断流的风险，所以不准备在中国设新厂。

"这事有点儿难办了。"马局长一脸严肃。

我没有答话。

"市里很重视这个项目，我们也能确保你们在我们这儿投资的利益。难道真的没有谈判的空间了吗？"马局长问。

"什么好话歹话、投资的得失，我都向中国区总裁汇报了，他也很感兴趣，但这是德国总部的决定，他也没有决策的权力啊！"我无奈地说。

"知道吗？今年7月是我市招商工作考核的时间！所以一定要把这事办成。"马局长有些烦躁了。

我点了点头，看着马局长激动得有点儿微微颤抖的嘴唇，往日里总是充满笑意的两只眼睛也凝聚了些许严厉，呼吸声有点沉重，好像有点缺氧似的。

"开发区的地可以按我们开发区的政策优惠提供，你们资金少的情况我们也可以牵头协助银企对接来解决。只要你们公司真心诚意投资，根据原先的规划，在6月完成投资的仪式这个不能变，你们有什么困难或一些合理合法的要求也可以提出来，我们共同协商解决。一定要确保6月上旬签约，中旬搞奠基仪式。"马局长态度很坚决。

我笑了笑，递给马局长一根中华烟。和马局长熟悉以后，我就不给他小熊猫抽了，改给中华烟，毕竟我是打工阶层啊，长期抽小熊猫还真消费不起。

"确保 6 月签约的方法不是没有，只是不知道该讲不该讲？"我对马局长说。

"没事，说来听听。"马局长说。

"方案有两个：第一个，现在德国佳菱没钱，你们就让鄂北矿业集团和德国佳菱合资办个厂子，资金由鄂北矿业集团出，我们佳菱出技术和品牌，也可以达到德国佳菱投资办厂的目的。这样我们利用了矿业的资金，矿业利用了我们的品牌和技术，说不定还能把产品卖到全球市场，毕竟我们佳菱公司是世界级品牌，是能把合资厂带到国际市场的。

"第二个方案，索性我去注册个德国公司，商标与德国佳菱类似，然后再去联系鄂北矿业集团，与他们合资。同样地，政府按政策优惠出地，鄂北矿业集团出钱，这样，也算是完成了投资建厂。"我开玩笑似的对马局长说。

"这事非同小可。第二个方案肯定不行，是要坐牢的！违反原则的事情想都不要想！"沉默了良久，马局长摇了摇头，"我考虑一下你们技术入股的可行性，这不是没有先例的，我们要做个可行性报告向刘副市长汇报下大体情况。"

"嗯，我这几天一直在鄂北市。对了，晚上有空一起吃饭吗？"我说。

"不，不，晚上还有工作要忙。"马局长说。

第三天中午。

"在鄂北市吗？一起吃个工作餐吧。"我一看，是马局长的短信。

"好的，我现在就去。"我回复说。

马局长今天气色不错。

"倪峰，你的建议我和刘副市长说了，刘副市长说都是为了地方经济的发展，都是为了老百姓过好日子，有些事就特事特办！"马局长说。

"那是，现在各地招商的竞争环境恶劣啊，好像比我们做销售的竞争都激烈！上次我在××市居然看到街上挂着一幅巨型广告'影响招商是罪人'！呵呵。"我说。

"招商招得好不好，地方经济发展的快慢，是考核官员的硬指标呀。无奈啊！"马局长苦笑，"第一种方案你有多大把握？市政府招商规定，世界 500 强企业投资超过亿元的高新技术项目，可以享受3年的减免税优惠。这可是笔很大的费用啊！"

"为什么不选择第二个方案？"我开马局长的玩笑。

"第二个方案实在不妥，我这关就过不去，以后也不要再说。"马局长说。

"第一个方案就第一个方案吧，那事情办成后我怎么谢你？不能让你白忙一场呀！"我笑着问马局长。

"不用不用，这是我的本职工作。"马局长说。

我没有作声，默默地喝着碧螺春。

"你们招商引资成功的话，那招商人的佣金是多少？我不要这佣金，只是好奇，问问。"我说。

"个人招商引资的佣金，是其引进企业第一年上缴税费形成的财政可用收入的4.5%，这是你应该得的。"马局长说。

"佣金我确实没想要，我现在这个外企的工资已经够花了。假如应该给我个人的话，那你就帮我做个主，找个留守儿童多的贫困山区的学校，用这笔钱买一些书，再建个锅炉房，让住校的孩子们在冬天也能洗上热水澡。"我真诚地对马局长说。

"没想到你也热心公益啊。"马局长道。

"马局，其实这次合作假如成功的话，你和我都算直接招商人啊。不过马局，我有个想法不知道当讲不当讲？"我对马局长说。

"工作上的事情，还有什么当讲不当讲的？你有啥想法就说，别拐弯抹角的。"马局长说。

"是这样的，我以前也是在政府机关上班的，1992年的时候响应国家提出的'停薪留职'下海创业，这不一不小心就在外面漂泊了很多年。我这次看你们招商局招聘的工作人员的考核，合格的好像可以转为事业编制，不知道我有没有资格申请个名额？对了，档案里我还是干部身份呢！"我对马局长说。

"这个呀，要看符合不符合国家相关的政策，如果你的情况符合政策规定的话，是可以申请的，如果不符合规定，还是别打这个主意吧。"马局长婉拒道。

鄂北市政府依国家政策和园区政策出让了工业用地，鄂北矿业集团出资金，我们德国佳菱以品牌和技术就能拿到新合资公司29%的股份，并打开鄂北的市场，三方得益，何乐而不为？德国佳菱很爽快地就答应了合资的事情，并在 6 月 4 日派德国董事会的人来参加签约仪式。

鄂北市经济开发区新厂的奠基仪式在 6 月下旬如愿启动了。尽管是一片空地，但还是扎了巨大的拱门，鄂北市组织了大约 2000 人在空地里当观众，一支乐队在那里吹吹打打，好不热闹。

奠基仪式由鄂北市招商局局长主持，副市长剪彩。潇洒哥代表德国佳菱公司，与鄂北矿业集团董事长共同拿个铲子掘起一点儿土。在一阵鞭炮锣鼓声中，奠基仪式结束了。

一直都很踏实地跑项目、跑客户，实实在在地和客户交流，后来一段时间把精力放在说服老板去鄂北投资办厂这件事上，角色发生了一些变化，感觉有点不真实，站在奠基现场，突然感觉恍然如梦啊！不知道哪个哲人说人生如梦。今天是昨天的梦，未来是现在的梦，五颜六色、乱七八糟的数不清的梦或者目标，编织成了这人生。只是这梦是美梦，还是噩梦？而你会成功，还是会失败？

销售是我们实现梦的手段。如何才能真正地成功？凭借"察"，凭借"异"吗？不，"察"是身躯，"异"是翅膀，"勇"才是灵魂！100 个人中 99 人都在患得患失的时候，你冲出去了，大胆做了，你就成功了。在一件事情无法判断对与错的时候，你选择了，那就走下去，走下去就有路了。

销售语录：不是我想赢，而是我必须赢，一个成功的销售在面对任何客户时都必须有这样的必胜心态！记住：微笑是可以传染的，信心也是可以传染的。

反面教训：自己对征服客户都没信心时，往往就征服不了客户。你的心不坚定，客户感觉到了，自然就不敢信任你，不敢挺你，这往往会导致本来还有一线希望的事情彻底黄了。

_ 网友"hcjm"说：

我有个 120 万元的单子，一定要抢到手！

我们公司的产品是全国市场上技术质量上乘的产品，在省内和业内有相当的知名度，与该公司也有长期合作关系。但是即将招标的产品属于长期采购，以前该公司也有采购过，因为发货不及时，无法满足其生产需求，后来就停止了采购。现在负责技术的部门主管会支持我们，但绝对不敢在明面上支持我们。以上属于优势。

还有劣势：以前都是技术部门主管说了算，但是此次招标需老板拍板。以前只拜访过一次老板，递了张名片就再没去过。

这个行业很讲关系，估计参与竞标的有上级领导打过招呼的厂家。现在怎么办？需要手段，需要方法！什么样的手段呢？什么样有奇效的方法呢？我也找关系？我觉得找关系也不是非常靠谱，靠关系是一件很微妙的事情。

_ 作者回复：

首先，你要站在一个全局性的位置，俯视在这个采购过程中肯定会出现、会起作用的一些部门、一些人；其次，你计算下，还有没有部门，还有没有人没有拜访到；再次，思考你拜访过的部门和人当中，有几个能站出来为你说话；最后，就是考量竞争对手说服了哪些部门、哪些人。

然后判断客户购买哪家产品的决策是怎么做出来的。谁在里面起推荐者的作用？谁在里面起影响者的作用？谁在里面起拍板者的作用？推荐者、影响者、拍板者你都说服了吗？

最后，在大型项目里，仅仅说服一个人是没多大价值的！假如推荐者不推荐你，拍板者也不敢拍板定你，风险太大；假如推荐者推荐你，而影响者攻击你的缺点，拍板者也不敢拍板定你；假如推荐者推荐你，影响者也无意见，拍板者你没搞定，变数也很大！

我觉得你要考虑的是检查我上面的提示，你做到多少，没做到多少？有多少可以弥补？在全局里，一个人起的作用忽大忽小，所以一个销售员考虑的是对全局的掌控。当然，全局厘清了，你的工作就是具体的公关了，这就很简单了。

23 我与客户清一色

6 月的时候，H 省办事处发生很大变化。5 月的时候，我将王笑和于泉都开除了，然后在人才市场招聘了 11 个业务员。

我向上级申请去开发江西省，公司也同意我去开发公司以前都不重视的新市场。这样，我在 W 市的时间就少了。其实我也没去江西，真正去江西的是王笑。

王笑离职后，一直没有工作，这样安排也算是对他的照顾。

我让王笑一个人负责新公司的全部运作，主要在江西开展业务，我提供资金和信息，他负责将信息进行再加工，我六他四分成。我们的新公司代理国产的产品。

5 月在 H 省招的 11 个业务员，我全部拉到江西省去开展业务，11 个人用一个月的时间去开发江西的目标客户，不客气地说，将江西省目标客户的底儿都翻了一遍。当然，一个月后，根据他们收集信息和拜访水平的高低，我开除了 7 个业务员，剩下 4 个。这剩下的 4 个业务员，我全都交给张雨，让他们在 H 省开展业务。我将 11 个销售员开发市场后筛选的江西省目标客户信息给王笑的时候，王笑吃惊得瞪大了眼睛。

"资本的秘密就是榨取工人的劳动价值，这是资本的本质。无论资本外表看起来多么完美，它的本质是要喝血的！"我对王笑说。

我在鄂北市租了一套不错的房子作为办事处的临时场所，周末无工作要处理时就看书上网，闲暇时刻还加入了鄂北市的网球协会。网球是一个很好的健身活动，在打球的时候，会遇到其他的一些网球爱好者相互观摩和切磋，比如鄂北矿业集团的李副总、鄂北市中心医院的副院长等，这样打着打着大家就熟悉了。

开除于泉的后果是我和公司总部销售张总的关系决裂。我无所谓，因为我的任务早就完成了。业务员靠业绩说话，我们办事处主任也一样靠完成目标业绩说话。一个完成任务的销售人员，是任何人都开除不掉的。

7月，鄂北市进行换届选举。9月，换届选举尘埃落定，鄂北市政界人事发生一些调整：

1. 刘副市长调离鄂北市，任黄河市的市长兼市委副书记。
2. 鄂北矿业集团的董事长升任为鄂北市市长兼市委副书记。
3. 鄂北矿业集团的总经理升任为鄂北市副市长。
4. 招商局马局长升任为鄂北市副市长。

鄂北矿业集团一下子走了两个最高领导，既在意料之中又在意料之外。因为鄂北市是个能源城市，先有矿再成立的市，所以传统上就有矿领导在换届时被提拔市领导的先例。但意料之外的是，没想到这次换届居然有两位矿领导升任市领导。

矿业集团空出来的两个位子据说竞争很激烈。

张雨向我求援，说于泉辞职的时候交接的一个项目，我们已经报过价——42万元，本来业主刘总已经答应最近签订合同，但他最近去了几次，刘总总说不急不急，还说我们价格高。后来有一天，他发现刘总的办公桌上放着于泉的新名片，原来他跑到竞争对手那里去做销售了，也在跑这个单子。

"就是说，于泉到竞争对手那儿上班，现在又在抢以前他负责的这个单子喽？"我问。

"是的，而且很危险了，刘总已经在敷衍我了，一直定不下这个合同。"张雨说。

"嗯，帮我约下，我去看看。"

开车和张雨一起去到客户那里已经是下午3点了。去客户刘总的办公室，刘总不在，其他人说他在工地现场。见到刘总时，他一身灰尘，正在工地亲自指导安装设备。

张雨将我介绍给刘总，我递过名片后双手紧紧地握住刘总的手，然后说："这次是专门来拜访你的，但临时有事，需要我去处理下，下午6点钟我在你们厂门口旁边的饭店等你，到时候请你百忙之中抽出点儿时间，我们交流下工作！"说完，我就带着满脸不解的张雨走了。

下午5点20分，我给刘总打电话，说已经在饭店定好房间等他了。

"确实没时间，谢谢，下次有机会吧。"刘总在电话里拒绝道。

"没关系，你正事要紧，那就下次吧。"我在电话里说。

刘总不出来吃饭，于是我就带着张雨回W市了。

"倪总，你怎么大老远来了，见到客户，不和客户谈就回去了？"张雨问道。

"嗯，你自己揣摩下，过几天我再告诉你。"

第二天，我给刘总发了条短信："刘总你好，这个单子很小，谁也不在意，主要你是张雨的第一个客户，为提高张雨的销售信心，希望刘总给张雨一个机会，将这个单子给他做。我也是真心想交你这个朋友。你有时间来W市就找我，看我值不值得交往。"

刘总没回信。

第四天的时候，刘总给张雨打电话，通知他去签订合同。张雨接完电话极度兴奋，赶忙问我："倪总，你说说这单子究竟是怎么回事啊，你不和客户交流，客户怎么也会买我们的账啊？这和销售教科书教的不一样啊！"

"你不动脑子啊。道理很简单。"我说，"第一，这个单子本来就是我们跑的，虽然于泉离职跑到竞争对手那儿，但这个单子我们是领先的；第二，表面上看是刘总在进行价格对比，实质上他是给于泉面子，毕竟这是于泉跑的项目，现在虽然于泉换个品牌，但刘总也还要给于泉面子，所以刘总在挑我们的刺儿！所以我去刘总那儿，本身就是给刘总面子，让他有个台阶，这样他面临两个选择：一个是和有着总经理头衔的我合作，还有个选择就是和普通的销售员于泉合作，你说他会选择谁？哪个人不想和高层人士交往？所以，我一出现在刘总那儿，基本上结局就定了下来。至于见面不说话就走，是希望给他一是工作忙的印象，二是给他性格直爽的感觉。因为从刘总亲自下工地实干的事情上来看，他是一个直爽的人，所以要投其所好！第二天给他发短信，明确表态想和他交朋友。这是打动他的最后一根稻草。所以，他第四天通知你去签订合同就顺理成章了，这也是刘总对我的短信的回答，虽然他没回我的短信。"

销售语录： 和客户交流要尽量和客户保持同一个阶层的角色。比如客户是工人，你要尽量穿牛仔裤和夹克这样的服装，谈吐用词也要和工人阶层合拍。这就是销售中常常说的：见人说人话，见鬼说鬼话。

反面教训： 假设你去拜访田间的农民、果园主，向他们推销农药，结果却西装革履，说话文绉绉的，试想这样的销售怎么能引起客户的共鸣呢？

网友"sunplow"问：

一直在默默地学习吸收着帖子里的精华，看到这节说，刘总给业务员张雨的答复是价格上不占优势，所以迟迟不能采购，感叹蛮多。最近我的工作上也有此方面的困惑，有点儿迷茫，想请峰兄点拨一二，或许能起到醍醐灌顶之效。谢了！

先介绍下，我是做新建火力发电厂辅助锅炉的。这种设备只在新建机组启动调试初期使用，机组并网后基本就是闲置状态。我公司在该行业内实力属于前三强，我们的产品价格水平在行业内处于中等偏上。应该说今年上半年之前，销售形势一直较为乐观，特别是前几年，火电机组疯狂上马，基本上中标率在80%以上，今年上半年投的四个标中标率为100%。但是一到下半年就风云突变，连投四标不中。我是7月入职的，分析了下，主要原因如下：

1. 国家缩紧火电建厂审批，很多省份都一刀切不给批了，原来各家一般只做传统势力范围内的单子，现在全都一窝蜂地挤在一起。

2. 各大发电集团对在建项目要求尽量控制投资成本，对于辅助锅炉这种非常成熟的产品，纷纷形成不成文规定，选中的标大多为最低价。今年钢材价格回落较大，我公司对市场的估计过于乐观，价格未做及时调整，连续开出标王、次高价。

前段时间，销售副总认为是囊中之物的一个项目因开出标王而落标。鉴于此，公司采取了一系列缩减成本的政策。我的第一个项目，往常惯有的咨询费被砍掉，领导的指导方针是只要能入围就可以，要尽量控制成本。开标前我经过二次接触，拜访了项目设计院主设、筹建处主任和专工（与专工建立了较为良好的关系），总共四家单位通过了资格预审。从专工处了解到，竟然只有我一家在开标前与他进行过接触（他是项目具体负责人）。此次招标是电厂第三批辅机招标，共30多个标段，100 多个厂家参与。两步开标，价格标开出，400 万左右的标，我们为次低价，比最低价高 16 万元，技术上我们排第一，最低价厂商排第二，但我们的优势不明显。显然，这个标丢了（补充说明：产品价格由领导决定）。

对于现在的形式，我有些困惑了。显然，如果我们把专工、设计院主设拿下，我们的技术优势肯定会更大，但是我们的项目成本肯定是水涨船高。如果价格过高，对专工来说风险太大，他不会冒这个险。我迷茫了，不知该如何平衡？盼作者能指点一二。

_ 作者回复：

锅炉为电厂的三大主机之一，业主和设计院都是很重视的。当然市场经过多年竞争，行业内基本上对厂家有所了解了。你说你们是行业前三，那么你们的销售也应该如你所说的顺风顺水。

前几年，国家扶持太多的火电项目，加上你们的品牌效应，导致你们的销售认识可能就是以技术 + 品牌为主。但现在行业一收缩，竞争一加剧，你们的政策可能就不那么有效了。你们需要加大对商务的投入。事实上，你们品牌响，技术成熟，那么唯一的缺点就是商务了。如果商务搞得好，你们就可以雄霸天下。

电厂投资几十个亿，向来不会只看中便宜的东西！因为你们没有做商务方面的工作，所以你们会失败。他们安慰你的借口就是你们价格高了，这样说你们也不会太尴尬。但是很明显，电厂买东西还没听说谁价格低就买谁的，电厂采购设备还是以技术和质量为前提的。出现价格竞争的局面，就说明你们谁也没做好商务工作！

24　恐惧是个好东西

每年的 8 月到 11 月是工业产品销售的黄金时间，一般的大型采购都在这几个月内完成。张雨在 W 市跑的一个大单子就碰到了困难。

张雨跑的客户叫吉水化工集团，集团新建一个生产草甘膦的化工厂需要真空设备。问题是厂家没购买定位，也没确定是购买国外设备还是国产设备，所以前来拜访的国外的、国内的这种真空设备厂多如牛毛，竞争非常激烈。

张雨在电话里一把鼻涕一把泪地一定要我帮忙，帮他将吉水化工集团这个单子抢下来。我问何故，他说这个客户一开始门都不让进，等进门了，他找了相关的部门，也说服了基建处的处长和下面的工程师，结果吉水化工集团 9 月 2 日换了新的基建处处长。新上任的张处长有固定的设备合作伙伴，以前的合作商一个也不要了。而他说服的工程师因摸不清楚顶头上司的意图，也不敢帮忙了。

"哦，那看起来有些困难了。你找这个新建项目的最高领导没有？他应该有绝对的拍板权啊！"我问。

"找了，最高领导叫牛明，牛总，但是他不理我，见了一次，谈了一分钟，他说不管具体的事情，就把我推给下面的基建处的人了。"

我说："那就很难办了。放弃吧，投入很大精力还不知道能不能成功，不值得啊！"

"老大，这个单子意义太重大，做下来以后，这个大型化工集团每年都会有几百万元的需求啊！"张雨不死心。

其实，我是不想去 H 省的，不过耐不住张雨的苦苦哀求，只好亲自去跑这一趟。拜访了吉水化工集团的基建处，初步了解、判断后，我感到这一单非常难做：一是下面的工程师不敢为我们说话，毕竟换了新的领导，他们要明哲保身；二是基建处负责采购，但基建处处长是新来的，他有自己的固定合作商，对我们肯定不会说真话，只会应付了事。看来只有找这个项目的最高领导牛总，才有可能拿到这个订单了。但据张雨判断，牛总位子太高，基本不插手下面设备采购的事情，所以很难办。

我在梨园的房子靠近东湖，空气特别清新，没事的时候可以在东湖边散步，感受湖光山色。我边散步边想着这事儿，一时也想不出什么好办法。我分析了一下局面：首先，设计院是外地的，现在做设计院的工作来不及了；其次，我们是外地人，在这里找不到人帮忙；最后，他们是内部议标，这几天就要定了，时间已经不允许做一些事情了。怎么办呢？考虑到凌晨 3 点多钟，我也没想出好的方法来。

但有一点是肯定的，普通的途径，即找下面的基建处已经行不通了，必须找牛总。只是见到牛总该说什么或者做什么呢？这才是最关键的。

我决定了第二天一早就去找牛总。第二天早晨起来，洗了个热水澡，使自己看起来精神点儿，然后我就拎包出门了。

牛总果然很牛，敲了门，推开牛总的办公室门进去后，我发现办公室非常大。牛总的房间内摆了两盆观赏植物，一盆步步高，一盆发财树。

我进门时，牛总抬起头看了看我，没有任何欢迎的表示，只是狐疑。

我走到牛总的办公桌前递过名片，说："恭喜牛总，草甘膦出口价格又涨了，从以前的 3000 多元一吨涨到 5000 元了。"

"嗯。"牛总从鼻子里应了一声。

牛总没请我坐。我自己移动下办公桌前的椅子坐了下来，坐在牛总左手对面斜 45 度角的位置。我留意到牛总的办公桌上放了一只暗红色的红木麒麟。

其实在销售中，在客户那儿如何坐也是一门学问，张雨就曾经在第一次拜访客户的时候坐在了客户的对面。坐在别人的正对面，根据形体学的意思就是：与人针锋相对，是对手。所以那次拜访，张雨被客户几句话就忽悠走了。

我递过产品说明书，牛总翻看了一会儿。我说："草甘膦需求的增幅每年都在

15%左右，牛总选项目真准，眼光真高，找了个会下金蛋的项目。"

"嗯。"牛总照样没理睬，不过这在我预料之内。

"你把你们的产品资料给基建处的张处长吧，和他沟通下，设备的事情我不参与。"牛总翻完说明书，就下了逐客令。

"基建处那里我有业务员去拜访了，不需要我去，他们觉得我们的产品还可以，我也是觉得我们的产品不错，才向你推荐。"我站起身，"对了，牛总，你身后的书橱建议移除掉。另外，建议你换个办公室，这个办公室不适合你。"说完，我将自己坐过的椅子归还原位，作势要走。

"哦，什么意思？这个办公室怎么不适合我？"牛总有点儿好奇，也有点儿生气。

"靠山靠山，你背后的书橱的门经常推拉移动，形成不了靠山，对你不利。还有，你这间办公室的顶层正好放着冷却塔和消防水池，这是形煞，最忌讳的。"我说。

"你这是迷信！"牛总说。

我笑了笑，摊了下手说："我是姑妄言之，你若不信，就当是我给你讲个笑话提提神了。我研究风水十余年，只给两个人看过风水，你是第二个。根据我的判断，第一，你现在有胃病，你吃很多药也不顶用，并越来越严重；第二，你现在精力无法集中，状态不好，这样长期下去，对身体不好啊！"

"哦，你怎么知道我有胃病的？有人告诉你的吧？"牛总好奇地问。

"呵呵，不需要谁告诉我，你双唇带紫，办公椅后面是书橱，没有靠山，时间久了，会觉得浮躁；而且你的办公家具均为桃红色，故必然有胃病，只要处在这个环境，胃病就不会好。"

"那你说我精力不能集中，又因为什么？"牛总问。

"哈哈，刚才说了，你的办公室顶层有冷却塔和水箱，这是压顶的形煞，为风水学的十三煞之一，不得不防啊！不过买了我们的真空设备就没事了。"我最后开玩笑说。

"如果买你们的设备能治好我的胃病，我就买你们的试试。"牛总也笑了下。笑完，他拿起我的名片又看了下，说："看来你是真想要卖点儿什么东西给我才肯走，连风水都搬出来了。这样吧，我给基建处的张处长打个电话，你们谈谈吧。"

"好的，谢谢牛总。我这就去。"

"你好，我是佳菱真空的倪峰，刚才牛总给你打电话了吗？"在基建处的办公室，我问张处长。

"嗯。"然后张处长就是沉默。

"我们的产品确实还是不错的，希望张处长在比质比价的基础上，觉得还行的话，推荐一下我们的产品。"我对张处长说。

"嗯。"张处长仍旧不置可否。

"这是我的名片，常联系。"说完我就告辞了。

我又回到牛总办公室，不过这次牛总稍微要客气点儿，不仅示意我坐，甚至还有意给我泡杯茶，但我连忙站起来说："不劳！不劳！"

"牛总，我刚刚去见了张处长，递了名片、说明书就出来了，没谈什么。技术这块儿，你们有技术员，我们也有技术员，他们可以交流方案的可行性。"我说。

"哦，那好。怎么，你刚才说你还给另一个人看过风水？"牛总显然无意跟我继续谈工作，想用闲话把我打发了。

但这恰恰中了我的圈套，我连忙说："是的，我给鄂北市的某个上市企业的总经理看过，他后来根据我说的去做就升迁了，现在是一个大人物了。喏，这是他的名片。"说完，我从名片夹里找出以前鄂北市某上市企业领导的名片递给牛总看。这名片是在鄂北市招商仪式上，来来往往的嘉宾发给我的，我一直随身放在名片夹里，必要的时候用来表明自己跟身份不低的人交往过，能让我在这些老总心里增加不少分量。

"哦，真有这事啊，那有时间也给我看看吧。"牛总打着哈哈说道。

"一定，一定！我最近都空闲，我觉得和你投缘才说些关于风水的事情的。你有时间给我打电话。"说完我就告辞了。

回到H省办事处，我让张雨给吉水化工基建处的王工打个电话，就说，我们经理找到牛总了，交流还可以，希望王工能站出来，帮我们说说话，推荐一下。

张雨打完电话，问我何时去见牛总的，他怎么不知道。他还在办公室里等我，准备和我一起去呢。

"呵呵，早起的鸟儿有食吃，你这样后知后觉，成功会主动掉你头上砸你啊？"

我取笑他。

"呵呵，我已经起得够早了，天天 7 点多就起床。"张雨说。

"那还早？我每天 6 点起床。"

张雨不说话了。

"领导，怎么样了？还有机会吗？"过了一会儿，张雨给我一支烟说。

"五五成吧，还需要做工作。"我说，"你这几天必须天天去基建处，做好王工的工作，如果他推荐的厂家里有我们的话，基本上就没问题了。"

销售的规律是：说服了上面的人，没说服下面的人，有 20% 被人翻盘的机会；说服了下面的人，没说服上面的人，有 80% 被人翻盘的可能！所以每一环节都确保落实到位，那才是真的成功。

不过，事情并没有我想象中的那么困难。第三天的时候，王工通知了五个真空设备厂家进行技术交流。我没去，是张雨带了个业务员去的。

交流结果出来，据张雨说还是不错的，毕竟我去年硬逼着他们在办公室里苦学了一个月的产品知识，应付一般的技术人员已经绰绰有余了。

周六，我打电话约牛总去东湖钓鱼，被他拒绝了，说忙。

第五天的时候，标书就发了下来，张雨问的，就给三家发了标书。他们公司内部议标，是二次报价。一个星期后他们开标。我没有去，结果基本上在我预料之中了。

第二次报价开始的时候，张雨是最后一个被通知去报价的。我收到一个陌生手机号码的短信："再降 35 万，牛。"于是我在电话里通知张雨再降 36 万。

吉水化工集团最后的议标结果是德国佳菱公司中标。在当天晚上喝庆功酒的时候，张雨说："老大，你是怎么说服牛总的？我现在还没明白呢！"

趁着酒劲儿（我其实不能喝酒，两瓶啤酒就小晕了），我说："在销售活动中，想说服客户的最高领导，老板级别的，必须用'奇'和'异'的事情去打动他！想说服客户的下层办事人员，必须用切身的利益去引诱他！这是销售说服人的总纲领，切记，切记！"

然后我将和牛总见面，给他看风水的事情跟他说了。

"晕！想不到你用这招儿！你真的懂风水？"张雨好奇地问。

"呵呵，名词知道一堆，但什么意思我却不懂。刚刚看了三个月的风水书。"我笑着回答。

"啊，那你怎么知道牛总有胃病且精力不集中的？还有，在办公室当你想走的时候，牛总不问你问题，不继续跟你说话，你怎么办？"张雨问。

我说："当领导的天天有应酬，胃有这样那样的小问题，这是肯定的；而且牛总已经40多岁了，精力不济也是意料之中的！这是人的基本规律，你到40多岁也会感到精力不济的。我要做的不过是故弄玄虚，找个奇异的理由罢了。如果我作势要走的时候，牛总不找话题和我聊，我会真的走。不过，我在离开后会给他发条短信，再告诉他这些事情。"喝了杯酒，我继续说，"恐惧也是值得我们销售利用的情感之一。地位越高的人，得到越多，也就越害怕失去，所以就会越恐惧。只要合理合情地利用他的恐惧感，我们会做成很多大事！"

销售语录：在客户现场找销售方法、营销对策，再好的营销计划如果不建立在客户第一现场的土壤上，也开不出胜利之花。

反面教训：销售切忌纸上谈兵，按老习惯、老经验在办公室里判断新客户，因为每个客户都是不同的，环境也是有差异的。

＿ 网友"我是迷茫的石头"问：

看到作者讲在客户现场找销售方法，但现在我在现场却越来越迷茫了。我刚刚参加工作，做销售的，刚开始的时候都是电话联系客户。开始感觉没什么困难的，聊完之后，对方都愿意和我见面具体谈。无论是新、老客户都去见了不少，可是大都只是留了联系方式和资料什么的，都出去跑了一个多月了，一个单子都没接到……感觉很郁闷。说明下，我做的也是工业产品销售，不过是那种小的机械产品。我们公司以前的产品质量不是很稳定，现在比以前好多了，而且以前在行业内部的知名度是很高的，属于这个行业内最早做的了，曾经有段时间垄断过该行业，可是老板们好高骛远想做大其他高端产品，没想到失败了。差不多两年没有出来做这个产品，现在想卷土重来收复失地，于是就有了我们这些到处跑的业务员……

痛苦的是我去找老客户，他知道我们公司，却总是说我们产品性能不稳定；去见新客户呢，他们则完全不知道我们公司。而且像他们都已经有了固定的供货来源，价格和性能方面，我们的产品和其他公司其实都差不多，现在就相当于横插一脚进去。

我现在快郁闷死了，客户那边没啥动静，公司却催得要命，谁来给我支支招啊……

_ 网友"wmfdlms"说：

"石头"的销售困难简单来讲，就是只停留在销售的初级的表象上面了。

其实，虽然客户要采购的产品都一样，但具体到每个客户，具体的需求点都是不一样的。做销售不可能用一套固定的模式去摆平所有的客户。每个客户都是有他们独特的需求点的，能否洞察到这一点并细分出来，然后有针对性地满足客户的需求才是销售成功的关键。

25　没有应该的，只有必须的

我刚刚放下酒杯，张雨就说："领导，我奇怪的是，你是怎么突发异想和牛总谈风水的？为什么不谈其他的？"

"唉！菜还没吃上几口，又问。好吧，我告诉你。

"一个销售进别人的办公室里首先要观察，看看有无显示客户个人兴趣或者爱好的东西。比如，如果墙上挂幅字，说明他喜欢书法；如果他办公室里放着养鱼的水箱，说明他迷信；如果办公桌上放着家庭照片，说明他喜欢小孩儿；如果办公室比较凌乱，说明他性格比较随意；如果他办公室比较整齐，说明他很谨慎；如果他办公桌上有烟灰缸，烟灰缸里面有烟头或者烟灰的痕迹，说明他抽烟。如此种种，你总能从他的办公室的布置上找出很多信息。

"牛总的办公桌上放着一个红木麒麟，麒麟是风水中的招财进宝之兽。并且人年龄越大，越会感觉人生中偶然的成分多，可能就会越迷信，所以我就临时想起和他谈风水。即使不谈风水，我也必定通过'察'，找到其他的话题，用'异'来引起他的兴趣，从而说服他。

"谈什么，不是我们销售能控制的。但是想谈成什么效果，却是我们事先要演练、判断和谋划的。比如你想做成某件事情，那么：

"第一，你要树立必须做成某件事情的决心，这能让你有'勇'去做！

"第二，如果目标太大，一下子完成不了，那么你必须将大目标分解成若干个能完成的小目标。如何分解目标呢？可以用'察'。

"第三，能完成的小目标一个一个去实现它们，慢慢靠近大目标。

"第四，经过小目标的累积，最后完成大目标。当水烧开到99摄氏度，当球员把球带到后场，面对球门最后一脚的时候，一定要谨慎，一定要用'异'来画个完美的句号。最后一脚踢不好，那就丢人丢大了。"

喝了一杯酒，我告诉张雨一个我最后一脚失败的例子，这应该说是我的朋友踢最后一脚失败的例子。

那是在五年前，也是夏天，H省某市的某民办高校的新建校区办公大楼需要采购中央空调。

我有一个朋友，他是我的客户的董事长，是做成生意后成为朋友的。我的这位朋友闲聊时说他们市某个民办专科学校建新校区有新办公大楼在建设，需要很多进口设备。我这个朋友在做其中的水电安装的总包，所以他建议我没事可以去跑跑，看有没有我的设备要采购。当时周满的公司刚刚注册，我就说："老弟，H省某市的某民办专科学校有个新建的办公大楼，需要机电设备，你去跑吧。"

"那么远的一个城市，有关系没有啊？别让我闲遛腿啊。"他回答。

于是我给我的董事长朋友打电话，让他帮忙牵下线搭个桥，介绍下该民办学校的基建相关的领导认识一下。

我那董事长朋友说："哦，小生意我不帮你，丢不起人。不过我爱人和这个学校的新校区建设项目负责人的老婆是牌友，你找我爱人，让她带你去见这个项目负责人的老婆，看看能不能通过他爱人介绍一下。"我于是找了董事长的爱人，让她引荐一下，董事长爱人答应了。

为什么我和董事长爱人这么熟悉？这也是个传奇故事，一个关于这个董事长的传奇故事。传奇之处在于该董事长认识我的时候他只是一个被设计院开除的工程师，然而半年之后居然成为千万富翁了。第一次见该董事长的时候，他还是个没工作的下岗工程师，那叫一个落魄，连请我去酒店吃饭的钱都没有。和我谈生意，他没钱但想用我的产品，于是他就让他爱人去菜市场买了一条鲫鱼、一把青菜，让我在他家里吃的便餐。看到他这样需要帮助，且我连他家都去过了，心想他不会因为几万元的货款连家都不要。于是后来，我没收订金就将货发给他，就这样和董事长结下了比较深厚的感情。

于是，董事长爱人就将我介绍给了该民办学校负责新校区建设的项目负责人。有一天吃完饭，我约这个负责人到我住的宾馆房间详谈。负责人到了房间也不客气，脱下皮鞋，盘腿坐在床上。我看到他的袜子上居然有一个大大的洞，大脚趾就露在外面，于是一笑，说："怎么嫂子没帮你补啊？"

负责人一笑，于是我们就拉开了话题。

我说："我想做新校区办公大楼的中央空调，估计合同额在700万元左右。"

负责人说："你的价格和我们做的市场调查相差不大。"

我说："我应该怎么做才能被优先考虑呢？"

负责人说："我们采取资格后审的邀标制，会邀请三家品牌厂家前来投标，然后去掉一个最高价，去掉一个最低价，我们选择中间价格的厂家中标。这些都是公开信息，我对每一个来拜访的想参与投标的供应商都是这样说的，你们想中标，就要把标书做好，价格实惠居中间就有机会。这样吧，你先去找基建处的周处长报名。先获得参与的资格。"

按照负责人的提醒，我去新校区办公现场找到了基建办的周处长，周处长对水泵阀门管道这些设备和辅材比较熟悉，但是对中央空调不是很了解。毕竟术业有专攻，他们旧校区没用过中央空调，所以他对中央空调整个行业缺乏深度了解。于是，我就向他简单介绍了中央空调行业的大致竞争态势和各品牌的优缺点，并表示可以帮助他筛选三个性价比高的品牌来参与投标。

周处长婉言谢绝了我的帮助。不过他承认了这次中央空调的采购是邀标制，邀请三家品牌厂家参与，然后对中标的厂家进行考察，确定中标。

经多方了解，证实了这次中央空调的招标采购的模式是他们学校内部相关部门邀请三家供应商投标，再对入围单位进行资格后审确定中标单位，我就凭借自己多年的行业关系，联系了两个中央空调生产厂家。这两家中央空调企业都是中国知名企业，在当地都有办事处，我和他们本来就是合作关系。他们中央空调是要配置水泵的，我给他们配套了多年，和他们办事处主任也都是老朋友，所以我说请求他们授权给我做这个学校项目，他们的当地负责人也都同意了。毕竟我帮他们卖产品，他们何乐而不为？

《中华人民共和国招投标法实施条例》规定，不同投标人的投标文件由同一单位或者个人编制，不同投标人委托同一单位或者个人办理投标事宜，不同投标人的投标文件载明的项目管理成员或者联系人员为同一人，不同投标人的投标文件异常一致或者投标报价呈规律性差异，这些情况都属于串标行为，都是触犯国家法律的行为。所以当一个人代理不同的商品进行销售活动的时候，在正常商业环境下是合法的，譬如一个轴承门市部同时代理一个国产品牌、一个国外品牌的轴承进行销售，这是合理合法的；但如果是参与招投标活动，一个人或机构用两个品牌去竞标，这就不合规，是违法行为。从事销售不可不牢记这些。

为了合规，这两家中央空调厂家分别授权给周满和我负责这个新校区办公大楼项目的产品代理销售。由于我和周满代理的这两家厂家在全国有一定的知名度，且在当地有自己的办事处和售后机构，对客户的服务更快捷、更到位，所以这所大学的基建办的工作人员在研讨之后，通知我和周满代理的品牌都获得了参与投标的资格。

在投标报价上，我分析，除了我和周满之外的那个第三家中央空调厂家由于没时间去做客户关系，又马上面临投标，所以他想中标，唯一的策略就是"超低价竞争"——他的投标价应该比行业的平均价要低得多，不然他的品牌影响力和我们这两家差不多，他凭什么认为自己能中标？

预判了第三家会采取"超低价竞争"策略之后，我的计划是，我和周满这两家的报价都维持在市场的平均价格水平即可。按照这样的预测，我关于投标价格的判断是：第三家价格最低，我的价格居中，周满的价格比我稍高。于是，根据中间价中标法，我方预中标。

"这次我们新校区投标是万无一失的。三个投标报价选择中间价，第三家这个竞争对手一定会采取'超低价竞争'策略，而我和你占了两个品牌，只要我们价格守在市场的平均价这块儿，无论如何，我和你都有一个品牌会在中间，这单子应该万无一失。"我对周满说。

由于我经常去新校区，很多新校区的工作人员都熟悉我，为了避嫌，开标当天，我没有出面，这个项目的投标我决定让周满和他的一个销售员分别代表一个品牌去投标。

基于对这单子万无一失的判断，开标那天我没去现场，而是出差去另一个客户那儿了。周满拿一个品牌，他的业务员拿了一个品牌。周满拿的品牌投标价格是716万元，他的业务员的投标价格是712万元。这个项目的采购标准和中标条件我都事先跟他们讲好了，周满和他的业务员也感觉这事万无一失，于是两个人就开开心心地去参加开标会了。

嘀嘀嘀——手机终于响了，看是周满来电，我赶忙接起来，但半天没人说话。"怎么了，还顺利吧？"我在电话里说。

"老兄，对不起，我们失败了，中标的是别人！"周满在电话里怯怯地说。

"啊？三个品牌，我们自己拿了两个，而且是中间价中标，不管怎么降价，我们总有一个品牌的报价是中间价，怎么会失败？"我奇怪地问，我还以为他在和我开玩笑。

"他们开标的时候屏蔽了手机信号，然后一个一个喊进去谈。对方问能不能降价，如果不降价就买别人的，于是我就降了一点儿！"他在电话里说。

"这很正常啊！"我说，

"我看负责人说让稍微降点儿价，否则就买别人的，我担心不降价他真的买另一个品牌的了，就把零头去掉，报了710万。"他说。

"这也很正常啊！"我在电话里说。

"问题是我去了零头报了710万，然后我的业务员进去谈。负责人又问他能不能降价，如果不降价就买别的品牌的，于是业务员和我一样也降了价。"周满在电话里说。

"降了多少？"我问。

"业务员也去掉了零头，报了710万。所以我们是并列最高价！"周满说。

"啊？"我郁闷了。

"开标现场屏蔽了手机信号，由于你代理的两个品牌价格是一样的，都是并列最高价，而根据我们评标委员会的评标标准，如果出现并列最高价，则选择报价低的品牌中标，所以根据我们的工作流程，我们当场就宣布别人中标了！"负责人事后跟我解释说。

我晕倒！就这样一个万无一失的单子，被周满和他手下的兵给弄丢了。

销售语录： 销售不是产品在战斗，而是人在拼搏。

反面教训： 客户订单没有应该是谁的，而是谁抢到了就是谁的！

_ 网友"沈陶东"问：

小弟现在在追一个项目，能否给我支个招？

本行业的工程在国内一共有三个，三个工程在我们产品这块分别是三个不同厂家中标，有两个已经投产，另一个还没投产，而我们公司在国内的这几个工程中还没有应用业绩（国外应该有）。现在的这个项目属于这个客户在这个行业的第一个项目，而且是设计院第一次做这种项目的设计（设计资料参考的是国内该行业第一个工程）。目前发邀请的是五个厂家，除了我们公司没业绩，另外一个厂家在国内也没业绩，筛选一下方案最后确定三家投标。目前从设计院到业主传出来的声音全是希望在国内有业绩的，我也担心努力半天最后被这一条卡死，该项目大约在两个月后采购，峰兄有没有什么高招？

_ 作者回复：

这样的项目操作起来才有竞争的快感。

1. 一定弄清楚设计院的设计工艺包！工艺流程决定所选择的设备。比如在化工领域中，高温高压的工艺和中温中压的工艺所选择的设备明显是不一样的！最好搞定设计院，让设计院针对你们的产品，选择对你们有利的或者能发挥你们长处的设计方案。切记，你这样的情况，设计院的作用比业主的作用大！一定要充分重视设计院。

2. 只有设计院认可你，你才能在业主那儿做工作，否则没人帮你背书，那么重要的项目，没有哪个人肯帮你承担风险！因为这么重大的项目万一出问题，业主也要倒大霉的。

3. 业主的工作要做到位。

26 牛皮吹破也能做成生意

周满和他的业务员把煮熟的鸭子都放飞的故事刚刚说完，张雨的嘴就像塞个了鸭蛋。

"看来我还不算笨哦，起码不会犯那样的错误！"张雨说。

"销售犯错误怕啥？关键是你要有手段因势利导！还能将错事变成好事！把失败变成成功！"我夸夸其谈地说。喝多了酒，我开始有点儿语无伦次起来。

"啊，老大，失败了的推销也能有转机吗？说来听听！"张雨说。

"说可以，等会儿你买单啊！"

"好，我买单。吃饭哪能让领导买单呢！"张雨又开始油腔滑调了。

"那是在早些年的时候，是 W 市的一个老厂改建项目，简称晨明纸业吧！"

那年夏天，W 市很热，但我没事的时候仍然去开发区"扫街"，去开发新客户。偌大的开发区没有公交车，那时候我的旧桑塔纳被扣，所以那天我一个人背着业务包就去开发区晃悠，一边看着风景一边琢磨事情，这样就感觉走得很快。业务员总是一个人孤独地走访客户，所以一个人走路的时候要学会琢磨点儿事，这样可以缓解那种悲凉的心情。

不知不觉中，我到了一家工厂的门口，看着这家工厂里面有个新建的建筑，于是我就进去了。

"干什么？回来，回来！"身后有个声音喊道。

我一看是门卫，就说："我是销售真空设备的，找技术部交流下。"

门卫说："你找谁？没具体联系人不能进。"

由于是第一次到这家工厂，不知道联系人，没办法，我就没能进这个厂。我既不焦急也不气馁，这样的事情多了去了，我在厂门口附近抽了根烟。烟还没抽完，就远远看见一个背着业务包的貌似销售员的家伙走出厂门。

"哎，有个事情请你帮一下忙。"我喊住了那个貌似销售员的家伙。

那人狐疑一下，停住了，然后一脸疑问地面对我。

"我也是一个销售员，第一次来这个厂，被门卫拦住了，非叫我说出联系人，不然不让我进厂门。麻烦你告诉我技术部或者设备科的负责人是谁，谢谢啦！"我说完递给那人一根烟。

他哈哈一笑，说："我第一次来的时候也没能进去，这门卫可坏了。你说找下设备科的李工就可以了。"说完，他和我又聊了一会儿就分手了，他是卖阀门的。

我递给门卫一根烟，告诉他我找设备科的李工，门卫手一挥，说那个办公室就是。于是我找到了李工，给李工递上我的名片，问了下这个新建的项目是否需要我们这块儿的产品。李工说需要啊，而且马上就要定了，已经找上海的厂家报价了。

"啊？"我故作惊讶地说，"那我们还有机会吗？"

"我是外聘的，起不了什么作用，这事办公室的胡主任有决定权。"李工说。

我问了胡主任的办公室位置，然后就赶了过去。胡主任正巧在办公室，他相貌威武，好像很严肃，不怎么说话。我介绍完产品以后，他就在那儿翻看我们的资料。一时间无话，为了打破冷场，我决定胡乱说几句。

"胡主任，喜欢下象棋吗？"我问。

至于为什么问胡主任下不下象棋，是因为中国男人大都会下象棋，这叫找个开放的话题。

"下象棋？会下，只不过是个臭棋篓子。"胡主任说。

"哦，啥时间我们切磋一下？我最喜欢下象棋了，没事的时候天天下！"我说。

"哦，那你水平很高喽？"胡主任说。

"嘿嘿，马马虎虎，也就是县级水平吧！"我胡乱吹着。

"啊，县级水平已经很高啦！我有个同学也喜欢下象棋，他下得可以，哪天你们有时间切磋切磋！"胡主任说。

"好啊，下象棋最喜欢找高手切磋了。"我回答。

"嗯，下面李工那儿有型号，你去抄一下，星期一上午10点来给我报个价格。"胡主任说。

"好的。"我又回到李工那儿，要了型号就回去做报价了。

星期一，我拿着打印好的报价单去找晨明纸业胡主任。呈上报价单，胡主任看了下说："你们的价格太高了。"

我说："我们是品牌厂家，质量绝对一流，所以价格也会高点儿，一分价钱一分货嘛。"

胡主任将上海的一个厂家的报价单拿给我看，说："你看别人的价格，比你的产品便宜40%。"

"我敢保证你用三年无故障。他也敢吗？"我反问道。

胡主任正要回答，手机响了，他在手机里说"好好好，我马上就到"。胡主任放下电话，望着我笑了，说："我那个会下象棋的朋友来了，在杨总办公室呢。走，你去和他下几盘去。"我大吃一惊，但不得不跟随胡主任去了杨总的办公室。

棋盘都已经摆好了，相互介绍后，我一看阵势闹大了。知道我们要下象棋，但不知道这个单位消息怎么传播得那么快！杨总办公室一下子来了十多个人，连董事长的儿子、李工、财务总监等都来了。我全身都哆嗦了，其实我的象棋水平只能说是班级水平，在一个班级里下下还可以。这场面，好家伙，搞得太隆重了！

整个办公室只有我和那个仙桃的棋手有椅子坐，总经理、胡主任等全都站在那里看我们下，而且他们很小心，怕影响我们下棋。

那棋手说："我们带点儿彩吧。"

我说："好啊。"

那棋手说："谁输了谁中午请客！"

我说："没问题。"

行家一出手，就知有没有。第一盘刚刚布局我就知道，我的象棋水平和他比一个天上，一个地下。不出意外，我第一局输了。第二局我赢了，我知道他是故意让我的。第三局我输了。三局下完，已经中午了，他们单位也到了午休时间。

又聊了几句，我、晨明纸业的杨总、胡主任、那个棋手，还有李工，我们一起去吃饭。在去饭店的路上，我问那个棋手："你的水平怎么那么高啊？"

"嘿嘿，我是去年的 H 省象棋比赛的冠军！"那棋手说。我无语了，我的水平给他提鞋都不配啊。

"我和他们做纸张原材料的生意，上周老胡让我今天来送材料，随便和你下几盘棋！呵呵，他们也是我的客户，所以下棋我提议带彩，为请他们吃饭找个借口。"那棋手说。

"谢谢你让我一盘啊！"我说。

"都是生意人，应该的，以后常合作！"交换了名片，那棋手说。

根据赌约，中午吃饭我买了单。

吃完饭，回到厂里，我跟胡主任去了他的办公室，胡主任喊来了李工，于是我们三个人就开始商务谈判。

"你的价格太高，比上海那家贵那么多！"胡主任声音很大。

"正是因为价格高，所以才显示我们的质量非同寻常！我们的设备装上后，起码三年不需要你维护什么的，保证三年不出故障！"我也大声地说。

"你能保证吗？"胡主任说。

"当然，我们可以把这份承诺写进合同！"我坚定地说。

于是一番讨价还价后，我在报价的基础上下降了 3%，签订了合同。在交货的时候，我请胡主任吃饭。

"你真会吹，还说是什么象棋高手呢！"熟悉了以后，胡主任取笑我。

"见笑了，见笑了，哪知道你同学是真正的 H 省象棋冠军啊！"我惭愧地说。

不久，意外出现了。

"倪峰，你不是说你的产品三年内不出故障吗？怎么现在才用上一个月就冒烟了？"胡主任告诉我设备坏了，让我赶紧去修，我刚到 W 市晨明纸业，胡主任就训了我。

"可能是你们使用不当吧！我检查看看。"我脸红了，对胡主任说。

"赶快修好！后面还要订购七台设备，你还想不想做？"胡主任发火了。

"当然，当然，两天内保证修好！我们的售后力量还是全国前列的。"我回答。

"这关头了还吹！真是应了那句话：相信销售人员的话，母猪都会上树！"胡主任总结道，然后就一脸怒火地走开，回他的办公室了。

销售语录： 吹牛没关系，只要恰当地引起客户的好奇，进而加深和客户的感情，也能取得订单。大部分的生意都是销售不犯重大错误，水到渠成做成的，没多大销售技术含量。

反面教训： 做销售最好还是找个产品质量、售后都有保障的企业。不然像我那样，新机器刚刚运转就摩擦冒烟那就麻烦了，会被骂得狗血喷头的！

_ 网友"夜静飘雪"说：

峰兄如果没有碰到那个业务员，还有什么高招可对付那个门卫？

_ 作者回复：

对付门卫，在上海的销售同行是需要学习的，上海进陌生单位都需要预约，然后提供联系人才可以进去。外省的单位一般都可以直接进，当然也有不给进的，我文中的晨明纸业就不让进。

可以提前打总机电话，询问出客户的设备采购的电话，然后问具体联系人。在外面，碰上新工地、新项目，想进但门卫不让进，我的那招"守株待兔"非常实用！你肯定能等到人的，不需要再创新招。

做销售的一般都是开放的人，你问他，如果不涉及他的利益，他一般都会告诉你的。销售员还可能告诉你一些有关这个企业的内部信息，这是你需要时间摸索但不一定能摸索到的。并且，这样搭话可能还能多交到一个朋友。

27　没有客户不是人

一口气说了那么多，我对张雨说："但愿我没有误导你。"

"嘁，都是销售员，什么有用什么没用还分不清吗？我只希望能像峰哥你以前带出来的业务员陈海、周正和关小月一样，在你身边学个两年，有所收获，然后自己代理个产品。"张雨说。

"哈哈，他们呀，以前跟我的时候比你笨多了，那个陈海做销售多少年，穷得叮当响。在我手下上班的第三天，下班了不走，在办公室磨蹭，然后趁没人的时候向我借了100元钱，说没钱生活了，已经一天没吃东西了。"我笑着说。

"啊，陈总还有这么落魄的时候？他每次来我们办公室找你的时候总是很牛，看都不看我一眼。也难怪，谁叫他现在是成功人士呢，开着丰田车，在九云大厦有个大大的写字间，牛啊！"张雨羡慕地说。

这个陈海是一个很有意思的销售员，虽然现在是老总了，但是见到我，仍然结结巴巴，不敢大声说话。我这人有点儿口吃，这是个缺点，但陈海居然也学去了。有一天，陈海竟然对我说："倪总，说话结结巴巴太有个性了，太好了。"

我问："怎么了？这是个缺点啊，生理缺陷。"

"不是的。我说话结巴，所以话说得就有点儿慢，客户都认为我比较深沉，不轻易发表态度，所以都认为我靠得住，对生意帮助很大！"陈海说。

陈海，以前是个家具销售员，干了四年的家具销售，啥钱也没赚到，即使有单子，提成也被老板七扣八扣扣没了。应聘的时候，他穿得很朴素，全身没超过100

元的衣服。但我还是聘用了他，因为在他身上我看到了能吃苦的素质。

我一贯的看法是找工作找老板谈，为什么？因为老板看人和人事的角度不一样。人事在招聘时，看的是缺点，所以会百般刁难你；但老板看人却只看优点，哪怕你全身都是缺点，但只要有个突出的优点，老板也会用你！

刘邦和项羽夺天下，手下有一帮人：樊哙是杀狗的屠夫，灌婴是布贩，娄敬是车夫，彭越是强盗，周勃是吹鼓手，韩信是待业青年。陈平一开始跟魏王混，混不下去，看到项羽猛，就去投奔项羽，但在项羽那儿混得不是很好，于是又跑去找刘邦。这些人，按照现在的人事选人的标准一个也选不上。比如陈平，连换了三个老板，也没成功的案例，显然属于忠诚度不够、不能聘用的那一类人。

我聘用陈海的时候，看中了他"能吃苦"这一点，所以就没管其他的。正式上班的第二天，下班后其他人都走了，我看陈海还在办公室里坐着，就问："你怎么还不走？"

陈海忸怩了半天，脸红得像个番茄，说："倪总，能不能借我100元钱？我没钱了！"

我拿出100元给陈海，说："别携款潜逃了啊！从工资里扣。"

培训一个星期后，陈海和其他的人就出去跑业务了。白天出去跑业务，晚上回来写工作报表，日子就这样过了三个月，陈海仍然没出单子。陈海也比较迷茫，不知道自己这段时间跑的业务究竟有没有价值，也不知道自己的路在哪里，只知道是我安排的，就一定去做。不过他跑得非常勤快，手上的客户也多，终于在第四个月，一个油脂厂要采购几台设备，小单子，但是不招标，基建办的主任说买哪家就买哪家的。

"倪总，怎么办？那个客户最近要买了，我报价过去，客户也不给回复。"陈海说。

"其他厂家都报了吗？有哪几家厂家去报的？主要竞争对手是谁？"我问。

"我不知道。但我经常在客户那儿见到南方设备厂的一个女业务在那儿，好像和客户很熟悉。领导，帮帮我啊！"陈海说着，还将南方设备厂的一张名片递给我。

"李小美，南方设备厂业务员。"我翻看了一下陈海递过来的名片。

"我和李小美在客户那儿见过面，有次碰到就交换了名片。李小美说她不想干了，我和她说让她跳槽到我们公司，还约她来我们公司玩呢！"陈海看我在翻看陈小美的名片，就对我解释说。

"你连客户情况、竞争对手情况都不知道，怎么能取得最后的胜利呢？"我批评了陈海。

第二天，我让陈海带我去见这个油脂厂的客户。推开门，就发现客户的基建办公室里居然坐了七八个业务员在排队，都在等着跟基建处主任介绍产品呢，竞争看来很激烈啊！我没有等，带着陈海就出来了。我们站在外面，在屋里等也不知道什么时候会轮到我们，而且屋内烟雾缭绕的，还不如在外面等。

过了几分钟，一个漂亮的女孩儿也走了出来，黄色的长发，瓜子脸，很漂亮，身高一米七左右。

"这就是李小美，南方设备厂的。"陈海碰了碰我的胳膊说。

"哦。"我回答。

"你今天也来了，你们怎么样了？我刚刚到，这是我的领导倪总。"陈海见李小美走近了，就和李小美打个招呼，把我介绍给李小美。

"你好！"我对李小美说。

"你好！你和客户谈好了吗，怎么要走啦？"我问李小美。

"人太多，都在抽烟，很讨厌，我下午再来。"李小美说。

"哦，我们也准备回去呢，人太多了。对了，反正现在没事，到我们单位去坐坐吧，很近，我们有车，也方便。"我向李小美提议。

"好啊！"

于是，我开车带着陈海、李小美去我们公司了。

在我的办公室，我初步和李小美介绍了下公司的规章制度和发展情况，告诉她，我们公司都是 20 多岁的年轻人，大家在一起办公很开心、很热闹。李小美也给我简单介绍了南方设备厂的一些情况。

"我可以到你们公司来上班吗？"李小美问。

"W 市女孩就是爽快啊！那你什么时候可以来上班？我希望是越快越好。"我说。

"下周一。"李小美说。

李小美跳槽来我们公司后还是普通的销售员，工资也一样。事后才知道，李小美在南方设备厂上班，她的销售经理老对她性骚扰，她早就想跳槽了。李小美跳槽来的时候，也把那个油脂厂的单子带了过来，原来她和那个油脂厂的基建处主任关系不错，轻松地就把这个单子带过来了。

合同签了，谈到提成，李小美很爽快地和陈海五五分成。她就是这样一个性格爽朗、不拘小节的女子。

销售语录：任何销售员面对的都不是客户的公司，而是客户的个人。

反面教训：你的客户哪怕是个巨无霸你也不要恐惧，恐惧门难进，归根结底你还是要去跟人打交道！

_ 网友"宛洛郑莞京"问：

我 24 岁之前在部队，是搞医务工作的，军队成教法律大专。后来去东莞做业务员，没什么业绩，来北京做销售，依旧做不好，没技术、没资本，想转行，想投身工业品销售。依我目前的情况，留在北京，估计找份工作都成问题，学历太低了，该何去何从呢？

_ 作者回复：

认真把目前的工作做好，珍惜每一次机会，善待每一件事情。在这个社会里，你、我、他，大家都渴望成功，都渴望在人生的起步阶段能获得金钱上的收获。

成功的道路千千万，没有固定的模式，但毫无疑问，做销售也是通往成功的道路之一。这条路看似最简单，门槛最低，所以大家都往这条路上走。有人说：生活并不缺少美，而是缺少发现美的眼睛。起点不高、个人资历不够，但你有没有考虑过在客户那里多做点儿什么呢？成功有时候很简单，你只要做得比普通的人多一点儿，你就会获得成功的！

我在 W 市刚刚开始做销售的时候，一个认识的人都没有，也曾像你一样陷入过迷茫，甚至后悔离开了熟悉的地方而选择到 W 市发展。在 W 市，我公司一个样

板客户也没有！客户一听，我们的产品没在 W 市用过，都摇头拒绝了。当时 W 市
×× 广场新建，我在跑 W 市 ×× 广场这个项目的时候，我去做里面的设备。也不
知道被客户拒绝过多少次，但我还是没有停止拜访。客户都言明他们要买最好的，
而我的公司当时没名气。

事情的转机出现在一个大雨的下午。我又一次被客户拒绝，从业主的办公室走
出来，步伐沉甸甸的，走得很慢。走到工地门口的时候，我看后面出来三个人，一
个男的给一个女的打着伞，他们向我旁边的一个车子快步走来，而另一个男的没打
伞，已经一路小跑到了车里驾驶座的位置。于是我便做了一件非常小的小事，一件
改变 H 省市场格局的小事 —— 我随手帮她打开了车门。

那女的坐进车里，然后探头出来问："你是干什么的？"

我说："我是销售 ×× 设备的。"说完递了张名片给她，她没接，只是看了
一眼。

这事过了一个星期，W 市 ×× 广场项目部就电话通知我去谈价格。

在那次谈判的过程中，W 市 ×× 广场项目部的总经理问："你认识王总啊？"
我说："哪个王总？我不知道啊。"

过程也很简单，我下降了几个点，项目组的人就没坚持让再降价格，于是当场
便签订了 200 多万元的合同！之后才知道，当时我帮她开车门的那个女的就是王
总。她性格专断，说一不二，家里面也大有来头。

以此为契机，就在那两年，当时 H 省的十大项目，我谈下了七个！

看，我就比普通的销售多做了一点点，开了一个车门而已，没想到就解决了我
最大的问题，直接将我和我们公司送到了顶峰！

希望对你有启发。

28 推荐信里藏着"撒手锏"

管理李小美、陈海、周正、关小月等这几个业务员的时期，估计是我这一生最轻松、最富有激情的时期。或者换句话说，那段时光可能是我人生中最美丽的时光。

大家由于年龄都差不多，又都没结婚，所以下班以后也不回家，就在办公室打牌，干自己的私事。通常的情况是，我和李小美、关小月三个人斗地主。陈海就坐在办公桌前整理他拜访了一天的客户资料，在他的日志本上密密麻麻地记着。他初中毕业，长相偏丑，但非常勤奋。于是在他到我这儿工作第四个月的时候，终于传出他曾经跑过的一个客户最近要订货的消息。他还是听一个卖阀门的人说的，他自己跑过几次后，就开发新客户去了，所以后期很少去那个客户那里。

陈海属于拼命工作、玩命跑客户型的，也就是说，他是一个有数量、没质量的业务员。他到客户那里一了解就发现不妙，客户已经基本选定我们的对手B公司的产品。对于这个项目，他当时已经接近放弃了，但不敢和我说，四个月没有业绩，现在好不容易有了机会，客户居然被竞争对手抢走了。

陈海想想实在是有点儿不甘心，决定仍然继续拜访，看看还有没有机会，于是他又去拜访该项目的业主——基建办的董经理。陈海灰头土脸地出现在董经理那里，寒暄过后，马上切入正题，说想做这个单子。

董经理说："我们考察了B公司，他们在W市的客户多，产品质量也不错。"

陈海说："可以到我们的样板客户那儿去考察考察吗？毕竟多一次考察就多一

129

个选择嘛。"

董经理说："我们已经考察过了，以后有机会再考察吧，现在没时间了。"实际上，这是婉拒了陈海的考察建议。

陈海说："买不买我们的产品也无所谓，但能不能给我几分钟介绍下产品啊，多了解点儿产品知识也是好的！"

董经理说："可以啊。"

于是陈海这家伙就拿起产品说明书，重新向董经理完整地介绍了下产品。

晚上，业务员回来向我汇报工作，陈海就和我谈起这个项目的情况。

"你确定业主要买 B 公司的产品？"我问。

"是的。董经理说考察过了，B 公司产品还可以。"陈海说。

"现在的产品同质化太严重了，越来越相似，甚至一模一样了。所以，我们最好找出与竞争对手不一样的地方，然后做做文章。"说完，我递给陈海一本 B 公司的产品说明书。

"好好研究下，如果能打败他们，你就能拿到合同！"说完，我就带李小美斗地主去了。

陈海第三天又为这个项目找到董经理，董经理很吃惊，以为陈海已经放弃了呢。

陈海说："董经理，B 公司的产品虽然不错，但是也有不足。比如，你看它的进水口压力只有 0.3MP，但我们公司的却是 0.6MP，这说明我们的产品质量远远高于 B 公司的。如果使用 B 公司的产品，你们可能要经常换进口端的轴承，因为轴承在那么大的压力下很容易就坏了，换轴承就要拆整机。所以还是建议你们买我们的产品。"

那几天，陈海天天去给董经理洗脑，最后这个观点董经理也接受了，董经理也说了自己的难处。原来他虽然是经理，但是 50 万元以上的单子他都没权做主，所以这个单子实际上是他们项目组的梅总做主的！

陈海偷偷地抄下梅总的电话号码，在出来的路上，找了一个安静的地方给梅总打电话。

"梅总你好，我是 KS 公司的小陈，做真空设备的，我想去拜访你一下，给你送份资料。"陈海说。

"对不起，我不管这事，你去找基建处的董经理吧。"梅总说完挂了电话。但陈海知道他是在推脱，因为董经理说得很清楚，这事归梅总负责。梅总之所以拒绝，原因主要还是：第一，不熟悉，所以不愿意和销售员见面，怕销售员麻烦他；第二，当老总的总是很忙，估计也确实没时间和精力一一和厂家销售员聊天。

后来，陈海用电脑给梅总写了三份《KS 产品推荐信》，信里介绍了我们 KS 公司产品的技术特点，B 公司产品的技术特点；使用我们公司的产品会给客户带来的利益，使用 B 公司的产品可能会给客户带来的危害；我们的售后服务比 B 公司更及时周到等。陈海将写好的推荐信拿给我看，问我行不行。我哈哈一笑，说你搞得不错，是那么回事！陈海得到我的夸奖，就乐呵呵地去客户那儿了。

陈海把《KS 产品推荐信》分别给了梅总、董经理以及董经理下面的工程师。这下子，这个项目里对设备厂家的选择起决定作用的几个人都收到了这封信。因为信里重点提出了 B 公司的产品缺点（其实没任何缺点），所以客户专门开了一次会议讨论了技术问题。结果是陈海取得了胜利，我们 KS 公司最后拿到了订单。

这就是笨人陈海一封信说服业主的成功销售故事。写信这一招，现在仍然被很多业务员在关键时候使用着。

销售语录：一封专业的产品推荐信，是克敌制胜的有效武器之一。想成为高手的销售员们不得不在这方面下功夫。

反面教训：对自己的产品的技术知识了解不多不要写，文笔拙劣也不要写，否则会适得其反！

_ 网友"别劝我放弃"说：

我感觉我和陈海非常相像，文化程度不高，只有苦干才能有点儿收获。我现在的情况是这样的：去年大专毕业后，一直做销售，但没啥起色。业绩很差，常被炒，但我又不愿意放弃，最近正在反思怎样自我提升。本人交际和销售能力一般偏下，表现在：

1. 见到客户不知道怎么拉近距离，容易紧张，除了谈业务还是谈业务；

2. 看起来比较小，年纪稍大的客户都不怎么爱理我；

3. 沟通时的氛围比较僵硬，不知怎么搞活气氛，所以关系自然很难发展起来；

4. 人情世故懂得不多，这个很麻烦；

5. 被拒绝后很难过，要调整好几分钟才能回过神来。

对于第 1 点，我想到的是：多背诵得体有效的话术和电影、电视台词，能脱口而出；跟读电台主持人说的话来培养语感。

对于第 2 点，我想到的是：多做运动，让肌肉更结实，能承受更大的压力。反复拜访，模拟演练拜访，让自己更熟练。还有就是多跑客户，遇到问题赶紧记下来，再反复练习。

对于第 3 点，我想到的是：学会和身边的朋友、同事搞好关系，多理解、总结和记忆。我总结出来的东西总是忘记。

对于第 4 点，我想到的是：除了拜访客户、想办法和身边的人搞好关系外，还要多看礼仪方面的书，再理解记忆。

对于第 5 点，我实在没想到合适的办法。

请问作者，我写的方法哪些有效呢？您还有没有其他比较好的训练新手的方法？

▁ 作者回复：

1. "工夫在诗外"，我们不能为了销售而销售，不能去客户那儿强行灌输我们的观点。见客户紧张每个人都会有，可以进门时深呼吸几下，等情绪平静后再进去。不要刻意和客户拉近关系，让客户慢慢了解你，我们工业产品的销售周期很长，你有足够的时间。

2. 建议你穿职业装和学习产品知识，靠内涵征服客户，客户自然不会注意你的年龄。

3. 可以用一些比喻句活跃气氛，比如说你的产品像美女，人见人爱，这只是一个思路，自己摸索一下。

4. 随着年龄增大，人生阅历慢慢就会丰富的，这个不用急。

5. 平常心，还要加上乐观的工作态度和适当的自嘲，销售员是打不垮的。

我们刚刚出道的时候和你现在面临的情况是一样的，可以说销售员基本上都是这样过来的。在我的这本书里，之所以训练业务员要他们先"苦练内功"，就是因为知识是自信之本。有了知识哪怕再贫穷，内心也是富足的，别人也不会小看你！知识就是力量。所以，一切皆是虚幻，你要做的第一件事情就是将你销售的产品的产品知识搞懂，搞成半个专家。有了专业知识做铺垫、做基础，一切问题都会迎刃而解的。比如你见人容易紧张，假如你有足够的知识的话，你可以将你要拜访的客户看作一群啥也不懂的孩子，急需你去教授他们产品知识。你进门时在心里这样暗示自己，暗示几次，你就再也不怕、不紧张了。

我当初刚刚入这行时，见客户也紧张。我对自己说：客户就是一群狼，你不打它，它就咬你。这样在心里暗示自己，从内心藐视客户，自然就不紧张了（这是刚刚入行时的自我训练，比较浅薄，一笑了之）。

29 关键时刻就要对自己狠

陈海是我认识的最笨、文化程度最低却也最勤奋的销售员，但也是我手下销售员中最早转型当老板的。他在我这儿工作了一年出头，生活情况有所好转，每年也能签订一些单子，基本上属于苦力型销售。按这样推算，他的成功要在五年之后。但不久，他靠一个单子，为自己赢得了房子、车子。后来，他自己代理了一个工业产品，开了公司，自己当了老板。应该说，他那次碰上了一个不是机会的机会，那个机会是 H 市神龙酒厂的新建。

陈海是 H 市人，所以他经常关注 H 市的一些消息，他知道这个新建酒厂的信息其实是在招标公司网站上看到的，因为是 H 市的招标信息，所以他就特别留意，而且招标公告里有真空设备，所以他就找到我。

陈海说："倪总，我老家 H 市的神龙酒厂要招标真空设备，我想去买标书。"

我说："这个项目你熟悉吗？工作做得如何？有多大把握？别陪太子读书啊！"那时候我已经很少过问手下业务员的具体情况了，所以他们操作的一些项目我并不知道，故有此一问。

陈海挠了挠头。我一看这情况就明白了，他对这件事没把握。这是个小规律：人一紧张或者没信心时，就会下意识地挠头。我们可以通过这个无意的举动解读到很多信息。

陈海说："没做客户的工作，我还没去拜访这个客户呢，但因为是在我老家，所以我想买标书去参与看看。"

我考虑了一下：陈海确实很久没回家了，算了，就让他买标书去参与一下吧，也顺便回家去看看，就等于给他放了几天假。于是，陈海买了标书，就到客户那里去了。

该新建的酒厂项目部组织成员如下：

1. 项目组工程师老唐为企业底层的工程师，负责收集资料；

2. 项目部技术处处长老李负责一般的技术把关，小设备他可以做主；

3. 项目组颜总是新建项目的第二领导，设备都归他管。

我在 W 市办公室帮陈海做这个项目的标书，陈海就到 H 市神龙酒厂去做关系。但可惜的是，他与客户接触的时间太短，投入也不够，直到投标前天，他还在拜访上述人员，却和他们没任何亲近点儿的关系，他请别人吃饭，也没有一个愿意出来的。

虽然工作没进展，但投标还得继续投，于是我们还是去投了标。投标结果是：两家单位预中标，我们根本没入围。事情到此，一般人应该就将这事画了句号，承认自己失败了，因为招投标你根本都没有入围，肯定是失败了。那时候的我和陈海都很郁闷，虽然这次的失败在意料之中，但我和我手下的兵都是很少失败的人，所以内心很是郁闷。于是我决定带着自己预留的标书去问客户为什么不选择我们的产品，因为我们的产品是最好的！（这是自己单方面的自信，或许别人的产品和我们是一样的，但是每一个成功的销售都必须有这样的信心。）

这样我和陈海两个人就去了客户那里，找到老唐、老李和颜总，介绍了一下自己的企业和产品，向他们解释我们的产品才是最好的，最能满足他们的工艺要求。结果客户都表示，你们的产品不错（这是客户对我们说的客套话，没有真正的意义），但是我们招投标是专家打分，已经有第一名和第二名企业预中标了，所以没办法，只能选择招标公司的招标结果。客户这样婉拒了我们。

和陈海回到宾馆后，我说："投标已经结束，别人关系也做到位了，正常的操作已经没时间也没空间了，客户马上就会签合同了。我先回去了，你在这儿再坚持坚持。你将价格再下浮 10 万元和他们拼价格，记住，价格始终锁定在比中标的厂家低 10 万元左右。"然后我就回 W 市了。

事后我听说，第二天早晨，陈海去 H 市百货大楼买了块 4 万多元的手表，计划送给关键人老李。找了一个无人的机会，把表送老李，老李不敢收，并说："你不拿走，我就上交纪检部门。"又去送颜总，颜总也是这样说，还把陈海赶走了。

由于是面对国内招标，那些厂家投完标就回他们本地了，所以开完标后只有我们这家企业的陈海这一个销售员在客户那里活动。

预投标第一名的价格是 172 万元，陈海按我的意思把我们的价格改成了 160 万元。在招投标里，一般中标价就是投标价，不允许有第二个价格，否则废标！但我们已经失败，所以也就不担心废标的问题了。

陈海拿着新价格去找客户，但客户没什么动静，陈海也绝望了。但我走的时候告诉他要坚持到竞争对手签订完合同才能撤退，所以他还是每天去客户那儿拜访一遍，走个过场。但谁也没有想到，周四的一场大雨改变了这个单子的命运，也改变了陈海的命运。

那天是客户投完标的第六天。前一周的周五投完标，我和陈海是在那个周六赶到 H 市客户那儿的，时间一晃过了六天。第六天，也就是下一周的周四，陈海去的时候天还没下雨，但快到客户那里的时候突然天降特大暴雨。陈海身上全部被雨淋湿，在雨小的时候，他拧干衣服，又继续往客户那儿走。到客户的厂门口，由于地势问题，他们的新建厂的门前居然形成了一条没过脚面的小水沟，四周的雨水仍然在向这个地方汇聚。陈海身上全湿透了，也就毫无顾忌，穿着皮鞋蹚水向客户办公楼走去。这时候来了一辆豪华轿车，从他的身边驶过，是颜总的车，他正好这时候上班。

同往常一样，陈海又去拜访了老唐、老李和颜总。老唐、老李见到湿漉漉的陈海很是客气，赶忙让座，还泡了热茶给陈海，但同时也表示要服从招投标结果，没办法。陈海又去见颜总，颜总说你回去吧，既然你们又降价了，我们到时候研究研究。颜总赶陈海回去，陈海不得不回去。

夏天的天是娃娃脸，这一会儿工夫，暴雨又狂下了起来。陈海一个人在雨中孤单地往回走，走出厂门的时候，身后来了一辆车，陈海急忙避让，结果那车的司机向他招手，他赶忙跑过去。

那司机说："我们领导让我送你回去。"

陈海说："哪个领导？我认识吗？"

司机说："我是颜总的司机，颜总让我送你回去。你没带伞，这路上全部是小腿深的水。"

陈海连忙说："谢谢！谢谢！"

司机说："颜总看你冒那么大的雨来，很感动，觉得你们做业务的确实辛苦。门口有积水，还正在下雨，所以特别让我送你的。"

周五，客户开会讨论定设备。我们公司因为比竞争对手价格低中标了，成为最后的赢家。招标公司没有公布究竟哪一家中标，只通知所有的未中标人，说他们落选了。

签订了合同以后，和客户的关系自然就好起来了。那时候我有事去海南了，不在 W 市，客户来了 W 市几次，都是陈海直接安排他们住香格里拉酒店，并东跑西跑帮客户办些杂事，这样维护好了和客户的关系，和客户也成了真正的朋友。于是在以后的采购项目中，神龙酒厂很多设备都没有招标，只是议标。而陈海就自然成为其他设备的供货商参与议标，比如不锈钢工程、锅炉、阀门等，他统统提供。

这个新建酒厂完工试生产的时候，陈海估计赚了 80 多万元，以后每年预计都能从这个厂赚 30 万到 50 万元。后来，陈海在 W 市买了房，买了车，自己注册了个公司，代理起上海某厂家的产品，也开始打品牌、创事业的道路了。从此，他的命运就和神龙酒厂的命运捆绑在一起了。当然，那时候他早从我公司辞职了。

人，有时候在关键时刻就得对自己狠一点儿，该拿下的东西一定要拿下，这样的人生才能有进步。如果在人生的关键节点你不拿下或者拿不下，命运可能就是另外一种境况了。

在特大暴雨中，你还能坚持拜访客户吗？如果你能，且你又能让客户看到，我相信，你也会成功的。

销售语录：该抓紧的不要轻易撒手，该拼搏的时候不要懒惰！

反面教训：很多人才华横溢，机会也多，但晚来凄凉，就是该奋起一搏的时候没有主动为自己完成积累，以致一生落寞。

假如陈海拜见颜总的时候，发现颜总的办公室里有其他人怎么办？这是我在工作中经常碰到的。如果我第一次去见客户的领导，之前没打过电话，到了他的办公室门口却发现里面有其他人。请问我是敲门进去，介绍完自己，然后坐下等领导和别人谈完呢，还是在门口等别人出来再进去？

_ 作者回复：

1. 和领导不熟悉的话应该等别人谈完出来后再进去。

2. 和领导熟悉点儿的话如果等不及，可以进去打个招呼，然后马上出来，关门，在门口等。

你进去打个招呼后，其他拜访领导的人知道又来了拜访者，一般会加快谈话内容，很快结束谈话的。千万别在领导办公室里坐着听别人谈话，这样各方面都不舒服，都郁闷。

30　公是公，私是私

陈海通过个人的奋斗获得了成功，自己开了个代理真空设备的公司和我们展开竞争，这在我们这个销售团队中并没有掀起什么波浪。陈海没事的时候也经常请我们吃饭，毕竟曾经都是同事，又在同一行打拼，并且都在 W 市，抬头不见低头见的。虽然现在他自己开公司，但没人羡慕他现在的成功，原因是：他最穷的时候就和我们一起度过，他最富的时候，在我们眼里仍然是个穷小子。这也是我手下的业务员后来个个当老板以后，见到我时仍然大气不敢出，规规矩矩站立两旁的原因。英雄不论出处，但要知道自己的出处，一旦成功尾巴就翘得比天高，这本身就是没素质的体现，这样的人即使偶然成功也不会在成功的巅峰待得太久，一定会摔下来的。

据说那些在 20 世纪 80 年代靠胆大投机崛起的富翁，到了 90 年代一大半又被打回原形了。

陈海转型的故事之所以没有掀起什么波浪，一是因为我告诉业务员：与其自己开个小公司，憋憋屈屈地赚点儿小钱，不如趁年轻多积累客户关系，增长自己的阅历，做些迎接成功的准备。再者，一个大公司的销售绝对比一个小公司的老板要体面得多：小公司的老板四处求人，大公司的销售四处受欢迎。比如，你是西门子的销售员，无论你到哪里，客户都会尊敬你。假如你是个小公司的老板，你去找客户，客户都会对你爱搭不理的。二是因为业务员们也从陈海的经历中看到了自己的未来，工业产品的销售蜕变成为老板太简单了，就是操作一个大客户，维护好关系，那么这个大客户就足够养活你和你的小公司了。

好多人讲成功有多难多难！OK！就听听我讲一个普通的水泵销售员成为老板的故事吧。

很多年前，我在上海一家水泵厂当销售总监。那天，我在办公室里坐着，突然接到江西五联泵业上海办事处主任老陈的电话。"倪总，中午一起去闸北童子鸡饭店吃饭。"那个饭店以前是亚洲最大的饭店。

"啊，消失了那么久，我还以为你回老家不在上海奋斗了呢。"我说。其实我已经有一年多没和老陈联系了。认识老陈，源于一次客户拜访，在客户那儿碰到老陈，就交换了名片。由于都是搞销售的，也都是外地人在上海，所以没事的时候就联系下，吃吃饭什么的，也没什么深交。说是江西五联泵业上海办事处，其实就是老陈一个人，他既是办事处主任又是业务员，薪酬待遇很低，要完成的任务又很艰巨，所以老陈辛苦得很。

"我去你办公室接你啊。"老陈在电话里说。

"好啊。"我说。我的朋友都知道，我驾照考了三年都没考过，到现在仍然是司机接送，我自己从来不开车，要不然就是打出租车。

"哇！一年多不见，你买宝马车了！"我上了老陈的车，大吃一惊：这小子发财也太快了吧？

"呵呵，准备开奥迪A6的，但借给别人了。"老陈不露声色地说。

"怎么发财的？给老弟说说，我学学。"我追问。虽然我对发财没多大兴趣，但是一个人能那么快崛起却引起了我的好奇心。曾经我有一个H省的朋友半年就成了千万富翁，以前这个普通的销售居然一年多时间就买奥迪、宝马了，这也太猛了吧？

下面就是江西五联泵业老陈的发家史。

有一年清明，老陈回老家祭祖。这是他们老家的风俗，再远，也要回家上坟。老陈回家的时候，和他所在的工厂吵了一架，原因是工厂没钱了，所以出差费标准又降低了。他所在的江西五联泵业是国有企业，现在已经濒临破产，效益不好，所以身为上海办事处主任的老陈就没有多少活动经费，虽然说是办事处，其实就是他一个人苦苦地在上海熬。他找到厂里说，他不想在上海办事处了，要调到一个小城市搞办事处，这样资金可能还够花。厂里给老陈的办事处经费，连老陈自己都养活不了，上海的消费太高了，所以老陈想离开上海去其他地方搞办事处。但是厂里拒绝了，所以老陈那几天心情是比较郁闷的。

于是老陈扫过墓就坐火车回上海了。老陈家在赣州，在那里坐火车回上海最方便快捷，如果转到南昌坐飞机回上海，可能比坐火车还慢——当然老陈是没钱坐飞机的。老陈心情比较郁闷，于是就在火车两节车厢间的吸烟处吸闷烟。过了一会儿，睡他下铺的一个中年人也出来吸烟。于是，这两个人就随便聊了起来，他们是在同一个地方上车的。

"你是哪里人啊？"老陈先问。

"我是赣州的。"那中年人回答。

"啊，我也是赣州市，前山路的。"老陈说。

"哦，我是玉山路的。"玉山路和前山路就相差两条马路，这下二人就有了共同话题。于是那中年男人就问老陈什么单位的，去上海干什么。

"我是江西五联泵业上海办事处的，在上海搞销售。"老陈说。

"江西五联我知道啊，一家还不错的企业。你们销售得还不错吧？"那中年男子说。

"不行啊，上海觉得江西的产品档次太低，我们的产品在上海根本卖不掉，我们企业都快垮了。"老陈叹了口气说。

"哦，我们单位最近好像需要水泵，你有时间去找下我们项目部的李总，看看有没有这方面的需求。"那中年人说。

那个中年人下火车的时候留下了一个人名和一个电话号码。老陈在交谈中得知，这个中年男人居然是上海××大型钢铁公司的副总——这可是个大人物啊。

一切都很顺利，老陈找到上海××钢铁公司项目组的李总，没费什么周折，就拿到一笔300多万元的订单。这一下子完成的任务量比全年的还多。

老陈找到那个上海××钢铁公司的副总，就是那个中年人，说："大哥，订单签订了，钱也到了，我们企业又活了。小小一点意思，感谢老哥的帮忙，不然我们五联泵业就破产了。"说着老陈拿出了一个红包。

那个中年人脸一板说："小陈，你的心意我知道了，情也领了，钱你拿回去！以后别提钱的事情！"

老陈送不掉钱，心里并不高兴，放长线才能钓到大鱼，这是规律。于是老陈回到老家，以中年人的名义给一所希望小学捐款，把应该给中年人的钱都捐给了希望工程。那所希望小学把捐款人的名字刻在了学校的石碑上，以铭记捐款人。

后来那个中年人知道了，具体什么心情我不知道，但起码很高兴、很欣慰，因为这是做好事啊！

刚才说了，那个中年人是上海××钢铁公司的副总，钢铁冶炼专业毕业，他的同学大部分都在国内各个钢铁公司担任高管。他觉得老陈不错，就把老陈推荐给他的同学和朋友，这一下子老陈的水泵生意就做到全国的钢铁企业里去了。于是老陈的上海办事处一下子就做了几千万元的订单。

这个时候，五联泵厂已经快破产了，老陈签的虽然是江西五联泵厂的合同，但真正进的货却是从温州批发来的。短时间内老陈就赚足了钱，但他所在的单位江西五联泵厂却接近倒闭了。

这就是老陈的故事。后来，我和企业老板娘吵了一架，所以就辞职不干，进了德国佳菱这家外企，老陈的事情就不太知道了。不过后来听说，老陈已经成为企业主了。

据说，老陈有了钱，就以上海客商的名义回故乡投资。当时，江西五联泵业已经破产，老陈低价买进来，进行改组，在上海租了个厂房，注册了公司，把企业更名为"上海五联泵业集团"。就这样，老陈定下了争霸全国水泵市场的宏伟目标！据说，现在老陈企业的年销售额已经达三个亿了。江湖传说而已，也不知道真假。

我没去探究真相，虽然我一直在做销售，扮演一个经常跑业务赚钱的角色，但我骨子里还算是个文人。钱，够用就行了，多了并没多大意义。我从事销售，更大的乐趣在于解决销售上的疑难问题。在一个项目上打败竞争对手，拿到订单，那种成就感无与伦比，这才是我真正想要的！

销售语录：一个打工的销售员千万别将你个人的社会关系用到你的销售工作中！一旦你的老板不守信，你的人际关系就都完蛋了。

反面教训：中国无数的销售员日子过得不好，其中一个重要的原因就是无法积累很好的客户关系，原因有二：一是老板自己将客户接收过去，二是老板不守信导致客户流失。如果不积累很好的客户关系，销售员想翻身就很难。

_ 网友"richard_ang"说：

看到老陈遇到一个贵人一下子改变了自己的阶层，很是兴奋和羡慕，只是这样的机遇对于我们大多数销售来说是可望而不可即的，我们要做的还是老老实实地跟好手上的每一个单子。现在手上有个案例，请作者帮忙看下。

1. 工作范畴：行业客户，属于能够反复采购的那种客户。

2. 背景：行业客户甲公司一直使用竞争对手乙公司的系统，其中关键部门领导A一直支持竞争对手乙公司。对于竞争对手提供不了的系统，我这边的系统是其第一选择。目前已经通过领导A将一个与乙公司不冲突的项目做了进去，我与甲公司进行了第一次合作。

3. 问题：我判断到明年时，一定会在甲公司和竞争对手乙公司开展正面交锋。而领导A多次私下对我说，如果我们有他们需要而乙公司无法提供的产品，会选择我们公司，其实质意思也是让我不要和乙公司争。

如果明年与竞争对手乙公司展开交锋，我该怎样处理比较合适呢？一种方式是陪标，让乙公司中标，领导A满意，看后续其他的合作机会；另一种方式是直接交锋，由于我公司整体实力要高于竞争对手，如果再通过市场运作，应该是有取胜机会的，或者极大地消耗竞争对手的利润。到时候我是打，还是不打？

_ 作者回复：

一般而言，到你这个层次，就要有所为而有所不为。打不打，已经不是你说了算的事情。你要请教A，表达你的想法，让A给你指条路！生意做到最后，其实就是划分势力范围了，你做什么，他做什么，客户心里都有本账了。所以，你不要妄动，免得被客户看作贪婪。要让人给你"指路"，而不是你去"找路"。当然，如果确实想搞，办法还是有很多的，那就是"逆天行动"了。

不争为争，因为不争，客户才可能照顾你。争为不争，因为争而打破了平衡，客户也可能厌烦你，反而导致失败。不争是你表现给人看的，是台面上的，但客户甲是你的目标，所以要悄悄地造势。

想挤走你的竞争对手，可以在酒足饭饱后或者在其他比较坦诚的场合，不经意地向客户透露类似"竞争对手不实在，和他们合作赚钱不多，没太大意思"的信息，消息也许来自某某公司你的朋友。有合作就必然有猜疑，这样悄悄地制造客户A与你的竞争对手之间的嫌隙。然后到了做单的时间点，你可以邀请你公司的领导，让他以一个局外人的身份去表明公司想做这个单子，并且表明合作成功后会有很大好处。

这样整个事件，不管成败，你都抽身事外。即使你公司做单不成，但由于是你的领导去弄的，所以你在客户面前大骂几声你的领导也就无事了。

你这样的情况，反间计可用。你多看看《孙子兵法》吧。

31 用眼睛看到我的第一桶金

我这人有个毛病，平时守口如瓶，但是心情一有起伏，喝多了话就多，该说的不该说的都可能说出来。这个毛病，关系比较近的朋友都指出来过，但我改不掉。这不，和张雨一场酒喝下来，絮絮叨叨就说了那么多陈年往事。

我的心情确实有点儿起伏，因为我约好吉水化工集团的牛总一起去归元寺拜佛。归元寺最有名的是一百零八罗汉，据说世人都可以在里面找个原型，进行命运的预测。据说而已，不必当真，不过我去看过，确实有个罗汉和我很像。我认识住持昌明法师的俗家亲传弟子老高，让老高带我和牛总去参见昌明法师。

老高属于有慧根的人，极其聪明，曾经是 W 市自改革开放以来的第二代富翁，不过现在是"负翁"了。

他以前是靠开 BP 机传呼台运营起家的。据他自己说，在顶峰的时候，手下的传呼台小姐有 100 多个，一层写字楼都被他的公司占据了，每天日进斗金。他也是W 市第一个买宝马车的人。

老高的失败是从离婚开始的，然后是手机取代 BP 机。他没跟上转变，那时候他在处理离婚的事情，结果被市场淘汰了。我认识老高的时候，是他最穷困的时候，那时候他的公司没人打理，就随便找个人管理。机缘巧合，我早年间在写字楼里租的那间办公室，就是老高的房产。换句话说，老高最早是我的房东。

你绝对不能想象一个人可以一年到头天天泡在酒吧里。W 市以前有个红方蓝酒吧，老高一年最少有 360 天是在那里度过的。老高的生活作息是每天早晨 10 ~ 11

点起床，看有无重要的事情，有重要的事情就在 10 点起床。然后 12 点到达我的办公室或者他的公司，他的公司在 24 层，我的在 12 层。

午休时老高请我们吃饭。和老高在一起吃饭都是他买单，我们从来不买单。

下午休息。晚上 7 点左右，老高就自己或者带我们去红方蓝酒吧，在包间里唱歌、喝酒、睡觉。几乎每天都是不同的女人送老高回家，然后他再睡到第二天上午 10 点或 11 点。日子就这样天天循环。

老高做传呼台生意失败后，又先后开了几十家公司，结果都失败了，所以到认识我的时候，他几乎没什么钱了，但是人倒台面不倒，他仍然天天花天酒地。他内心仍然想站起来，因此他和我接近，其实是想拉拢我一起做事。正好我也想利用他，将吉水化工集团的牛总给拉过来。其实，我是想让老高帮我给牛总弄的琉璃四方鼎开个光。

这件事非常难办。大家都知道，请高僧开光不是钱的问题，而是地位的问题。本来只值一元钱的东西，一旦开过光，卖个 10 万元都会有人买。

我把事情跟老高说了，老高也同意带我们去见昌明法师。对我们来说是千难万难的事情，但对另一些人来说不过是举手之劳。

在佛教中，琉璃是至宝，所以请高僧给琉璃四方鼎开光，也算是与佛结缘，祈求福报。我在给牛总看风水的时候指出，他的办公室有"煞"，化解之法就是在他的办公室放置一个经高僧开光的琉璃四方鼎来汲取四方财富。普通未开过光的，则达不到这效果。

第二天，老高、牛总、我，还有刘董事长，一行四人共赴归元寺。原来牛总将要去拜见高僧的消息汇报给了刘董事长，刘董事长见机会难得，也要去。

跟随老高行过拜见礼后，我为昌明法师的深邃眼神所深深折服。眼睛是心灵的窗户，那种看破一切的眼神，深邃而充满智慧，绝对不是常人所能具备的。这让人不由得多了几分敬重。

大师开过光后，对我和老高说："你俩皆有福报，本可为王为相，但'色'字看不透，所以每色一分，福报便降低十分、百分。所以，你们现在都深陷泥潭，无法成龙成凤。"短短的拜见很快就结束了。

中午时分，我们一行四人就去往佳丽广场对面的温州酒楼吃饭。吃饭时我问："刘董，你们集团公司怎么不上市啊？现在的企业都流行上市啊，能彰显企业实力。"

刘董说："上市审查很严，我们申请了，但没通过。"

老高说："我可以帮你们上市，只要2000万就可以了。"

刘董说："2000万就可以上市？我们请别人操作，他们开价是5000万。由于价格太高，所以我们只是模拟实验了一下，没真正搞过。"

老高说："先根据操作需要、根据进展付1000万，操作成功后拿佣金点，你给原始股就可以。这事哪天专门谈谈吧。"

我赶忙把话题岔开，说："牛总，我每次来佳丽广场都感到十分自豪和骄傲。"

牛总说："哦，为什么？"

我说："佳丽广场的中央空调系统是我卖的，打败了许多强劲的对手才走到最后啊，也赚到了人生第一桶金。可以说，整个过程让人感慨万千。"

牛总说："哦？说来听听。"

我说："那是很久以前的事情了。"

那是我第一次到W市，是以一个业务员的身份来W市开发市场。老板的说法是："倪峰，你选择个省份开设办事处去吧，但是前期你得一个人跑，有订单了，自己能养活自己了，再招聘业务员，再开设正规办事处。"我从小就一直想到W市旅游，于是便申请到W市开发市场。

到W市的第一年，我很茫然，也很孤独，漫漫长夜，经常在W市的街头徘徊，漫无目的地闲逛。那时候我在W市一没业务，二没朋友，所以最怕的就是黑夜。当黑夜来临的时候，无事可做是最痛苦的事情。

但最痛苦的还不是身在异乡的寂寞无聊，而是客户对我的极度不认可。我跑设计院，设计院的设计师不愿和我合作，只有表面的交往，但从来不帮我设计图纸，也不告诉我新建项目的业主情况。跑华中设计院时，碰上华中设计院的主设计师老王。老王说，有个新建的佳丽广场项目我可以去跑跑。我说："方不方便将业主电话和联系人告诉我。"老王说："你自己去找吧。你去找乙方新加坡猛士公司，他们搞暖通总包的，你们的设备估计他们会要。"再问，老王就不愿多说了。虽然老王在关键地方语焉不详，但起码告诉了我一个重要信息，我还是挺激动的。

当天下午，我屁颠屁颠地去拜访新加坡猛士公司的 H 省办事处，找到老王提到的 Jerry。刚刚介绍完我们企业和企业销售的产品，Jerry 就突然问："你们的机械进口温度是多少？"

我说："大概 30 摄氏度吧。"

Jerry 突然大怒："什么叫大概？你们中国人做事就是这样马虎，就是这样不严谨！你们中国人……"突如其来地，我被 Jerry 一阵臭骂和羞辱。等 Jerry 骂完，我也灰溜溜地离开了这家公司。回去的路上，我越想越难过，这算什么事情嘛！去见客户，话还没说两句，就被客户一阵臭骂和羞辱，这销售干得也太窝囊了。

乙方不行，就找甲方业主去吧。于是我下了车，换公交车，直接到佳丽广场的工地上去找业主方。

门卫问："你找谁？"

我说："我找新加坡猛士公司的 Jerry。"

门卫脸一变："你进去吧。"

进了佳丽广场的工地，我赶忙去找业主的基建办公室，业主的基建办公室里坐了个年轻人。我说："请问你们谁负责暖通？我是做中央空调的厂家代表。"

那年轻人说："你有什么事情？"

我看年轻人这样问，就知道年轻人是负责这块儿的，不然他会直接告诉我负责中央空调的工程师姓名。我递过名片和说明书，问："请问你贵姓？"

那年轻人回答："我姓孙。"

年轻人翻看了一下我的说明书，说："中央空调由乙方总包了，我们业主不负责这事了，你去找乙方猛士公司吧。"

我突然想起在猛士公司的郁闷遭遇，也莫名地来了脾气说："狗屁！那个新加坡的公司是狗屁，他看不起中国人，我好好地向他介绍产品，他居然骂了我一顿！"

孙工突然笑了起来："你也被骂了！哈哈！我们也经常被他骂。这个 Jerry 是我们老板的小舅子，看不起所有人。我们也被骂过。"一下子，我和孙工就有了共同语言，都被 Jerry 骂过，都是伤心人啊。

我说："孙工，你们业主不能自己采购吗？"

孙工说："新加坡这家公司的老板 Jerry 是我们老板的小舅子，这事我们插不上手！而且他们指定要买进口的中央空调。你这次没戏了。"怪不得设计师老王推荐我来跑佳丽广场的项目呢，原来是没希望成功的！我当时是做国产中央空调的，既然他们定了用进口的空调，老王不会不知道的。这个该死的老王！

但我没有放弃，没事的时候我就去找孙工，向他鼓吹由业主自己定中央空调，这样价格就会下来很多。事情的转机是一个月后，孙工突然告诉我说："倪经理，由于猛士公司的中央空调采购价格太高，所以老板决定由我们业主方自己采购了，这样节约费用。"

我大喜，但是去找孙工的时候又郁闷了。原来国内中央空调厂都知道现在佳丽广场中央空调由业主方采购，一下子出现了十多家国产的中央空调厂家竞争！一个小蛋糕几十个人吃，这怎么行！那时候还没流行招投标。根据进展，由于我和孙工的关系，我们厂也顺利进入了预选的三家入围厂家之一。

孙工说："倪经理，后天要正式定厂家、签合同了，我能帮的已经帮了，这之后的事情我就没权限了，也帮不上了。你自己想办法吧。"后天决定采购厂家，孙工说没办法帮我了，对方老总我又没见过，这怎么办呢？那时候我还没认识到做老总关系的重要性，认为产品好，有工程师推荐，老板那儿就没问题了，所以没提前做业主老总的工作。

我想了很久，打了个电话到厂里总部，让老板来一下 W 市，老板说忙，没时间。我说马上就定了，一定要来一趟，显示我们企业对他们项目的尊重，而且你来也可以在现场决定一些事情。老板最终没来，只派了市场部的一个陈经理来。

第三天，佳丽广场。入围的另外两个厂家都进去和佳丽广场的李总谈了，我们是最后一家谈的。到我们进去谈的时候，孙工将我们引到李总的办公室后就出去了。

我将我们厂的市场部陈经理介绍给李总，说："李总你好，这是我们厂的陈厂长。我们厂对你们这个项目很重视，所以厂长亲自来，想和你们交流下，我们能完美满足你们的产品需求。"

我们厂的市场部经理，就是这个冒牌的"陈厂长"，快步走上去和李总握手。然后他说："这是我第一次来 W 市，是专门为佳丽广场项目来的。我代表工厂表态，保证提供最优质的产品和最完善的售后服务。"

李总说:"辛苦了,上海的产品质量还是不错的。"

"陈厂长"说:"是的,我是钳工出身,我对我们厂的加工工艺还是很自信的!"

李总说:"你是钳工出身?呵呵,我也是钳工出身,现在还有钳工证。"他们找到了共同语言,交谈也比较愉快。最后,"陈厂长"邀请李总有时间的话去上海厂里考察考察,李总也同意了。第二天,孙工通知我去签合同。

这个合同一签订,在 W 市设计院行业引起震动,因为设计师都知道佳丽广场本来计划采购进口的设备,没想到最终被一个新来 W 市场的国内品牌拿下了。一下子,我的名声在设计师中流传开了。以前我去设计院找设计师,设计师总是爱搭不理的,但自从做下佳丽广场后,我再去设计院,相关的设计师总主动找我谈话,并将项目信息告诉我,因为我一旦将信息变成订单,他们也会分到一些服务费。这是双赢,设计师也很现实啊!

销售语录: 销售工作中有心胜无心,留意胜无意。

反面教训: 缺少发现的眼睛,机会在你身边你也不认识!

_ 网友"onefly 2009"问:

这章作者谈到房产项目的操作,恰好我前天去了一家非常大的房地产开发公司,见到了公司里主管行政采购的人,30 岁上下的一位职业女性,很干练。递上公司资料后,也谈起他们在 IT 方面的需求,说以后有机会会找我询价。再次回访却不知道跟她说什么,怎么办?

_ 作者回复:

实在不知道跟女主管说什么的话,就买瓶化妆品送她吧。当然,送之前要构思好你的说辞,给她一个不能或者不好拒绝你的理由。人们就是这样,只要得到你一点儿哪怕小小的恩惠,也会想办法回报的。

32 不要犯低级错误

上午 9 点，南京某集团公司副总办公室。

之所以选择上午 9 点到客户的办公室，是因为客户一般都 8 点或者 8 点半上班，要给客户留半个小时的余地去倒茶、喝水、吃早餐，等等。这样 9 点去和客户谈的时候，一般不会因为倒茶、喝水等杂事被客户打断。

我一进门就对客户张副总说："张总你好，早啊。"张总对我笑了笑没说话。

我走到他身边，给张总递了一支烟，对他说："这次投标我怎么失败了？我感觉我们的质量、产品配置和售后服务等都是最好的，怎么就失败了？"

张总说："你报的是总价还是单价啊？"

我说："是总价啊。"

张总说："投标是评标的专家打分，你的价格不是最有优势的。"

我看张总不愿意告诉我原因，就去找曹总，其实我的真实目的就是找曹总，因为曹总和我是有默契的。而我和张总的关系还不到位，虽然算是不错的，但还是有距离。

为什么先去找张总？做销售要懂得保护自己的关系人，一般不要去找他，去找的话也要做足前戏才去，尽量在别人面前保持你和你的关系人没有关系的感觉和印象。这就是我去找曹总之前，先去找张总的原因。

我进了曹总的办公室，曹总在批条子呢，很忙。等他忙完了，来找他批条子的工作人员都出去了，曹总才抬头看我。

我说："曹总，这次投标我怎么失败了？我感觉我们的质量、产品配置和售后服务等都是最好的，怎么就失败了？"

曹总说："你呀，我专门为你的事情去招标现场，也让你成为中标候选人。你成为中标候选人后，招标公司的专家就会更加认真、更加细致地看你的投标文件。"

我说："这是应该的啊。"

曹总说："狗屁，那你报的设备数量怎么少了呢？"

"啊，不大可能吧？投标文件我都有专门人员去做，怎么会犯如此低级的错误？"我辩解道。

"那你报的设备是多少台啊？"曹总说。

"8台。"我说。

曹总没说话，用他的笔记本电脑将招标公司的网站打开，点到招标变更通知里，说："你自己看。"

我一看，傻眼了：招标公司在变更通知里将8台设备调整到12台了。

曹总说："看到没？招标需要12台，你才报8台，这就是你失败的重要原因！"

我的脸一下子红了，不好意思地对曹总说："献丑了，献丑了！这样丢人的事情在我十多年销售生涯里还没做过呢！"

曹总一下子笑了："你也知道丢人啊！"

不好意思再在曹总办公室里待下去，于是我就出来了。一个人走在他们厂里的林荫道上，我不禁十分懊恼，这煮熟的鸭子居然飞了，怪自己没第一时间浏览招标公司的官方网站，亏大了！

其实我和曹总认识才两个多星期。曹总的单位是我一个朋友的公司一直想攻克的业务单位，但是朋友去了两趟，感觉不知道该和客户说些什么，没什么话题，懒得去了，就委托我去做这个单子。

朋友给了我这个单位的一些联系人的名单，让我去试试看，但我没要。眼光不一样，他认为重要的人，我反而认为不是重要的。就这样我去了曹总这家单位，我进单位后就直接问管设备的老总在哪个办公室。我问的是个漂亮的女孩儿，那女孩儿不知道我有什么背景，就告诉了我管设备的副总张总的办公室位置。我就去了张总的办公室。

一阵寒暄过后，我将资料和产品说明书递给张总。张总表示资料先放在这儿，有需要的时候再联系。从张总办公室里走出来，我想，反正已经来了，索性也去拜访下张总的上级吧。于是，我敲开了张总隔壁的办公室，也就是曹总的办公室。

　　曹总见到我很客气，因为敢直接去找对方老总的销售很少。曹总把他的电脑打开，找出相关设备型号给我看，向我咨询一些产品的情况，我都回答了。又聊了一会儿，看到其他人有事找曹总，我就告辞了。

　　第二天下午5点多钟，估摸着曹总要下班了，我打电话给曹总邀请他晚上一起吃饭。曹总说心意领了，但他现在在上海出差呢。我马上让司机开车送我去上海。

　　终于在夜里10点的时候，我和曹总见面了。我带曹总去了一家澡堂子。

　　洗好澡，在包间里闲聊。躺在床上，我对曹总说："那天你打开电脑，我看你们这次要采购的设备很多啊。"

　　曹总说："是啊，有26个包段呢。"

　　我说："有几个包，我公司也可以。"

　　曹总说："可以做的就去投啊，但技术要好，价格也要到位。"

　　我说："当然。但是我粗略看你的电脑里的标书，条件限制得很厉害啊！"

　　曹总说："今年4月，我们单位的领导都升级了，自己开了工厂。管理层都被挖走了，我就咸鱼翻身到了这个岗位，张总也是一起被提拔起来的。以前我们都没负责过采购，我们不想和老的供应商发生业务来往，所以故意在要发布的招标文件上将条件设置得苛刻些，实际上就是不想让老的供应商参与。"

　　我说："厉害啊！"

　　曹总说："你们投标一般有什么招数使你们确保中标吗？"

　　我说："很复杂，各种情况都有，不过一般要是有人在评标现场，说两句他希望中标的企业的好话，就会给评委专家一定影响了。"

　　曹总说："那我可不敢说，专家评委不买我账的。"

　　我嘿嘿一笑说："这样的话哪能让领导亲自说呢？在标书答疑的时候我也可以说啊！"

　　走的时候，我去澡堂总台把账结了，再给曹总发了条短信：领导，身体是革命的本钱，好好休息。

过了两天，曹总单位面对社会公开招标 26 个包的设备，我买了其中的 3 个包。

我没参与制作标书，标书是以朋友公司的名义购买的，标书由朋友制作。他问我有几成中标把握，我说五成是有的。投标的结果没想到是投四标，中三丢一，更没想到认为最有把握的一个标丢了，而且是因为低级错误。

营销教育： 无数销售员去竞争一个单子。谁能拿到单子，不是靠心态，不是靠关系，不是靠技术，而是靠不犯错误。你只有不犯错误才能一步一步走下去，走到最后。

反面教训： 做对事，不一定成功，但做错事情，往往意味着失败！

_ 网友"qinbs 713"说：

原来倪峰也犯了"标书招标要求提供 12 台设备，结果做投标书时却写成了投标 8 台"这样的简单错误啊！我前几年也犯过类似的错误，投标时，我公司是套用公司固定的投标书模板，结果在做投标书时不小心将投标的单位名称写成了上个投标的单位了，结果投标失败，教训深刻啊！看来销售工作真的是一点儿都不能马虎！

33　你可以相信谁

我念初中的时候有三个好朋友，一个叫吴明，一个叫汪飞，一个叫老虎。那时候处在青春萌芽期，男性荷尔蒙分泌太旺盛，参与了几次打架事件，所以交了上述三个朋友。这三个朋友改变了我，或者我改变了他们一小段的生命历程。

就说其中的汪飞吧。这家伙和我家住在一条街道上，又是初中同学，所以当时参加工作第一年回家过春节时，他碰到了我，非要拉我去喝酒，我也就去了，毕竟老同学嘛。那是 20 世纪 90 年代初期，我正好少年得志又多金，花了 8000 多元买了一部手机。当时的小县城很多人不知道手机是何物，他们只知道 BP 机，在他们眼里手机就是大哥大，香港电影里的那种大砖头。喝酒的时候，汪飞说过完年跟着我混。

那时候我想也没想就答应了，没想到这个决定，使我沉沦了 10 多年，到现在还受到影响！

过完年就是我从事销售工作的第二年，那时候我已经是上海某知名企业 H 省办事处主任。20 世纪 90 年代初的办事处主任，嘿嘿！那个时代，只要稍微懂点儿销售技巧的人，都可以日进斗金。

在做销售的第二年，H 省的十大建设项目，我做下了其中的七个，业绩一下子就排到了公司全国办事处的第一名。这很不得了，因为公司办事处排行榜，一直是北京、广东、上海办事处的销售额占据前三名，从来没有连北京、广东、上海的销售额都被比下去的事情！于是公司在简报中通告了我的业绩，一下子我的名字在公司火了，广为传播。

汪飞就是在这个时候到我身边工作的。我当时的想法是，同学是值得放心、值得信任的。连同学都不信任，你还能信任谁？多个朋友多条路，有个朋友在身边总是好的。于是，汪飞来到 W 市的时候，我安排汪飞做我的销售员，平时和我住在一起。我那时在 W 市有女朋友，汪飞住在三居室的另一个房间。

我在公司小有名气了以后，接到天津办事处主任老孙的电话，老孙在电话里问我做下这些单子赚了多少钱。

我说："没赚多少，行规是三个点。"

他说："太少了，你付飞机票，我去 W 市教你如何能多赚点儿。"

我说："好。"

其他办事处主任要来我这里，我当然欢迎，老孙最后也没要我付机票钱。和他差不多同时到达的，还有湖南办事处的主任高远。高远是老孙的朋友，他们都是上海人。我是北方人，北方人的义气害死我多次！

在桑拿池，老孙说："我说的赚钱门道，你都知道了？"我点了点头。

那个年代的桑拿，不是一般生意人洗得起的。最低消费，一个人都得 1000 多元，那时候的桑拿和现在的洗浴中心不可同日而语，那时候的桑拿是有钱人的消遣。

在 W 市待腻了，老孙说，我们一起去长沙玩吧。我说好。于是，老孙、高远和我，我们三人包了一辆出租车就去了长沙，到湖南办事处去玩。

在湖南办事处，老孙酒后说："我们一起办个生产制造工厂吧？"

我一惊，说："办个工厂？需要很多钱，办什么样的厂？"

老孙一笑说："就办个和我们现在卖的产品一样的工厂！我都策划好了，也是这次来找你们的目的。

"我和天津设计总院的院长说好了，他们也占股份，你想设计院占股，以后他们院都会用我们的产品，也会向客户全力推荐我们。而且我们现在打工的这个公司，全国有 20 多个办事处，只要其中一半的办事处主任偷偷地帮我们卖点货，我们的销量就有保证了。"

我一听，不错，值得搞。如果真是这样的话，确实是有赚头和发展前景的！于是就同意了，高远也同意了。

接下来，我们就去天津考察。老孙是个有能力的人，他和设计院院长合作，一些生产设备，院长可以动用他的关系赊过来。

那时候天津的地也很便宜，我一咬牙，取了所有的钱，就和老孙、高远一起在天津经济开发区买了地。买了地以后，运作了一段时间，工厂就要开始剪彩投产了。于是老孙邀请我和高远去天津剪彩，毕竟我和高远都是工厂的股东。于是我和高远就去了天津。

没想到这个时候，H省办事处出事了。原来公司的领导往H省办事处打电话找我，因为我不在，手机也关机。接电话的是汪飞，他说我去下面的城市出差了。领导就挂了电话。下午领导又打电话来找我，还是汪飞接的，这回他说我生病住院了。领导一下子起疑心了，说："你是谁？你上午不是说倪总出差去了吗，怎么下午又说倪总生病了？倪总到底怎么了？"

汪飞一下子慌了，就说："我是汪飞。"

领导说："H省办事处没汪飞这个人啊！"

汪飞来W市后，我一直没给他正式的编制，也没报总公司，因为是同学，所以他实际上是我H省办事处的二把手。我不在的时候，基本上是汪飞帮我照看着。那天文员恰好请假，所以接电话的是汪飞。

领导找不到我，又得到前后不一致的回答，一下子起疑心了，再加上这几天联系其他办事处主任，基本也都是找不到，所以亲自买飞机票当天下午就从上海飞到W市。到H省办事处立马查了办事处的账本，并一个一个地询问我的业务员。这也是我一直说"宁要一条忠心的狗，也不要一头离心的狮子"的原因。这些业务员一看领导来查账，而且听说问题很严重，一下子个个都开始出卖我了，反映了很多问题。汪飞也交代了我和其他办事处主任去天津的事情！汪飞之所以说，也和我的总公司领导的威逼利诱有关，公司领导谈话水平还是有的。

领导知道我和其他办事处主任在天津，而且在天津有厂后，感到事态严重，于是连夜命令公司的全部高层到各个办事处去查账，发现问题当场报案。

领导第二天一早就坐飞机到了天津，找到了我们。领导在酒店里请我们吃了顿饭，没说其他的话，只是说："你们都回办事处吧。"于是我们这些办事处主任都回到各自的办事处去了。

回到各自的办事处等待我们的是解聘，被查出账目有问题的是直接抓捕。就这样，一下子全国十多个办事处主任因为参加我们工厂的开业剪彩，因为我的同学汪飞接的一个电话，被抓的抓，被开除的开除。高远被查出有六万元的问题，直接被抓走，并判了刑。我这儿还好，在被抓进去的第二天，我家里来人，将我保释了出来。

我被开除了，当然汪飞也被赶走了。

于是我在 W 市的街头徘徊。我当时住在 W 市大学的宾馆里，我自己没钱了，房费都是我女朋友出的。汪飞也没收入来源，于是和我住在一起。那些天都不敢开手机，因为一开手机都是些朋友来询问或者指责的电话，很是不堪。

我用汪飞的手机给上海 ITT 泵业集团的前同事打了个电话，说我最近不干了，想找个工作，帮我打听打听，看看 ITT 招不招人。电话中那个前同事说，他们 ITT 最近是在招人，不过是驻新加坡的销售。他去和他们总裁说下看看，让我等他的电话。

那时候虽然因为汪飞接个电话，改变了很多人的生命轨迹，但是我想，汪飞也不是有心这样的，所以就仍然和他在一起，仍然把他看作朋友。我告诉汪飞，说 ITT 的朋友帮我向 ITT 中国总裁说了推荐我去做销售，总裁可能会打电话给我，你接到电话要第一时间通知我。汪飞答应了。

我每天早晨爬爬山，白天就疯狂地看书，晚上就看看斜阳，任心绪自由来去。一直没等到 ITT 总裁要面试我的电话。

汪飞有一天说："峰，我找工作去了，天天这样混也不是办法。"

我说："好啊，找个工作很好啊，起码可以锻炼自己的能力。"

汪飞说："峰，我帮你买了去宜昌三峡的票，你不是一直说想去三峡看看吗？你不能这样颓废下去，要振作起来，票我给你买好了。你自己去看看风景，希望回来后看到一个全新的你！"

于是我去了三峡玩了十多天，直到口袋没钱了才返回，也联系不到汪飞了，电话总是关机。于是我打电话给 ITT 的前同事，问工作的事情如何了。

那同事很吃惊，说："你不是让你的朋友汪飞告诉我，你现在和一个温州老板一起去宜昌办厂去了吗？你不是说不要这个工作了，推荐你的朋友汪飞，让我全力帮助他吗？我们总裁十多天前去 W 市面试了两个人，一个是 × × 理工大学的博士，做技术的；另一个是汪飞，做销售的。现在汪飞已经进 ITT 了，正在新加坡接受销售培训。"

我一时无语。

最能给你致命一击的永远是你最信任的人！这件事给了我很大的教训，如果你一无所有，就多交朋友；如果你已小有成就，记住，千万别轻易信任任何朋友。因为你的朋友也要飞，也要活得潇洒，而最直接、最快速的飞，就是踩在你的头上起飞！

销售语录：销售工作里奇怪的是，你忽略掉的客户，往往在失败时才发现，他其实是你最重要的客户！

反面教训：善待我们接触的每一个人吧，说不定那个工地看门的大伯就是工地老板的叔叔呢！

_ 网友"迷失的感动"说：

看到这里我感觉我特别像故事一开始的销售员于泉，超级郁闷。你的文章我看得很慢，需要慢慢体会，我入销售这行刚两个星期，是做软件方面的，感觉压力很大，市场竞争太激烈了。今天遇到一个客户，我傻乎乎地一开始就给了个最低的报价吸引客户，而客户的意思是想要点儿回扣。请教峰哥，我还有回旋的余地吗？

_ 作者回复：

销售里，报价应该是最慎重的事情之一，报价前一定要弄清楚客户的真实意图，报价是比价、做预算，还是现在考虑采购？根据客户要求你报价的目的的不同，你需要报不同的价。而且报价的策略也应该是先高后低，像你这样的，一次就把价格弄到底的效果是最差的！因为客户不相信这是你的最低价，可能还会让你降价，而你已经没空间降价了，这样会导致客户认为你没诚意。如果是老客户，有合作的经历，客户让报价，也要慎重，一般要事先打电话问客户报多少钱合适？一般不要自己做主报价，报高报低都不好。

　　你这个案例，一般的做法是请教你的领导，看看他能不能给你个特价，这样你就有降价的空间了！

34　人生必须高开高走

我没有了工作，身上的钱全部加在一起不到一千元！这还是把自己的黄金戒指拿到当铺当掉才弄到的钱。怎么办？前途怎么走？我闲暇的时候去 W 市的人才市场看了下，也试着去应聘了几家单位，但工资低得可怜！

我不要这样过！宁要悲惨地死，不要憋屈着生！我对自己说！

W 市不行，那么上海呢？经济活跃，工厂公司众多，机会应该多点儿！没有太多的考虑，已经走投无路，也不容许有太多的考虑。于是我马上买了张火车票，直奔上海！

到人才市场上转了几下，还是没碰上自己心仪的工作。于是在又一次失望的时候，我决定去外滩走走。

在北京东路慢慢走着去外滩的路上，我突然看到一家门市部，上面写着"上海某某企业门市部"。我知道这家企业，是做工业产品的，行业内很有名。但是上海的本土企业，里面都是上海人，他们都习惯待在上海，不大愿意去其他的省份或城市发展。所以，现在这家有名的上海企业，在浙江民营企业的冲击下，市场份额越来越小了。

这是我的机会！我突然有了冲劲儿。对，说服他们去 W 市设立办事处，我做办事处主任。一切又可以重新开始了！我激动得甚至有点儿颤抖，忙深呼吸，让自己的心情平静下来，我甚至吸了半包烟。考虑成熟后，我决定去闯一闯，试一试！于是我推开了那家上海著名的工业企业在北京东路的门市部的大门。

"你好！你们经理在哪儿？我是你们同行。"我对一个看我进门便迎上来的女士说。

"经理，有人找！"那女的把我带到了经理办公室。

我递过去我以前的一张名片。"我是专门来上海寻找发展机会的。现在的 W 市经济发展势头很猛，市场机会很大，所以想来这儿寻找机会，看能不能找个不错的厂家在 W 市设立办事处，我们一起发展！"我向门市部的经理说。

"我没权力在外地设立办事处，这事要厂里的老总才能做主。"那经理回答道。经理的回答没有超出我的意料。

"哦，你们厂在哪里？你能不能把我引荐给你们厂长，说有个 W 市来的朋友想和你们工厂一起合作？"我向那门市部经理继续游说。

"好的，有时间我说下看看。"那经理说。

"我计划明天就回 W 市了，麻烦你现在打个电话吧。"我为了让事情有更快的发展，所以用了销售上的紧张心理战。销售上，有时候为了使客户尽快订货，结束一个单子，销售员经常说：

1. 我们货期很漫长，所以你要提前订货，最好现在就订货！

2. 我们的产品下个月要涨价了，所以你现在订货是最好的！

用这种常规方法促使客户尽早决定签订合同。

那经理果然给他们厂长打了电话。

"厂长约你明天上午去工厂见面谈一下。"打完电话，门市部经理对我说。

"谢谢，谢谢，太感谢你了！"

第二天，我早早地就去了这家位于上海郊县的工厂。

厂长很年轻，40 岁不到。"最好的发展就是扩张。"见到他后，这是我说的第一句话。

"现在的销售是行销的时代，现在一家企业如果还困守在上海的话，那么除了上海之外的巨大市场必然被其他的企业瓜分。与其困守在上海，不如主动出击！

"W 市的经济发展势头很猛，而现在这个行业还没有一家大型企业在 W 市设立办事处。这是个巨大的机会，因为 W 市的辐射力量非常强大！现在我们占据 W 市的市场，那么就相当于占据了它周围四省的市场，这个市场是巨大的！"我说。

说完，我打开我带的业务包，从里面拿出我以前签订的几份较大数额的合同的复印件，我将复印件交给了那个厂长。"我做过的这些合同，说明了我的销售实力！"我说。

等那个厂长简略地看完我以前的销售合同复印件后，我对他说："我的销售能力，加上你们的高质量产品，还有行业的知名度，我们打开 W 市的市场就像数自己的五个手指头一样简单。希望你给我一个发展的机会，也给你们工厂一个发展的机会。"

"你想怎么合作？"厂长问我。

"一种是，我到你们公司上班，你们聘用我，我去 W 市设立办事处，我是你们的全职工作人员，帮公司打开 W 市的市场；另一种是，我们共同出资在 W 市办个公司，销售你们的产品，当然，我个人没多少资金，你们肯定要出大头。"我提出了自己设想的合作方案。其实，我身上没有钱，而且我又放不下面子去找人借钱，所以我实际想要的是第一种方案。之所以提出两个方案，是因为"两害相权取其轻，两利相权取其重"，要说服对方，一定不要只给对方一个选择，任何人面对唯一选择的时候，由于没法对比，往往会出于自我保护而不去选择。

厂长没有立刻表态，过了一会儿，他说："今晚你住在这里吧。我和厂里其他人讨论一下，然后再做决定。"

住在这家工厂的招待所里，我的心情是轻松的！因为我从厂长的表情里读出，他其实很想与我合作，去开发 W 市的新市场的。毕竟我的提议对他是没有害处的。

没有意外，第二天，厂长又找我谈，在场的还有厂里其他各个部门的领导。厂长宣布了他的决定，他选择了第一个方案。于是在工厂里培训了一个星期后，我带着开办办事处的五万元现金又返回了 W 市，又开始了一段新的销售生涯！

销售语录：不是顾客要买，而是你要引导他去让他觉得他必须买！

反面教训：除非特定场合，否则销售不应该给客户压力，像销售保险的那样的销售方法不适合销售工业产品。

_ 网友"QYWEN"问

有一个单位的领导我第一次接触，是一家大型纸厂采购处的主管，你说发短信给他说会给他好处，这样好吗？总感觉心里有点儿不踏实，毕竟和他才见过一次面。但如果不说，又怕被其他对手占了先机。毕竟货代这行现在竞争太激烈了。可否给点儿意见以作参考？谢谢！

_ 作者回复：

我文中多次提到"交浅言深"是销售的大忌！你初次见面就谈回扣，无形中就将客户看低了，不够尊重他，可能会让客户觉得你幼稚或者不合时宜！对销售没好处，不要为之。

第一次见面后，你离开客户 30 分钟左右就应该给客户发短信，短信内容应当是感谢他的接待（这叫埋"伏笔"）。

_ 网友"猪年很孤独"说：

销售一直是我很向往的工作，可是现在我的工作和销售完全是对立的 —— 我是个采购，呵呵。看了你的文章后，有一点我很赞同：人的气质是决定事情成败的重要因素！气质是怎么形成的呢？是沉淀，是积累，是对人生有了感悟才形成的。

很可惜，我很少见到有气质的人做销售。有些业务员我一看就觉得他不像个做业务的，那他怎么能卖得出东西呢！

35 幸运是怎么来的

半个月后，我听朋友说 W 市杏花制药厂要招标一批设备，于是我便按照网上搜索到的地址来到坐落在经济开发区的 W 市杏花制药厂。

一个人孤单地走在 W 市经济开发区的路上时，感慨蛮多。那时候开发区刚刚建设，基础设施不全，整个开发区不通公共汽车，所以去经济开发区的客户一般要么打的去，要么就步行去。而我刚刚开始新的事业，没多少资金，一切能省就省，所以我是步行去开发区的。一个人孤独地走在路上，暴晒在日光下，心情是十分悲凉的。一代大文豪鲁迅在感悟人生时说：世上本没有路，走的人多了，也便成了路。其实人生就是走路，就是往前走！不同的只是走得快或慢，只是走的是正确的路还是错误的路，只是谁跟你一起走路，或者你和谁一起走路而已。

在业主办公室，我碰上了我的竞争对手小笔。在我出来的时候，小笔也出来了，他紧跟上我，喊住了我。

小笔拿眼斜视着我说："倪经理，这个项目你没一点儿机会的。我的业务员是这个单位老总的侄子！"

"哦，谢谢提醒，不过重在参与！"我笑了笑。这样那样的传闻，我在销售圈里见得多了，见怪不怪！

再次去拜访客户，业主的王工叹口气对我说："倪经理，你别来了，这个单子没办法。小笔的业务员是我们老总的侄子！"

"啊，真的是老总的侄子啊，我还以为他骗我呢！"我说。

"是真的。我们也没办法！"

"哦，王工，没关系，多个厂家就多个参考，虽然我不能中标，但我还是可以给他当当参考的。"我仍然笑着说。

这时候，李经理走过来，苦笑着对我说："你还不死心？你还来？"

我笑了笑对李经理说："虽然我可能失败，但是参与也是种锻炼啊！"

我请他们出去吃饭。王工说："谢谢你，心意领了，我很忙，没时间。"

李经理说："谢谢你，不过我马上就要出去办事，也没时间。"

没办法，我只好去找设计院试试，设计院设计师摇了摇头："倪经理，我们不方便修改图纸，也不方便推荐你们，只有业主提出修改我们才可以修改图纸啊！"

难道天真有绝人之路？难道我真的要接受小笔同志的羞辱？我刚刚把这个产品从上海带到 W 市，进货，压货，生意开始做了，却走不下去了？

可以说，在销售里，我们不怕恶劣的竞争环境，只要竞争环境是公平的，最怕的就是客户的内部人员有朋友或者亲戚也做这个生意，那样的话，我们一般都没多少希望了。"做熟不做生"，这是商场的规律之一，买方对熟人提供的产品的品质可能更放心些。

就在我反复思考该怎么做的时候，设计院给我介绍说恩施市有一个宾馆改造项目，事情很急，设计院让我赶紧去拜访恩施市的宾馆业主，和业主进行产品技术交流，以确定一些技术参数。

于是，我拉来半财务半监工的关小月，跟他讲明我要去恩施市跑一个重要的项目，所以现在 W 市杏花制药厂这个项目就没时间跟了。

我说："你平时能帮我去走访走访这个客户，联络下感情吗？"

关小月说："可以啊，反正我也闲得无聊，正好想去外面跑跑呢。"

我说："小关啊，W 市杏花制药厂这个项目有个竞争对手叫小笔，他的业务员是这个公司老总的侄子，所以我们现在的处境很困难，要想取胜需要用超出常规的方法才有可能。你自己衡量下，如果不行就不要去了！也省下车马盘缠。"

关小月说："我在厂里帮厂长开过两年车，虽然没做过销售，但也见得多了，也知道些方法，你不用担心。"

我说："那我就准备去恩施市出差了。"

我想起让关小月帮我去拜访 W 市杏花制药厂的原因有两个：

一、客户确实需要经常拜访沟通，然后才能加深对我们企业和产品的认知。我到恩施市出差，没时间拜访杏花制药厂，所以只好找小关替我去走访该客户。

二、我和小笔认识，我要再去，必然会引起小笔的重视。如果我放出风声说自己放弃 W 市杏花制药厂的生意了，那么小笔可能会轻视我们或者麻痹大意，这时候说不定我们能找到不是机会的机会。

于是，我故意给几个做其他设备的销售员朋友打电话聊天，告诉他们我放弃了，不再去碰 W 市杏花制药厂这个项目了。这些做其他设备的销售员朋友和小笔的关系都还可以。

与此同时，关小月开始秘密拜访 W 市杏花制药厂的各个相关人。经过近一个月的走访，关小月和杏花制药厂上上下下都熟悉得不得了。

某天，在业主王工办公室，关小月终于等到只剩下他和王工两个人。王工无奈地看着关小月说："我确实想帮忙，可帮不上啊！"

关小月一笑，说："王工，老同学送我一个很好看的纪念信封，价格不超过 10 元钱，送给你！"说完，关小月翻开业务包，拿出一个信封直接塞进王工的办公桌抽屉里，然后扭头出了办公室。

"什么东西？别，拿走！"王工冲关小月说这话的时候，关小月早已出了办公室，并把门关上了。

业主李经理办公室。

寒暄了几句，关小月突然像想起什么似的，对李经理说："对了，我同学送了我一个首日封纪念信封，很好看。几元钱的小信封，可不是行贿受贿哦，送你了。"说完，关小月故技重演，然后扭头快步出了李经理的办公室。

一个月后，9 月 30 日上午，李经理打电话通知关小月："关经理，我们公司网站上有招标通知，你赶快去看看。10 月 8 日开标！"十一黄金假期，国家规定放 7 天长假，10 月 8 日是长假后上班的第一天。

关小月一看，业主公司网站刚刚挂了则招标公告，明明是刚刚挂上的，但发布日期却写成 4 月 27 日。关小月嘿嘿一笑，于是和我的一个朋友一人买了一份标书。

10 月 6 日，关小月约李经理出来吃饭，李经理出来了。

"我们老总出差了，没有回来，所以我们请示了分管副总，分管副总指示：安装时间很急，设备必须尽快定下来，越快越好！耽误了工期，谁也承担不了责任！"

"是啊！是啊！"关小月外表微笑，内心狂喜，"吃菜，多吃菜！"关小月殷勤地劝李经理吃菜。

10月8日开标，当天来了4个厂家。小笔没有来，小笔的公司没有买标书，可能是没有人通知他去网上看发布标书的消息吧，所以最终小笔的公司没有参加招投标。结果自然是我中标了！

小笔过后见到我，恶狠狠地说："你不是说不去跑这个客户了吗？你真是走狗屎运了！业主一直拖着不肯订货，国庆长假我正好回趟老家，就被你钻了个空子！"

"呵呵，我也感觉确实幸运，幸亏放假了啊！"我微笑着对小笔说，小笔气呼呼地走了。

幸运会从天上掉下来，砸在我的头上吗？我不知道，我真的不知道什么是幸运，我只知道：

第一，如果不是我们故意放出风声说我不再去碰W市杏花制药厂这个项目，不去麻痹小笔的意志，小笔不轻敌的话，我们这个单子肯定失败；

第二，业主如果不找办法，不拖着不订货，没等来老总出差而鞭长莫及的那几天，这个单子最后还是要送老总审核的，我们也难做；

第三，如果那几天不恰好就是十一黄金周，一般人都急于回家或者出游，那么小笔的公司肯定会知道招标的事情，他知道的话，参与进来，我们也没戏；

第四，如果业主不动脑子，不是有意在十一放假前一天发标书，长假上班第一天开标，使人措手不及的话，这个单子也肯定与我无缘。

这么多环节加在一起，只要其中有一个环节出现问题，我们都不能笑到最后！或许，真的有幸运吧，但那幸运对于一个销售员来说，肯定也是经过周密策划得来的，而不是天上掉下来的。

销售语录： 只有把握住客户，才能把握住订单。

反面教训： 领先不等于胜利，在项目操作中占优势并不代表必定就能签订合约，坚持到最后才能笑到最后。

_ 网友"shadf"说：

感觉上述所写的小笔的案例太牵强，现实中也几乎不可能发生这种事情，不过当小说看倒是无所谓。我的工作也要和国企（包括央企）打交道，我能肯定的是国企下面的人明知领导意图还敢公然违背的不多，没人会傻到为了那么点儿钱和领导过不去。

_ 作者回复：

小笔的故事是真实存在的，你产生疑虑的原因，是你没看懂、没体会到操作此单的关键所在。这个案例是工业产品销售的经典案例之一，我经常在培训业务员时引用。当时操作时较为复杂，写小说简化了下，把最重要、最关键的事情写了下来。你说道"下面的人明知领导意图还敢公然违背的不多，没人会傻到为了那么点儿钱和领导过不去"，我赞同你这个看法的一部分。不过你忽略掉了最重要的一点，也就是我说你没看懂的点！就是大企业里面是分派别的！你能明白吗？

老总出差了，所以下面的人去找副总。副总和老总意见不同，所以才有操作的空间。这也是大企业有意思的地方。再往深处说，任何一家企业，都有不同的领导和不同的决策方法。所以当时如果有竞争对手已经说服了其中一个决策者，说服了上层，怎么办呢？就去寻找客户企业内部的意见不同者，与他们结盟，"图谋翻盘"。

小笔的这个案例简单来说就是：

1. 小笔领先于我们。他们说服了上层，而客户的下层没有得到好处，所以客户下层对他们有点意见；

2. 关小月分析原因后，决定"策反"，诱导那些没从小笔那儿获得好处的人帮我们；

3. 如果客户想帮你，一般都能帮成！客户的做法一是拖，二是趁老总出差，去找老总的对头——副总做决策。副总为了拉拢人心和提高自己权威，就拍板定了下来。

于是我们轻松胜利！

这样解释不知道清不清楚，说服老总的单子而最后失败的（这样的案例很多），几乎都是下层人的"叛变"或不支持所致。

领先也不能骄傲，没收到款，一切就都可能发生！小笔的案例在现实生活中一个销售员最少有 20% 的概率会碰到。如果你的竞争对手说服了高层，那该怎么办，难道单子就不做了？绝不！我们从基层入手，基层愿意帮我们的话，成功的希望仍然很大。方法有很多，小笔的案例只是情况之一。

前面的故事里讲：老总新上台，不想和以前的供应商合作。

问题一：为什么新上台的老总，总喜欢推翻过去的习惯，不想和老供应商合作？

问题二：如何才能设置障碍将老供应商赶走呢？

老供应商必定与客户高层的关系非常到位，不然也不会成为老供应商，所以在那个故事里，可以将老供应商看作小笔，而新上任的老总，则类似基层，于是我们密谋设置障碍，排斥掉老供应商！

36　活下去就是成功

"'凤凰台上凤凰游，凤去台空江自流……总为浮云能蔽日，长安不见使人愁'，知道谁写的吗？"我问张雨。

"不知道。"张雨的回答很干脆。

"李白写的。"我说，"你能想象像李白那样出色的一个人，那么有才华，少年侠客行，中年狂放不羁，晚年却被流放，颠沛流离，最后孤独病死吗？"

"嘿嘿，我们这个职业，将来起码不会混到他这份儿上。"张雨笑着打诨道。

"那是因为你现在是办事处主任，手上有了钱。太多刚踏入销售行业的年轻人借钱度日的多了去了。"我说。

"老大，你做了那么大的单子，这次回上海总部开会，老板有什么奖励呢？"张雨问我。

"狗屁！我也以为我做下这个大单，公司会表扬我的，结果一去公司总部就挨批，直到买飞机票回 W 市上飞机前，老总还在训斥我！"我说。

"怎么会？！"张雨很吃惊。

"浮云总是要蔽日，或者想要去蔽日的。"我说，"他们指责我：第一，管理不善，很多报告、报表没交上海总部；第二，手下负责的几个办事处皆信息量不够，业务规划脉络不清楚；第三，H 省办事处业务员曹三必须开除，因为他的客户信息量最少。"

"啊？"张雨很吃惊，因为曹三刚刚签订个单子，公司居然要开除他！

我朝张雨翻了个白眼，说："这都看不出？公司想动你，所以先拿你手下的兵开刀！"

"唉！"张雨很是气愤。

张雨是我一手提拔的，所以有些时候有点儿学我，有些做法也在仿照我的思路。

其实，公司张总想动张雨的心一直都存在的，因为 H 省办事处主任这个职位是张总预留给他一个朋友的小孩于泉的！只是没想到我提拔了张雨当副主任，然后业绩完成后直接请示潇洒哥，将张雨转正成了正式的办事处主任。但是这个梁子也就这样结下了。

公司三个月前做了很大调整。张总看我们其他办事处业绩都起来了，而且尤其以 W 市的业务发展势头最猛，再加上他曾经想用于泉来取代我，结果于泉被我故意纵容犯错继而开除了。我和张总其实已经走上成为对头的境地。

总公司最近提拔了一个市场部经理葛经理，增加了一个信息发展部的销售经理，还增加一个产品线经理。这些人天天在上海总部工作，于是也被张总收编，成了他的心腹。

于是，我在回上海开会汇报"长江区销售半年工作总结"的时候，被他们四个人围攻，一比四，我处下风，这次回上海开会我被批得体无完肤。

"我们怎么办？"张雨很是气愤地问。

我只能明确告诉他：

一、曹三的开除是无法避免的。张总杀鸡吓猴，这事已经呈报潇洒哥了，我也保不住他。

二、包括你，你们办事处所有人都要把公司规定的所有报表都做好，不然的话，被张总抓到把柄，也可能被宰杀了。

三、必须设置一个信息专员，专门跑设计院去套信息回来。以前由业务员兼任信息员，虽然为公司省了钱，但是我们这么大的公司，多支这点儿钱算什么！所以必须招个专职的跑设计院的信息员。

"好吧。"张雨很无奈地回答，"不过，难道没什么反击办法吗？这样任人宰割，早晚会被穿小鞋的。"张雨很担忧。

"一切都会好的！我后天去江西区处理一个比较大的单子，近期肯定不回 W 市。你有紧急的情况可以跟我说，也可以向公司汇报，请公司派人协助。记住，一个人的力量是有限的，做事要善于借助团队的力量。"我说。

"好的！"张雨因为有事情做，心情一下子愉快起来，答应得也很爽快。

在我去江西的时候，张雨给我发了个传真，说有一家客户，是 H 省的一个化工集团，一个我们还没打进去的集团公司。这个很大的集团客户虽然屡次宣称要买最好的技术和设备，其实每次真正采购都买便宜货，所以我们一直没能打进这家企业的供货圈。

这个单子很大，五套真空系统，金额有 600 多万元，张雨在传真中说客户已经被说服，成交的希望最少 90%，但是集团老总却没能见到。由于他是办事处主任，级别不够，身份不对等，集团老总根本不理睬他要求会面的约请，所以进展不大，希望邀请公司的高层领导来协助公关，如果张总能来最好。

虽然张雨在传真报告上写得很乐观，但是我判断这个单子实际情况恰恰是我们没多大把握能成功的。但是，对待业务员，我们不能打击他们的积极性，不能打击他们求胜心，有些错误我们允许去犯，甚至早犯早受益，早点建立自己的销售风格。

比如说不能摸火，成年人都懂，但是小孩子如果自己不是被火烫到，可能就不会真的怕火。

张雨将客户情况传给我时，我已在江西，由于分身乏术，于是我在报告上做了批示，说明我正在江西省跟踪一个合约，已经到了最关键的时间点，实在抽不开身，所以烦请公司领导百忙之中安排一下，就给上海总部发了传真。接着，我打电话请示潇洒哥，说自己在跟一个大单没时间，但是 W 市的单子也比较大，有 90% 以上的成交把握，并且订货时间紧急，客户底层、中层的人员都被说服了，就差最后一个集团老总了，建议潇洒哥派销售张总去 W 市协助此事。

潇洒哥听完我的汇报后，当场表态让张总迅速去 W 市支援此事。

张雨其实将客户的底层、中层和高层人员都说服了，关系很好，但由于客户资金有问题，所以客户领导层内部已经定下来采购国产的设备了，只是一直没对外说明。

张雨建议张总在关键时刻送点东西给客户，才能一锤定音，拿下这个合同。张总跟随张雨去客户那儿判断了一下，感觉客户关系确实已经到位，而且采购信息是真实可靠的。

事后才知道，张雨已经提前给客户说了，这个单子不管成不成，都希望和领导交个朋友，所以公司有个感情交流费，希望领导能收下，这次做不成不要紧，反正以后还有生意！

张总还和客户单位领导吃了饭，感觉很是得意，于是就回到上海总部，添油加醋地向潇洒哥汇报，说他如何如何英明神武，只去一次就说服了客户的老总，感觉此事我们拿下来没有问题。

月底报发票的时候，张雨填写的发票在公司一下子爆炸开来，也把张总气坏了。原来张雨的报销单上写的是：

一、800元，请宾馆小姐给张总按摩；

二、3.5元，请张总吃早餐牛肉粉；

三、40元，带张总去见客户；

四、12元，天气太热，给张总买了4瓶水；

五、1200元，晚上请张总洗脚。

张雨的这张报销单一到公司财务部，财务部就炸开了锅，还有人在邮件中传播这个消息。一下子，上海公司总部几乎人人皆知，大家笑成一团！

张总是怎么处理此事的我不知道，但他的心态如何我是知道一二的，起码我知道他很愤怒，因为我接到他愤怒的电话："你们那个张雨怎么这样做事！怎么能把吃饭的钱贴张发票来公司报销？"

"啊，有这事？我去问问他，他做事怎么这样不成熟！"我在电话里连忙回答张总道。

我打通了张雨的电话，说："你个蠢货，怎么把张总泡妞的票都贴上了？搞得张总现在尴尬死了。得罪了张总，以后你的日子就难过了！"

张雨说："呵呵，实事求是嘛，钱就是这样花的，我也不能向公司撒谎吧？"

我无语。

W市客户的情况也不如销售张总的预期，5个星期后开标结果公布，我们没能笑到最后。公司责成张总把送出去的红包追要回来！张总打电话给我："倪峰，你帮我把我送给客户的那个红包要回来！"

我说："好的！"

我根本没去要，也没想去要。第二天我打电话给张总："张总，我去客户那儿了，客户说不认识我，也不认识你，就被轰出来了！这事我没办法处理，还是你自己来吧。"

最后的结果是，张总从自己的工资里拿出了 5 万元。但张雨和张总却成了死对头！几乎每隔几个月，张总就要找碴儿，让我把张雨给开除掉，我不理他，"报销门"事件已让潇洒哥不那么信任张总了。

有合适的人选的话，估计不到一年张总就要被辞退了，因为外企对品行看得最重。

销售语录： 内斗外争，是销售员的职业生涯中无法避免的，只有存活下去，才能有机会创造明天。

反面教训： 长江后浪推前浪，前浪死在沙滩上，斗争的目的是使自己不死在沙滩上。

_ **网友"极品帅哥"问：**

案例中张总能坐上销售总经理的位置，应该也算层次很高的销售精英了，怎么会如此大意，着了张雨的道呢？

_ **作者回复：**

自古都是家贼难防，一个销售往往不会对内部的人多加提防，因为毕竟都属于一个团队，潜意识里还是认为一个团队的人应该不会害自己。但碉堡总是从内部被攻破。我们销售员大部分的失败不是在客户那里的失败，而是源自自己的销售团队无法心向一处使。比如有很多业务员每年都有订单，但是到年底真正按照佣金提成标准全额拿到钱的有几个？绝大部分销售员的佣金最后都会被老板七扣八扣，只能象征性地领到一点。这也是很多销售年年跳槽的原因。

37　低调是最牛的炫耀

公司销售张总屡次要开除张雨，但张雨是我办事处被我提拔的人，不归他直接管理，由我扛着，张总也无可奈何。

但我也知道，我和张总之间由于种种过节已经结下了梁子，而且这事没有妥协的可能。当然，大家表面上仍然一团和气。

一般企业收拾人都是在年底，有功劳的，没功劳的，在年底的时候都会来一个了结。年底的时候，老总可以找到很多能干掉你的理由，这也是平时在人才市场总找不到真正的人才，但是在年底、年初的时候，企业招聘一招就招到高手的原因。因为高手如果不熟悉职场潜规则，也难免会背后中箭。

当然我们一直都想打造一个宽容、温馨的企业内部环境，但现实中办公室里也可能潜伏着各种各样的暗流。天津办事处的主任给我们各个驻外办事处主任打了个秘密电话，说他受张总5年的鸟气了，已经快崩溃了，现在撑不住了，想反击一下，请求我们协助他，秘密约定各个办事处：所有可能成功的单子，不要向公司总部汇报。业务员私自泄露信息的，不管泄露程度如何，一旦发现，立即开除！所有不可能成功的单子，或者成功概率在50%以下的，统一以书面的形式汇报给张总，并请求张总亲自支援（一定要夸大操作的成功率，最少说有70%成功的可能性）。

天津办事处除了给我提出这样的请求外，也和其他平时私交很好的办事处主任提了相同的请求，也要求他们将不可能成交的单子报给公司总部，请求总部支援。

我虽然反感这样的做法，但人在江湖，言多必失，抱着不得罪人的态度，我顺其自然。其他办事处主任也答应了他的请求。

于是在这之后，张总便如救火的消防队队员般在全国各地出差，去协助那些下属办事处操作一些目标订单，因为都是下属办事处主任直接请求销售老总支援，所以张总不得不四处救火。但是，只要是张总支援的单子，花了钱，尽了力，总是办不成事，最后一个订单也没拿下；相反，那些张总没去帮忙的订单，客户相继都和我们公司签订了采购合同。

这下，事情就很玄妙了。墙倒要靠众人推！此前"报销门"事件虽然给张总带来了一些名誉上的损失，但还没有伤及他的根基。现在，张总亲自出马，一个单子都做不成，而其他他没插手的单子却都签约了，这给公司的领导层带来了很大的震动。

事情演变到最后，只要有办事处再请求张总支援，张总就会带着哭腔说："最近很忙，没时间帮忙了！"

那一年年底开销售总结大会的时候，销售张总还在主持会议。次年年初开新的一年营销大会时，张总就被"销售"了。也没人关心张总的去留，据说他后来去了我们公司的竞争对手那里。

现实就是这样，人走茶凉，因为都行走在江湖上，谁也说不准会在什么时候翻船。不过，不管在哪里，一个领导都应该也必须懂得"水至清则无鱼"这个道理。你不给别人机会，别人就会反扑，也破坏本该给你的机会。在军事上，这叫穷寇莫追。

过年的时候，潇洒哥暗示我，如果张总走人的话，由我负责销售部门。我知道任何公司的销售老总其实都是吃力不讨好的尴尬职位：第一，自己不是老板，必然有来自老板方面的业绩压力；第二，下属办事处主任都是可以直接与老板交流的，所以管理他们其实很难，说不定哪个办事处主任抓个把柄就在老板面前捅你一刀；第三，企业真正放权的很少，虽然名义上是老总，但因为有老板在，却怎么也"总"不起来的。归根结底一句话，还是"占山为王"的好，因为：第一，天高皇帝远，自己的地盘自己做主；第二，手下的业务员是底层的员工，公司领导层不会关注，所以可以掌管一切；第三，权力集中，计划基本上都可以如期实施。于是，我拒绝了升迁的提议，要求继续负责片区办事处。于是，公司在营销会议上决定让我负责管理公司长江片区的办事处，但是我只多要了江苏、安徽、江西这三个片区，这几个地方就够我忙活的了——我可不想步张总的后尘！

回首年初的时候，想到公司高层变动这样的大事，居然由张总开除业务员曹三这件小事引发，不禁感叹不已！这就是所谓的蝴蝶效应吧。只是可惜了曹三，成了牺牲品。曹三也是个不错的销售员，一个有自己想法的销售员。他被开除前做的那个单子，其实很具备指导意义，尤其对于新手销售员来说，启示应该是很大的。

当时曹三接触那个单子的时候其实已经晚了，不过是设计院的工程师告诉他的。他去拜访客户的时候，发现几乎所有"世界级"的竞争对手都聚集在客户那儿了，而且关系貌似都不错。曹三去了几次，大谈老乡关系，说自己是 H 省人，请 H 省的企业照顾 H 省本地人！客户不置可否，既不拒绝也不支持。事情就这样不咸不淡地僵持住了。

销售中，我们总是面临僵局，面临我们不知道怎么处理的困境，这个时候往往就是优秀与平庸的分水岭。一个优秀的人必然能够寻找到解决办法，并能自己处理好；一个平庸的人往往会把事情往上推，或者束手无策地等待事情自行演化。事情演化的结果，必然是不利于自己的。所以，一个高手面临困境的时候，总是要做些事情来推动或者引导局面，从而使局面朝着有利于自己的方向发展。

曹三这个时候显示出了一个优秀的业务员的魄力。他租了一辆摩托车，连续三天下班后跟着这个客户的一个关键人回家，直到摸清了他的具体住址，然后选择在下班的时候给那个领导发了短信，说想和领导交流下产品技术。不管买不买，知道关于这个设备的一些技术也是有益的。那个领导没回短信。

于是曹三直接去了那个领导的家，领导的妻子开的门。领导出来见是曹三，感到有点儿吃惊，但还是客气地请其坐下谈话。曹三的话很简短，说这是他的第一个单子，价格会做到最低，而且产品品牌也属于世界前三，同样的品牌，相同的产品，我们是最低价，客户企业也受益。曹三说完就告辞了。

这个单子，曹三笑到了最后。由于都是国际性大品牌竞争，报价相对较高，所以公司的盈利也还是不错的。

销售语录： 让顾客感觉到你能为他两肋插刀，要让他感到你的诚意和认真。

反面教训： 不能给人信任感的销售永远无法独自做单。

_ 网友"放开那母猪"说：

不解书中的主人公有机会升迁当销售老总，为何却放弃了而选择仍然当大区经理，难道不想往高处走？

_ 作者回复：

人生的三大目标：名、权、利。无论能实现哪一个都是牛人，如果能实现三个，那就是超人。

在销售行业，销售老总只是名义上好听，看起来很美，但是他上面有老板，下面有各地的办事处主任、分公司经理，而在现有的管理模式下，都是老板在亲自管销售，所以办事处主任这个级别的人都可以撇开销售老总直接和老板对上话。这样的销售老总就好像风箱里的老鼠，两头受气。

办事处主任由于天高皇帝远，自由空间很多，权力也较大，虽然听起来名头没销售老总威风，但实权实利却不比销售老总少。

38 "广告美女"的中级错误

（亦是销售人员在一生中 100% 会犯一次的错误行为）

某一年 9 月 21 日，出差在外地，刚刚住进宾馆无所事事之余，就把 QQ 打开，突然一个美女头像急急闪烁，于是便点开 QQ 信息，发现果然是个美女在打招呼。我因为见到美女而激动，美女也为能在网络偶遇我而激动。

"广告美女"："你以为隐身起来我就找不到你了吗？没有用的，像你这样出色的人，无论在什么地方，都像黑暗中的萤火虫一样，那样鲜明，那样出众。"

我："别这样说嘛，这样我的压力会很大的。说吧，午夜漫漫，你 QQ 我有什么事情呀？"

"广告美女"："我是做广告销售的，峰哥，了解不？其实无论什么销售都差不多。"

我："你有什么问题？"

"广告美女"："我有问题。我这两天都快疯了，找了好多帖子才找到你的 QQ，加了几天你也不在，今天终于碰到了。"

我："那么严重？"

"广告美女"："其实问题也不是非常严重，只是找不到办法了。我们公司总部在上海，青岛是分公司。对于客户的管理，集团有规定，就是别人提前联系的客户接触到一定程度了，你要碰这个客户就要打报告申请。"

我："这是销售管理制度中的备案制度，在国内大企业和外企中基本上都采取这样的制度。"

"广告美女"："我现在的客户在北京，客户组织结构是这样的：董事长、CFO、企划总监、媒介总监。我是通过客户公司山东办事处的老总，找到客户北京总部负责企划的企划总监的。上个星期在北京客户的邀请下，我跟我们山东分公司的总经理一起去北京见了企划总监，并建立了良好的关系，谈得也不错，只有一个问题：价格。"

我："嗯？"

"广告美女"："现在就要扯上我们集团了。因为这个客户之前是上海分公司跟进的，但是跟了两年都没有结果。今年5月，我们集团副总也去见过客户那边的老总，结果没谈成，也是因为价格。因为此客户是集团战略性客户，所以公司价格没放低。"

我："哦，那现在是什么情况呢？"

"广告美女"："我公司给我们办事处的价格就是价格表上的，而且上海总部不针对这个客户给我们单独报价。我们办事处的这个价格已经和客户谈过了，根本没戏！其实价格还可以降低的，但是上海总部不给我们办事处报价。"

我说："也就是说，现在面临的困境主要是你们企业内部的问题了？"

"广告美女"："客户公司的董事长给我打电话，让我联系媒介部，问题就出在这儿。因为我们单位上海总部联系的就是客户的媒介部，而我们办事处联系的是客户的企划部。"

我："哦，原来你上海总部和你们办事处联系的客户的对象不一致。"

"广告美女"："但客户的企划部领导说这事只要他报上去，董事会开个会就定了。所以我现在都晕了，客户的董事长让找媒介部，但企划部说他们说了算。我现在搞不清客户这边是各负责各的，还是一个人说了算。"

我："呵呵，你的这个案例，实战性很强啊。"

"广告美女"："嗯。呵呵，现在的问题，还麻烦峰哥帮我分析分析。"

我："你们的内部问题牵涉到你们办事处和集团总部的重点客户的报备。从原则上讲，谁先开发的客户算谁的，所以上海插一杠子也是情有可原的。我觉得在你们公司内部你其实已经说不上话了，毕竟你还有领导，看你的领导能不能争取把这个重点客户拿过来，或者和上海总部一起做，实在没办法的话，你们办事处可以和上海总部联手做这个单子。"

"广告美女"："现在集团给的答复是大家一起做，看谁先拿到，但集团明显不想让我们操作啊。"

我："明显合则双赢的结果，谁都看得见，为什么你们集团总部不同意？这里面有文章！北京客户那里你有熟人吗？"

"广告美女"："没有，只和客户山东办事处老总关系可以，这个单子也是他介绍我们去找他们总部的。北京那里真的是没有熟悉的人。"

我："那么能不能让北京客户的企划部部长成为'自己人'？"

"广告美女"："对于这个问题，我在去拜访他的时候，跟他提过了。我说，在价格这方面，由于他是我们公司的大客户，我想和我们集团的高层一起去拜访他们公司的高层。结果北京客户的企划部部长说没必要。但平时感觉和企划部部长关系还不错啊。"

我："感觉不错和'自己人'是截然不同的两个概念。其实经过和你交流，我掌握的情况基本是这样——你通过客户公司的山东办事处主任的介绍，找到了北京客户的企划部部长，然后你们就试图和企划部搞好关系，想依靠那位部长拿到这个订单。"

"广告美女"："是的。再就是我实在不明白，为什么媒介部没计划，企划部有计划，而客户的董事长还一直让我找媒介部？"

我："这就是问题所在，因为你一直被企划部部长忽悠了。"

"广告美女"："忽悠？真不像忽悠啊，还忽悠到北京去了？"

我："是的。客户的董事长让你去找谁，你就应该找谁！客户的董事长比你更了解自己的采购程序，所以他让你找媒介部，那就说明这事必须由媒介部组织。而企划部的人阻止你们公司的人会见他们的领导层，其实就是设防，就是怕你们万一察觉真相，不再去找他。你若不去找他，他就会在他的朋友山东办事处主任面前没面子，所以你一直被他忽悠。当然，这个判断的前提是客户的董事长没对你撒谎。

"其实你们公司上海总部为此单跑了两年，你想想，你们上海公司的销售再笨，也不会两年时间连找什么部门都搞错吧。这也是你们公司不给你报价，不想让你们参与的原因。公司一方面判断你们找错部门了，但是另一方面又希望出现奇迹，希望你们能创造奇迹拿到订单，所以你才面临这么一个奇怪的境况。"

"广告美女"："会不会有一种可能，客户各管各的？"

我："呵呵，一件事情只能由一个人牵头去做，那么在董事长的眼里，很明显，这事的牵头人就是媒介部的领导。企划部可能会参与到这件事情里来，但他不是主导。而企划部的人又不想给人说话不算话的印象，所以阻止你去见他们企业的高层领导，就是怕你知道真相！"

"广告美女"："说实话，真不像是忽悠我，我们办事处总经理也去了。"

我："呵呵，你在这个工作里面起码犯了三个错误：第一，没去了解客户的采购程序。就是拍板定合约的程序，其中起码有组织者、推荐人、关键人和拍板人的参与。你只见了一个人，而且轻信他，这是销售大忌。第二，没有认真地去做关系。客户最少有四个人需要你去说服，但是显然，到目前为止，你一个也没说服。第三，客户情况你都不清楚，你怎么拿下这个单子？知己知彼，方能百战不殆。客户情况你都不了解，还想打胜仗，可能性太小了。"

"广告美女"："让你这样一说，我是一点儿工作也没做啊？"

我："你是没做什么工作啊，你见了客户的一个人，然后就希望通过他拿到订单，这成功率有多高？你这样的情况成功率不到1%，你需要加油啊！对客户越了解，成功率就越高。这是做生意的窍门之一。"

"广告美女"："你分析得真透彻！我也曾怀疑，我们公司上海总部怎么就不知道这个企划部呢？听都没听说过。"

我："上海是你们的总部，这个客户你们公司又重视，没有理由你们公司总部跑了两年，还找错了部门。"

"广告美女"："那现在咋办？我好像已经落后很多了！"

我："你呀，以后碰上客户要做到两点：一是信任，二是怀疑。态度上信任你所认识的每一个人，实际行动上、工作中要怀疑、质疑客户。你亲自调查过的客户情况，一般都会比较接近真相。"

"广告美女"："我总是信任他们。我也怕这事如果到最后，我们找的人啥也不管，那我们总经理丢人就丢大发了。"

我："你现在要做的：第一，继续和企划部搞好关系；第二，努力在客户内部找一个'自己人'；第三，做董事长的工作。这事的拍板人就是董事长，你们这个合约最后一定会由董事长决定，所以你只要在企划部和媒介部留个好印象就可以了。你现在的主攻对象是董事长，然后注意在他们内部培养个'自己人'，这事这样操作就容易了。"

"广告美女"："峰哥啊，那董事长总给人拒人于千里之外的感觉。"

我："当然，董事长的级别比你高那么多，你感觉难度大是肯定的。但是人都怕磨，一回生，二回熟，三回就是朋友了，所以你最少要找董事长三次，三次以后你就不会感觉董事长那么高不可攀了。

"你的这个案例不算复杂，就是你没去了解客户，所以才有那么多的困惑。你对客户了解了，就知道工作该怎么做了。在客户那里，一定要判断出谁是这件事情的组织者；谁是推荐人，或者前期信息的收集者；谁是关键人，在事情的发展中起着一些关键的作用；谁是拍板人，事情到最后由谁拍板确定哪家拿到订单。"

"广告美女"："知道了，我太嫩了。真想拜你为师。"

我："哈哈，我只是在 QQ 里根据你描述的情况做判断，还不知道我的分析对不对呢。"

"广告美女"："到现在为止，都很正确。"

销售语录： 一个人越是对你说，这事有他一定能成，他能帮你搞定一切，那么这事往往是没任何成功希望的，这是很多老销售的共同体会。

反面教训： 我们不怕对我们严肃、苛刻，甚至拒绝我们的人，因为他对我如此，相信对别的销售员也是如此。所以一旦说服了冷漠的人，一般都会交到个真正帮你、顶你的朋友！

39 C市雇佣抢单记

"山城有雾锁万岭，斯地美女名千秋。急盼峰哥至江州，解我商海江湖忧。"10月9日，刚刚到办公室打开邮箱，便发现这封半文半白的邀请信已静静躺在我的邮箱里数日，信是节前发的。

发信人是天涯的一个姓赵的网友，C市人。据他自己透露，他是在C市从事锅炉销售的。由于C市销售片区不是我管辖的范围，所以我对那地方的销售并不怎么上心。以前也有朋友去C市做生意，但是由于从华东到C市的运输费用太高，而且C市的竞争也很激烈，价格就做不上去。所以，我那个朋友在C市开公司销售阀门两年就开不下去了，于是注销公司又回江苏苏州老根据地了。但是我所在的公司最近的形势发生了变化，公司最近搞改革，准备把以前的销售四个大区撤销，合并成两大片区，以长江为界，分江南和江北两大销售片区。如果不出意外，以后C市就会纳入江南营销片区，归我管辖。所以，今天看到C市网友的邀请函后，我毅然决定，就在10月10日去C市看看。

根据那赵姓网友留的电话，我给他打了个电话。"Hello，我倪峰。"

"你好，是峰哥啊。"

"你的来信我看到了。你说你最近跑一个化工集团下属工厂的自备电厂的锅炉项目，有点儿困惑，现在此项目进展如何了？"我问。

"谢谢峰哥还记得。这件事困扰我很久了，出于种种原因，我这个项目不能和我的同事们共同探讨；向我的老板洪总反映寻求支持，老板也说不出什么建设性的意见来，只是说让我好好做。我现在有点儿拿不准下一步该如何做。"小赵在电话里说。

他的声音有些沙哑，能感觉到他此时的心情有些沉重和无力。"具体的难点在哪儿呢？"我问。

"这里技术部门的张工我已经说服了，他的上级，技术部的李部长我也已经搞定，现在想去找他们集团公司负责该项目的副总，但是不知道如何找才能真正达到效果，所以为此事感到困扰。"小赵说。

"哦，你考虑一下，请我去帮忙，没问题，但解决问题后我会收取此单销售额的 10% 作为酬劳，事情办不成不收任何费用，你去请示你们老板后再给我答复吧。"我在电话里说。

"嗯，这事儿我也和老板说了，老板说如果能够拿下此关键一单，愿意拿出销售额的 10% 作为酬劳，这笔费用包括你的酬劳和你为此单开销的所有费用，如业务招待费等。峰哥，你看如何？"小赵说道。

"没问题，我这里有个我们之间的合作协议，如果没问题的话，让你的老板签字，盖你们单位的公章，这样对我们都有约束。"我说。

"好的。我请示老板盖章，然后将协议回传给你。"

10 月 10 日，我下了飞机，坐上小赵开的破桑塔纳车直奔宾馆。在宾馆，小赵递上帮我临时制作的他们公司的名片，头衔是"销售副总监"。小赵再次向我描述这个单子的基本情况，我了解到：

1. 客户是家大型国有化工企业集团公司。

2. 目前的这个项目是该化工集团下属工厂新建的自备电厂用的锅炉。

3. 下周开标。

4. 他说服了电厂项目技术部的张工和李部长。

5. 出于种种原因，电厂的技术部门对采购的决策很重要，而小赵说服了张工和李部长，所以小赵感觉此项目胜算很大（这当然是小赵自己的判断）。

中午吃过饭，我和小赵便开车直奔客户处。在拜访客户的技术部门的时候，明显看出小赵的工作做得还是不错的，技术部门的技术张工和李部长都比较实在地说了些情况。

出来后，我问小赵下面还有什么计划，小赵说："我们去找集团公司的副总吧？找到副总这个单子就可以说有把握拿下了。"我一笑，说："你呀，工作最多只做到20%，但你自己却感觉做到70%了。"

小赵脸一红说："峰哥，呵呵，不会吧？"

我说："任何一个标书都分技术标和商务标两块。你只说服了技术，也就是说即使技术部的人100%挺你，你的工作也只做到了50%。但是根据现在新的招标精神，一般技术标的分只占40%，所以你的工作成绩是40%里的50%，所以说你的工作只做了20%，还需要努力啊！"

小赵无语了。商务部的人小赵至今还没去找过，也或者他曾去找过，但商务部的人都很牛，没怎么搭理小赵，所以也有可能是小赵自己放弃了商务这块儿。

敲开管锅炉的集团供应部的门，只见一个销售员正在和我们要找的王工谈话（通过询问其他人得知，锅炉这块儿是王工负责的）。他们谈了二十多分钟，我和小赵也等待了二十多分钟。从他们的谈话中得知，那个业务员也是销售锅炉的，并且明显感觉和王工已经不是第一次见面了，甚至已经和王工讨论起锅炉的安装等细节问题了。听着听着，小赵的脸就绿了，可能他感觉到这个销售锅炉的同行给他的压力了吧，也可能小赵感觉到自己的工作出现了漏洞，总之，他开始不安了。

那个业务员终于走了，临走前，那个业务员说："王工，认识那么久还没你的名片呢，给我一张吧。"王工就拿出一张名片给了那个业务员。

我递上我的名片，说明来意。王工说："知道了，以后有需求的时候再联系吧！"

我说："近期电厂项目的锅炉可能会招标，希望王工到时候帮忙，支持一下。"

王工说："你们单位在我们集团没有业绩，所以没办法谈，你们还是找技术交流吧。"

又谈了几句，但是王工表现出不耐烦的样子，动作语言已经表达出让我们走的意思，而且谈话时候他打了几个电话。看到这种情形，我们只好告辞，我说："王工，认识你很高兴，希望以后有机会合作，方便给一张你的名片吗？"

王工说："给你名片也没有用。你们单位在我们集团没有业绩，我们采购就不可能会和你们有联系，等你们有业绩后再说吧。"

要了两次，这个很牛的采购硬是不给我们名片，我一下子有些恼火了。一直低调的我很是郁闷，于是就换了一种语调对王工说："王工，我到你们这儿来的目的并不是向你推销我的产品，推销的事情有业务员帮我做了。到你这儿来，只是想向你宣传下我们的产品，表明还有我们这么一家公司，做锅炉的，产品还不错。我们现在在你们公司没业绩，是个弱者，但是王工，你会是个历史见证人的。在两到三年的时间内，你会亲眼看到我们公司从弱者慢慢变成一个强者，你会亲眼看到，我们这样一个公司慢慢演变为一个有影响力的公司。"

王工看我语气有点儿硬，就说："你别在意，我这人性格很直、很真诚，我不想你们跑来跑去最后还是零，你们公司在我们集团没业绩，我们采购确实没办法和你们谈。"

我说："王工，不要紧。中国最大的锅炉订单就是我们去年签订的，客户就是你们的主管单位。对我们来说，事情总不会一成不变的。"

这样又和王工聊了五六分钟，聊完后我再次向王工要名片。王工叹了口气，歉意地对我笑了笑，拿出名片，一边在名片上面写上手机号，一边说："我也希望你们公司能发展壮大，我们能有机会合作！"

走出门，我和小赵都没有了先前的轻松，看来要拿下这个单子还有些路要走，还有些部门要做公关工作，还有些人要进一步接触。我对小赵说："现在这个单子你们既然找我，就说明单靠你们自己拿下肯定是很困难的，不然的话，仅仅是采摘果子，这样的好事肯定是轮不到我的，毕竟我和你们没有任何关系，所以这个难度我能想象到。但是既然你跑这个项目那么久了，你必然知道这个事情的卡壳点在哪里。希望你能如实地告诉我，这样我可以在你的成果的基础上快速介入，说不定还有机会成功。如果你这时候仍然藏着掖着，这样成功概率就非常小了，你不仅拿不到提成，我也会浪费钱。"

小赵被我说得脸一阵红，他说："峰哥，我是没想到你真的来了。我们在这个集团的情况确实如你所预料的那样：我们的产品在技术上他们都认可，但是由于在他们集团没有业绩，所以没能加入他们的供应商渠道网，而不在他们的渠道网内的话，根本就拿不到招标书。这是个恶循环，拿不到招标书，就不能在他们企业内有业绩，没业绩就加入不了他们的供应商网，不是供应商则拿不到招标书。这就是我们遇到的问题。"

听到小赵的解释，我笑了笑，问题的核心看来是首先能有资格去拿到招标书。但问题是怎么能拿到招标书呢？下周就要招标了，时间太紧了，根本没时间去做很全面的工作了。怎么办？怎么办？怎么办？我疾速地思考着，最后还是决定从王工身上下功夫。理由是，竞争对手很强大，而且估计竞争对手做的是上层的工作，所以他们对王工做的工作可能没什么太大的力度！这样判断的原因是，早先的那个销售锅炉的业务员居然拜访几次才去要王工的名片。而王工明显能感受到压力，所以也很配合地给他名片。

从我要名片的困难程度可以看出，王工在本质上是个小心而冷漠的人。一般这样的人对新来的销售员都比较骄横和不配合，喜欢直接找个理由把销售员打发走。一个受轻视的人，本质上是有反抗的冲动的。我想，客户做上层的关系，而轻视王工这样的底层的人，那么假如把王工拿下会有什么效果呢？效果应该不大，因为他毕竟人微言轻。但是对于我这样新到这家企业进行销售的人来说，他的作用应该是指路的明灯吧？

我决定单干，不带上小赵了。本来看在网友的情面上，我想在这个单子上带带他，让他学习提高一下，但是看到他居然隐瞒客户的真实情况将我诓来，我便决定自己去闯这个单子，不带他了。

一个不真诚的人被识破，必然会落到众叛亲离的地步，我深信这一点。我对小赵说："根据协议，我拿到客户的中标通知书，你就把佣金给我。这一点是双方都同意的，我再次强调这一点，你再回去向你们老板去汇报这一点。如果我拿到中标通知书的话，我们一手交钱，一手交中标通知书。如果到时候不给钱的话，我会让中标通知书作废，中标通知书作废这件事会让你们企业在整个行业都声名狼藉。"

小赵说："好的，好的，峰哥，我一定会把话说给老板听的。"之后我就没搭理小赵，然后以逛逛C市为由，让小赵先回公司了。

我在客户的工厂里徘徊了很久，终于到下午4点钟的样子，我给王工发了个短信：王工你好，我是下午拜访你的某某公司的倪峰，真诚地想和你交个长期的朋友，过几天后我要离开C市，有几句话想和你说，最多耽误你三分钟时间，你看晚上我们单独聚下可否？过了十来分钟，收到王工的短信：有什么事情办公室说吧。

邀请王工晚上见面的事情泡汤了。对此我不意外，我决定现在去见王工。见到王工的时候，他说："你怎么又来了？"我一笑说："我有点儿事情想请教你。"

王工说："你说。"

我说："现在的情况是我们想参与你们的这次招标，你看我们怎么才能获得投标的资格呢？"

王工说："一般有两条途径：一是每年的供应商选拔的时候，有相关部门推荐你。而且得经过几个主管部门的批准，到你的工厂进行过考察，通过评比认为合格的，才有可能是新增加的供应商成员。但今年的供应商选拔早就结束了，你想申请等明年吧。不过一般情况下，我们也不会找新供应商了，现在供应商太多了，还计划删减几个呢。"王工喝口茶，接着说，"还有个办法能拿到我们的标书，就是业主使用单位书面推荐你们的产品，这样你们也可以获得标书，但一般只要不是独一无二的产品或者节能性能优越的产品，使用单位也不会推荐的，毕竟即使业主推荐，但集团其他的主管部门不批的话，也是拿不到标书的。"

我说："谢谢，谢谢，真诚感谢。你这几句话帮我指明了一条路啊！"

王工笑着说："每个新来的销售，想进我们集团的厂家，我都会这样和他们说的！"

我说："王工，也快下班了，晚上一起聚下吧？"

王工说："我晚上有事，不能陪你，抱歉。"

下周就要招标了，我们除了和技术部门的几个人关系较好外，其他的关系，尤其是和该企业集团的供应部的关系，几乎还没有建立起来。根据该企业的采购特点，由于我们不是该企业的供应商成员，拿到标书都很困难，所以我决定请帮手。很明显，现在留给我们的时间不多了，在这种销售局面下，必须找一个销售快刀手才能解决一些问题，所以我第一时间想起以前在 W 市的业务员李小美。李小美以前是我销售真空系统时的销售员，现在自己开了家公司代理国外某医疗设备在 H 省的销售。应该说，李小美从事销售也快十年了，早已经得销售三昧了。她的销售特点就是亲和力强（这和她面容娇美、气质好、性格泼辣也有一定的关系），适合在短期内和客户建立比较好的关系，属于快刀手类型的销售，她的短处就是没耐心做长期客户。

晚上我打电话给李小美，简单地介绍了一下我目前的情况，邀请她到 C 市来帮我拿下这个单子，说不定还能赚点小钱。李小美在电话里爽快地答应了，因为她闲着无事，最近打麻将老是输，她怀疑运气不好，所以也准备出门转转，改变一下运气。

李小美乘早班飞机飞到 C 市。见面后，我和她一起研究了客户情况，制定了打法，就分头行动了。我负责做供应部的工作，目标是说服商务部门与我们合作；李小美负责做项目副总的工作。

第二天下午，李小美专门买了一盒普洱茶，去找使用单位也就是这个电厂筹备处的总经理。总经理姓田，这是我们事先从电厂技术部的人那儿得知的消息。田总很客气，让李小美坐下，然后拿出一盒烟，问她抽不抽烟。李小美赶紧说"不会抽，不会抽"。李小美习惯性地看了一下田总办公室内的陈设，想大概判断下田总的喜好和个性特点。

李小美说："田总，你真厉害！"

田总被李小美突兀的一句话弄得一愣，狐疑地说："我有什么厉害的？"

李小美说："我进你们公司的时候，在阅览窗看到你们这个项目的新技术成果获得了市里的奖励，你们还受到了市领导人的接见呢。这还不厉害啊？这说明你管理有方啊！"

田总客气道："哪里，哪里，这都是集团领导英明，指挥得当！"

李小美递上她的名片，说："田总，我是某某锅炉负责 W 市地区销售的，听说你们公司下周要招标，我们的产品确实不错，公司也特别重视这次招标，特别让我来负责这个案子。我呢，今天紧急从 W 市飞到 C 市，就是想参加你们电厂的锅炉招投标。"说完，李小美拿出从 W 市到 C 市的机票，在田总面前晃了一下，证明她所言不虚。

田总在翻看李小美的名片，没有说话。李小美赶忙递上她带的锅炉的产品说明书，简单地给他介绍了下锅炉的技术特点。

李小美说："我们的优点是用流化床的设计取代了传统的鼓泡床设计，这个变革给客户在带来利益的同时，使得原料的选择更加广泛了，适用性也更强了。传统锅炉的燃煤要求很严格，煤矸石超过 3% 的情况就燃烧不充分，而我们这个锅炉，煤矸石即使超过 6%，燃烧效率仍然超过 97%，这是我们的最大卖点，也是我们向你推荐的原因。这确实能给你们新建的电厂带来好处，因为优质煤的价格很高，而我们的这个锅炉可以使用劣质煤，这给你们省的钱还是比较多的。"这些话是今天上午李小美到 C 市后，我请小赵紧急给她培训的。

一个销售不懂自己产品的知识是荒唐的，所以我们花了半天时间紧急理出几个要点，让李小美背下来。

田总说："哦，是新技术啊。"

李小美说："目前国内已经有几家在生产这样的锅炉了，但是无疑我们是走在前面的，也是做得最早的。（这是小赵他们企业瞎说的，其实这种锅炉有不少厂家在生产，也有很多问题暴露出来，所以没能推广开来。比如说这种锅炉的耗电量很大，超过平常的锅炉，不过电厂不怕用电多。）这个锅炉确实好，所以我才冒昧地来找你，向你宣传一下产品，希望获得你的支持。"

田总说："好产品我们还是欢迎的。"

李小美正准备接话，突然又来了几个人，不敲门直接就进来了，也不管李小美是否正在讲话，直接就和田总交谈起来。田总随口说了几句话，那几个人没走，反而找个地方坐了下来。

田总对李小美说："就这样吧，我现在有点儿事，你可以去下面的技术部宣传宣传，也可以去供销公司去推销推销。"

李小美说："好的，谢谢你田总。我到下面看看去。"走的时候，李小美没拿放在沙发边上的那盒普洱茶，田总也没提醒她把茶叶带走。出来后我和她碰头，李小美说了第一次拜访的情况，她感觉还是不错的。我也认为不错，看来有戏。然后我们又计划了第二天的打法。

我下午也没闲着，找到了供应处的王工，向他暗示我们找到了关系，正在做业主的工作，估计能让业主实名推荐我们的产品，假如我们能获得标书的话，希望王工到时候能够帮我们做做供应处的工作。王工的反应是奇特的，准确地说，他有些半信半疑。但能看出，假如我们能拿到业主方面的推荐函的话，他就会相信我说的，我们在上面找到了关系。估计他冲着这点，可能会和我们合作。

第二天早上 6 点多钟，我就和李小美约好再去拜会电厂田总。田总 8 点上班，李小美 7 点 50 分就守在了田总的办公室门口。田总来上班的时候，看到了守在门口的李小美，就打开门，客气地寒暄让座。

李小美说："田总，你昨天说的让我找下面的人谈谈，我去了。他们都觉得我们的产品不错，是个新产品、好产品。但是我们现在被一个问题卡住了……"

田总说："哦？"

李小美说："供应处不给我们发标书，说必须有你的推荐、盖章，才能给我们发标书。"

田总说："哦，这样啊，你去找项目部技术的张工，让他给你办吧。"

李小美："谢谢田总，我等下就去找张工。"

电厂项目部。

张工问："田总真的让你来办产品推荐函？"

李小美："肯定的啊，田总不发话我们也不敢来找你啊。"

张工说："田总是技术出身，喜欢新产品，也推荐了几个不在供应商名单内的企业去参与我们这个项目的招投标了。"说完拿出表格，让李小美按要求填写完毕。再对李小美说："你赶快去找田总签字，我才能给你盖项目办的章。田总不签字，我可不能给你盖章。"

李小美拿着填好的推荐函很顺利地找到田总签了字，随后张工也盖了项目办的章。我看到李小美拿到了田总的推荐函，也比较高兴，事情进展得比想象中快。这可能和地方文化有关，这个地区的人还是比较直爽的。

我把这推荐书复印了三份，用以保存。这个推荐书很有纪念价值，因为在那么短的时间内拿到这个推荐函，这本身就是一种成就！

我去供应处见负责商务的王工，给他看了田总的推荐书，大概说了一下，并暗示拿到这个推荐书关键是在上面找了点儿关系。王工有些吃惊我们能在这么短的时间拿到这个东西，说："这个推荐书，你要交给供应处的信息科，由信息科来审核你们的企业资质，没问题的话，信息科会将这个推荐函向上面的主管——供应处的一些领导请示。这些领导如果都批示的话，你就可以获得投标资格。"

我说："这么复杂啊！"

王工说："企业大了，流程难免复杂些。这也是对企业的采购部门有效的监督。"

然后我又和王工说了一些无关痛痒的话，就告辞了。

走出供应处，我对李小美说："你看王工这个人怎么样？你有没有把握和他建立信任关系和合作关系？"

李小美说："老总都能拿下，这个人我第一眼见他就有预感，能和他相处得来。"

我说："这样，我和王工的关系，只能到这个程度了，再进一步很难了。现在你帮我把王工的工作也彻底做通吧。我这里有8%的商务活动经费。"

李小美说："好啊。"

把化工集团的单子转给李小美后，我想着去一趟网友推荐的某石刻景区转转，工作需要一张一弛。走到半路的时候，小赵打电话来问我在哪儿。我说："去看石刻。"小赵说："我也一起去。"我说："你来干什么？"小赵说："呵呵，峰哥，你好不容易才来趟 C 市，我总要给你当个导游啊，顺便也学习学习你的经验。"

这个小赵很狡猾，和我会合后，硬是拉我去拜访他在这里的一个化工客户。他对我说："峰哥，我和他们项目组的人关系非常好，我和他们说了一个外企的朋友来看看他们，你一定得去啊。"小赵除了想在这家叫川蓬化工的企业做锅炉外，还想让我帮忙去做这里的真空设备，他顺便弄点儿提成。他的算盘打得很精。我被小赵硬拉去了这家化工企业，严格来讲，这是一家有色金属公司的下属化工企业。

和项目部采购冯经理的见面一开始就很尴尬。他们采购部是个大办公室，里面坐了四个工作人员。我没带自己公司的名片和说明书，这很不职业。我感到会谈的气氛很不理想，于是决定换个谈话方式，谈些冯经理熟悉的事情。

我问："冯经理，你们以前用的真空设备是哪家的？使用效果怎么样？"

冯经理："是山东的 ×× 厂，效果很不错。"

我说："嗯，山东的那家厂真空技术在国际上属于20世纪80年代的水平。在一般的工作场合，如果工作环境不算恶劣的话，他们的产品是中国目前性价比最高的。我去他们厂看过，应该说在中国，他们算是做得非常 OK 的了，你们买到了好产品。"

我一恭维冯经理买的产品性价比最高，赞扬他们买到了好产品，冯经理也很开心。他说："我们去考察了很多厂，最后觉得他们的产品最好。"

我说："确实不错。"

冯经理说："他们的产品我们使用到现在大概有七年了，质量一直很好，除了轴承偶尔烧坏需要更换外，其他的都非常好。"

我说："哦，真空系统的轴承有两个：一个是承重轴承，另一个是定位轴承。你说的轴承烧坏的话，估计是承重轴承的问题，承重轴承烧坏可能是你们的轴承定位盘磨损了，所以导致荷载超过轴承承受能力而引起的。"

冯经理说："哦，这样啊，我们碰到这个事情是直接把轴承换掉。"

我说："你们经常检查下定位盘的磨损程度就可以避免这个故障了。换轴承也要花不少钱的，还是换定位盘划算。不过我们公司的产品选用的是背靠背泄压技术，这样取消了定位盘，减少了维护点，也使轴承无过压的隐患。"我拿出一个本子，随手在本子上画出我们企业产品的结构图，向冯经理说明我们的产品和山东的产品不一样的地方。冯经理听得也很仔细。

这样聊了一会儿，我就告辞了，因为我根本没想去向他们推销我的产品。不能跨区域销售，这是一个职业经理人最基本的职业操守！

看过石刻后，第二天，我就返回了南京，南京还有些工作要做。

10 月 18 日，小赵打电话告诉我，化工集团的供应部通知他去拿锅炉标书，将于 28 日现场开标。同时，小赵告诉我，冯经理问他要我的电话，说他们最近的项目有一套真空系统要上，希望我也报个价，参与一下。

我拨通了冯经理的电话："冯经理你好，我是倪峰。听说你们最近要购买真空设备啊，我们公司在 C 市有办事处，你和他们联系一下吧，我把电话给你。"

冯经理说："我们不和 C 市办事处做，只和你做。我们办公室里的人都认为你做事比较实在，都很相信你。你上次来我们办公室里没有说竞争对手的坏话，而且从技术、价格上做了客观的对比，还免费帮竞争对手分析故障点，提出解决办法，我们都信任你。"

我说："谢谢你的信任，我们都是抱着把事情做好的态度去工作的。这样吧，你把型号给我传真过来，我给你报个价吧。"

事后得知，我把化工集团的单子彻底交给李小美后，李小美找了一个偏僻无人的地方，拨打了王工的手机号："王工你好，我是刚才拜访你的李小美，我们经理有事先走了，我想和你商量个事情，你看晚上我们找哪家饭店去聊聊？"

"什么事情啊，就在电话里说吧，我晚上没时间。"王工说道。

"就是这个项目的事情。我呢，电厂田总的推荐书也拿到了，技术部也会推荐我们，现在就差你们商务部了。王工，我一见你就知道你是个直爽的人，一个真诚的人，所以我也不拐弯抹角，我对你们企业不熟，但又想拿到这个单子，所以我现在想将这个项目交给你帮我来做，需要什么支持我会立即照办。你帮我做做你们商务部门的工作！王工，我会按行规办事的，这个你放心！"

王工没有回应。

李小美紧接着又说："王工，天气有点儿冷了，晚上我们一起去喝江长路上的羊骨头汤吧？我知道这家不错。"

王工说："不了，太麻烦了，骨头有什么好吃的啊！"王工的语气有点儿犹豫，想出来但有些顾虑。

李小美说："不麻烦，这个季节最适合喝骨头汤，保养身体啊。我现在一个人在 C 市，一个人吃饭没意思，两个人吃饭热闹，你就别推辞了。你下班的时候，你看我去哪里接你？"

王工说："不用了，我自己去，到了打你电话。"

晚上 6 点多钟，王工开着车来到了江长路这家羊骨头汤店门口，李小美接到电话赶紧从楼上包厢里下去接他。本来王工对骨头汤没什么兴趣，但是喝完第一口，他不由得发出感叹："太鲜了，真好喝！"

李小美说："是的，确实是很鲜的汤，要不我也不会喊你来品尝啊。上次有个朋友带我到这儿来喝的，我感觉非常不错，所以才敢喊你来品尝啊！"

吃到半巡，李小美喝着饮料对王工说："王工，我虽然是个女孩子，但我的性格却很直爽，有点男孩子性格。我一见你就感觉你很亲切，我就斗胆和你实话实说，你看看能不能在你们供应处去参加评标的那些人面前帮我美言几句？技术部人员对我印象很好，觉得我公司的产品和技术工艺特别适合你们，也想用我们的。如果商务部门你能帮我美言几句，他们都支持我的话，那这个标的成功率可以说是在80% 以上呢，到时候我请你吃大餐！"

王工："我试试看，但不保证成功。"

李小美说："工作就没有百分之百必然成功的，只要努力就行了。如果成功了，我们重重感谢你。"

王工说："那我试试吧！"

李小美把田总的推荐函原件给王工，说："王工，商务部这块靠你了。你帮我去办理手续吧，我去的话，说不定他们一拖就把这个事情拖到开标后，那这推荐函就没价值了。"

王工接过推荐函笑着说："呵呵，以前还真有个厂家想进来，也拿到了推荐函，但是信息部的人老说领导不在家出差去了，就是不给他上报，结果硬是错过了招标。"

李小美说："王工，我想请求你一件事情，我们公司下个月在厦门鼓浪屿召开销售员半年销售工作总结大会，一般都会开2天，外请一些行业专家给我们培训各种专业知识，我们销售老总前天给我下个指令，让我专门请你给我们公司参加半年销售工作总结会的全体销售员做一场"采购员眼里的好销售"主题培训，让我们销售员也学习一下采购员在和销售员对接工作的时候，他的期待是什么、担忧是什么；对采购而言，什么是好的销售人员；好的销售员具备什么样的秉性；等等。这对我们销售员应当如何与采购员开展工作来说太重要了。"

王工说："谢谢，谢谢你们领导的好意，我一个普通采购何德何能给你们销售员大会做培训啊。"

李小美说："采购员最懂销售员，知道他们的成功之处是什么，失败之处是什么，有哪些是需要提高的，哪些事情是万万不能做的。王工，你就说说你作为一名采购员，认为什么样的销售员是优秀的，哪些地方是销售员需要注意的。只有在采购的职位上，才能最真实地经历和体验销售员犯的错，对销售员提出最有价值的建议。王工，你就别推辞了，救人一命，胜造七级浮屠，你帮助我们公司上百名销售员进步，这是帮了我们大忙啊。你就别谦虚了，我请不到你的话，公司老总不仅会骂我，还会亲自来请你呢。"

王工说："再议，再议。"

27日，我和李小美到C市。28日，化工集团电厂锅炉项目开标。早上8点半开标，我和李小美在门口等。10点，李小美收到王工的短信：已中标，放心！

中午我和李小美请王工吃饭。

王工说："比想象中顺利，你们的投标价格再加50万元都可以中标。"

李小美说："哪敢啊！第一次来投标，不知道结果，只能报个最低价来参与！"

王工说："晕，你们的最低价也是这次投标的最高价了！对了，中标通知书在三天后发！"

李小美说："我们哪天再在那家羊骨头汤店聚聚吧。"

王工："好！"

第二天，我又去了冯经理那边，他让我过去一下。

我一进门，冯经理就直接说："你把价格再降一点儿，我们就采购你们的这台设备。"

我说："我们的价格和国内企业产品相比下降幅度不大，我的权限是 8% 的空间，业务员是 3%，办事处主任的下降权限是 5%。这样吧，我就给你下降 8%。"

冯经理说："那就 10% 吧。"

我说："就先下降 8%，你说的两个点就算质保金了，我们是不留质保金的，如果在质保期内，你发现同型号的产品的价格在全国范围内有比我们低的，你就扣除掉我的质保金。"

冯经理说："好！那我们就这样说好把合同定下了。你把合同打印出来，签字后我交公司盖章。"

我打开笔记本电脑，将公司的合同模板稍微修改一下就放在 U 盘里，然后用他们采购部的打印机打印出来，签字后给了冯经理。

中午和他们供应部的五个人一起吃饭，庆祝一下。席间我问冯经理："冯经理，你们怎么这么快信任我，没去考察，没进行性价比比较，就订购我们的产品了啊？只见过你们一次，你们就采购我们的产品，我真的感觉你们非常真诚，有直爽的真男人本性！"

冯经理说："主要还是因为你们企业名气大，产品质量在行业内是尽人皆知的，你们又不像其他的企业那么急功近利。第一次见面和你交流，我们都觉得你是真正做销售的，不坑蒙拐骗。"

我说："呵呵，我们企业文化是'不为短期的利益出卖自己的未来'。那种急功近利的事情，我们企业任何一个人都不会做的。我们价格是高，但是确实值得。"

从冯经理处回来，我找到小赵，问小赵钱的事情到位了没有。小赵说，老板一下子拿不出那么多钱，让我等两天。我笑了笑没说话，让李小美给王工打了个电话，过几天才去拿中标通知书。

这一等，等了近10天才拿到小赵老板送来的钱。在这期间，小赵老板派人去化工集团供应处要中标通知书，被供应处的人拒绝了，说谁是投标代表谁来拿。这次投标代表写的是我的名字，这也是事先说好的。

因为我是小赵邀请来的，但是老板一直拖着不给钱，小赵感觉对不起我，所以在这期间一怒之下辞职了。他们老板洪总拖了快10天，在中标通知书快失效的时候才终于按约定把钱给我。

我带着钱约李小美在一个茶馆一起吃饭聊一些事情，我对李小美说："你辛苦了，感谢感谢。"

李小美说："那厂家还可以吧，能兑现吗？真正做事的人，还是要讲诚信的。现在的商人和以前不一样了，以前可以钻空子，现在必须讲诚信，可以说95%的商人都是讲诚信的。"

我呵呵一笑说："是的，没诚信只能做一次。对了，你是怎么说服王工的？"

李小美说："人都有被认可、被尊重的需求，尤其是在物质丰富的今天。王工公司不错，他的工资也高，所以根据'马斯洛需求层次理论'，对他来说，目前最重要的是'尊重需求'。因此我就邀请他给公司的销售人员做'采购员眼里的好销售'主题培训，这就满足了王工被认可和被尊重的需求，这就是王工支持我的原因。"

嗯，不错，没想到这个李小美，早已非昔日吴下阿蒙，路子拓宽了许多。这种有点智慧的做单手法，其实算是"价值销售"，你让客户得到的"价值"如果比竞争对手多，你就优先被客户记在心里，更容易获得成交机会。

销售语录： 做大单时，一定要从结果去逆推你需要合作的人和部门。要在短期内打开市场，需用重拳！

反面教训： 大单牵涉复杂，各方面利益纠缠不清，必须因势利导，否则那些能帮你的人可能因为你工作不到位，患得患失，反而会成为你的拦路石。

_ 网友"王小石1977"提问：

峰哥您好，请教个关于如何能够把费用要到手的案例。

1. 人物：行业客户甲、供应商乙、供应商丙、销售员A。

2. 背景：甲、乙是长期合作伙伴，A是乙公司员工。甲公司有需求，丙公司能够解决，丙公司找到A，请A出力，帮忙促成与甲的合作项目。A凭一己之力已把项目做成，现进入合同阶段。

3. 问题：A通过何种手段能够保证要到丙公司承诺的费用？A以前从未与丙公司合作过，而且不想为此事留下任何书面痕迹。

遇到棘手问题第一想到的还是您，请指教。

_ 作者回复：

我做这样的事情都是让对方给书面合约，然后盖章的。我不怕书面证据，做中间人又不犯法。

一般不是话事人的话，牵涉到钱，他的话就极不可靠。即使是话事人，谈到钱也极有可能变卦。涉及钱，我们看到的往往是人性中恶的一面。

40 每个单子后面都有一位关键先生

这趟 C 市之行我只和张雨、王笑二人说了，其他人皆不知道我的去向。回到 W 市，我告诉张雨说这趟 C 市之行拿下了两个单子，张雨已经见怪不怪了。张雨在我一年多的熏陶下已经渐渐懂得销售三昧，知晓了一些做单技巧和方法。其实在我眼里，我甚至感到他们的进步比我当年快多了。

我当年做办事处主任的时候一切都靠自己摸索，一个人到一个陌生的城市，背着一箱说明书，在 W 市既没朋友也没亲戚，就自己一个孤家寡人，每当夜晚降临的时候，就寂寞得想哭。曾有无数个夜晚，由于难耐寂寞和孤独，我经常一个人走到长江大桥，站在大桥上看一会儿江水再返回。也曾经常一个人流连在路边的象棋摊前，看一些马路棋手捉对厮杀。有时候也经不住象棋摊主的召唤，和棋手去赌两局。看棋和下棋是两个概念，看棋很轻松，指点江山是简单的。但亲自去下的时候心态一下子就变了，就开始患得患失了，唯恐失败，因为一失败就输钱。这样的心态往往导致一个人的水平急剧下降。通过在这些象棋摊上的历练，我终于练就了泰山崩于前而色不变的平常心境界。

我刚刚到 W 市时工资低，由于要拜访的客户太多，公共汽车也乘坐不起，于是就骑着一辆二手自行车每天穿梭于 W 市的大街小巷，到客户那儿的时候，衣服都被汗水浸透了，紧紧地贴在身体上。那时候最难熬的不是艰苦工作的时间，而是客户中午吃饭不上班的那段时间。那时候，客户一般是中午 11 点半下班，下午 2 点半上班，这中午休息的 3 个小时很尴尬。回住的地方休息的话，下午还要再出来，不划算；在外面又没有地方落脚休息，那时候不像现在，顺便找个网吧就可以打发时间。每到中午，客户都在吃饭、休息，而我这样的初级销售员一到中午就无所事事，流浪街头，甚至找不到个可以临时休息的地方，中午想躲进银行办公大厅的沙发上休息都会被保安赶出来。于是仍旧一个人背着装满产品说明书的业务包在街头流浪。那时候的心情是苦的，生活是迷茫的，不知道自己的未来在哪里。

现在的销售员很幸福，扫街的时候，临到中午，可以到网吧打发那段中午不能去拜访客户的无聊时光。起码不会像我当年那样，扫街时每到中午就迷茫，不知道去哪儿打发不能拜访客户的无聊时光。

那时候在 W 市，每到中午，我可能就会到一些大学校园的草地上去休息，各个大学的草地我都睡过。很搞笑的是，曾经有三个不同企业的业务员一起去睡××理工大学的草地。销售员很容易被辨别，一脸尘灰色，一个大业务包！我们相互认出是同行后，就索性去买了副扑克，在××理工大学的草地上玩起了"斗地主"，也算是苦中作乐吧！

那时候没太多的想法，只知道拼命地跑客户，作为底层的销售员，如果不能出业绩，可能一辈子就这样了。那时候只懂得关注怎么收集客户资料、怎么拜访客户、怎么赢得订单，后来稍微成熟了、成长了，去拜访客户时，开始懂得迎合客户，懂得用各种各样的花招和技巧去吸引客户，于是便变成了一个靠手段去吸引客户的中级销售员。中级销售员考虑得多的就是技巧和手段，说到底，那时候的我就是个喜欢玩花招的销售员。

那个时候历尽沧桑，幸亏平时读读书，没有迷失自己，现在已经不去追求手段和技巧，只想向客户描述真实的产品，让客户自己选择。这个时候销售时多了份认真，多了份责任。拜访一个客户前，会提前几天甚至十几天就做好拜访准备，甚至会为客户专门设计一个 PPT，用书面的形式告诉客户这个行业的产品的真相，以及我们产品的特点。这样的销售叫"专家式销售"，抑或是"顾问式销售"。其实任何一种对销售的定义，我都是不屑的，销售这种伟大的职业岂是一个定义所能涵盖的？

我感到张雨和王笑他们有我带是幸福的，起码互相有个伴儿，可以商量怎么做事，怎么制订作战计划，怎么拿下客户；起码有人在旁边提醒，可以少走弯路。张雨接手 H 省办事处的时候一开始不懂得怎么管理。我就告诉他，首先你在你的业务员面前不能笑！管理素来是恩威并重，管理者应该一只手拿胡萝卜，另一只手拿大棒！不听话的、违反规则的就用大棒狠狠地打；听话的、服从的要用胡萝卜慰劳，二者缺一不可。唯有长期不笑，那偶然发出的一笑，才倾国倾城，才一笑冰融，才一笑灿烂，让下属兴奋、开心、激动、满足。

当然，管理仅仅靠不笑肯定是不行的，还要靠能力的证明。怎么证明你的能力？就是单独拿下一个大单！这样你手下的业务员才会钦佩你的能力，自然就会服从你、听从你、追随你！而张雨果不负我的重望，终于从一个不是客户的客户那里获得一个订单，一举赢得了威信，从而坐稳了办事处主任的位置。

那次靠的是很久以前一个被办事处开除的销售员留下的客户信息。那个业务员被开除后，我们电话跟踪了几次，该客户一直都说没有需求，由于我们那时候都有各自要忙的事情，所以就没有锁定这个客户去上门拜访。张雨新上任后，也效仿我将辖区内的潜在客户都去跑一遍的做法，所以他就去到了这家叫舜尧热电厂的工厂拜访。张雨找到以前业务员报表上的联系人——采购部的王工。王工告诉他，他已经调离采购部，现在采购部的负责人姓谭。张雨打电话联系谭工，表明自己是佳菱公司的，想去拜访他一下，谭工也同意了。于是张雨开车赶往舜岳热电厂，顺利地见到了谭工，交谈也比较融洽。张雨从交谈中获悉，最近他们会采购四套真空设备用在扩建项目上。临近中午，张雨约谭工中午一起吃个工作餐，被谭工拒绝了。

从这次接触中张雨发现，谭工是个新上任的采购经理，可能由于还没在本部门站稳脚跟，所以比较谨慎，一问及一些实质问题，他都表示要请示领导。从这一点来看，如果将工作目标锁定在谭工身上估计很难有所突破。于是，张雨开始思考哪里可能会有机会。从采购部谭工处出来，张雨抽了根烟，考虑了一会儿，决定去找技术部。

技术部的工程师是范工，年龄 30 多岁，不善言谈。在与范工聊天中，张雨得知技术部的部长姓钱，最高层是丁总，他负责电厂的安全生产。张雨得知技术部的组织结构后，就一直在思考怎么做工作，商业如战场，那么对于这场商业大战，他的作战计划该如何制订呢？该发展谁为"自己人"，为我们通风报信，让我们第一时间掌握客户的最新动向呢？

张雨返回 W 市询问我对这单的见解与建议。我对他说:"一个办事处主任的标志之一就是具备独立作战的能力!如果你事事问我的话,那么你就生活在我的影子下,很难成长起来,将来我图谋大事的时候,你也不具备独当一面的能力而帮不上我!这样对你以后也不利,所以这个单子需要你自己去想,自己去落实你的想法。"

张雨说:"这个单子不小啊,其他的小单子我可以练手,但用这样的大单子练手的话,丢了可惜。你还是得提醒提醒我!"

我说:"我唯一提醒你的就是,一把钥匙开一扇门,无论这扇门有多坚固,总会有把钥匙能够轻松地将它打开,这把钥匙在销售里就叫'key person',中文叫'关键人'。你找到了关键人,那么成功就是指日可待的事情了!"

张雨听后点了点头,说:"我明白了!"

过了几天后,张雨开车专程去拜访范工。由于第一次谈话交流的时候,张雨发现范工不善言谈,比较实在,于是张雨见到范工后,也一脸诚恳地对范工说:"范工,我这个人是个实在人,对于你们这个项目(真空系统)我公司非常想拿下来。我是新上任的办事处主任,刚刚由底层的业务员升上来,特别需要业绩证明给领导看,所以这个单子对我异常重要,希望能得到你的大力支持,你的支持可能会改变我的命运。"张雨说着说着,就被自己创造的气氛感动了,眼角竟微含泪花。他停了停,又说:"范工,我保证不会太为难你,毕竟你在国企工作,环境太复杂,既要长期发展,又要考虑个人前途。我只是希望你能在公平、公开、公正的基础上帮我一把,经常和我沟通,帮我说说话,让我能知道事情的进展,不至于别人都签订合同了,而我还不知道呢!其他需要打通的环节由我自己去处理,绝不为难你!"

张雨这手悲情牌一打,范工也有点儿感动了。范工说:"我理解你,也知道你们做销售的特别难!这些我都懂,能帮的我肯定会帮你的!"

张雨说:"谢谢范工,反正行有行规,我们公司也有公司的制度,对你这块儿也有表示。"

范工理解地一笑,并不答话。

张雨说:"你比我年龄大点儿,我喊你哥哥了。你看马上到中午了,我们一起吃个饭,然后再交流工作吧。"

范工说:"吃饭就算了吧,我们都是吃食堂的。"

张雨一听就明白了，中午大家都是在一起吃饭，突然少了个人肯定怕影响不好。于是张雨说："范工，那中午就不打扰了。今天我不走，我晚上一个人比较孤单，哥哥你陪我喝喝酒吧！顺便交流下工作。我下午5点钟给你打电话。"张雨说完就站起身，伸出手要和范工握手。范工也没时间说其他的话，只好站起来和张雨握了握手。

下午5点钟，张雨打电话给范工，告诉他已经在某某酒店定了包间，包间号是多少。范工在电话里嗯了两声，估计是不方便大声说话。

直到范工推门进了包间，张雨一颗悬着的心才落了地。

席间把酒言欢，谈笑风生，不一一细表。酒过三巡，范工说："张经理，我看你为人真诚爽快，你的生意肯定能做得好！"

张雨说："呵呵，生意就靠范工你这样的热心朋友照顾才有啊。"

范工说："你这个事情得去找丁总。他这个人很'独'，很霸道，说一不二，在技术上是权威，他要是发话，没人敢反对。"

张雨说："好的，以后我去拜访他。对了范哥，这个丁总有什么爱好啊？"

范工说："喜欢抽烟，尤其是云南烟。"

次日9点钟左右，张雨按计划来到丁总的办公室门口，发现门虚掩着，偷偷朝门缝里一看，有几个人正在和丁总谈话，张雨就没贸然进去。等了半个小时，那几个人终于走了，于是张雨进了丁总的办公室递上名片，简单明了地做了自我介绍。说完，张雨故意看了看丁总的烟灰缸，说："丁总，你抽烟啊？前天我的一个云南朋友路过W市，给了我一包烟，说不错，你尝尝看！"说完，张雨将早已准备好的一包极品玉溪香烟放在了丁总的办公桌上。

丁总看了一眼，并没有打开烟，然后就问张雨："你们的产品是国内生产的还是国外生产的？"张雨赶忙详细地介绍了一下企业和产品。

丁总说："有关真空系统的图纸有些还没确定，设计院也是W市的，下周我可能会到设计院去交流。"

张雨赶紧说："丁总，到时候去我们公司去考察一下？考察了解产品也是购买前必须做的工作。"

丁总说："你们公司在哪里？"

张雨说:"W市广场上面。你到W市跟我说下,我去接你喽。"

丁总说:"不用了,看看有没有时间,有时间再说吧。"

张雨说:"丁总,你年轻有为,是我的榜样,你给年轻人一个机会,去考察考察我们公司吧。"

丁总说:"到时候再说。就这样吧,我还要开个会。"

回到W市,张雨晚上和范工通了个电话,说他找了丁总,感觉还不错。丁总说了,估计下周去W市设计院进行技术交流,希望到时候范工能第一时间告诉他丁总究竟什么时间来W市。周二的时候,张雨收到范工电话,说上午9点左右丁总等4人到W市设计院去进行图纸交流。张雨赶忙在电话里联系丁总,邀请他来公司考察,丁总很客气地说:"现在还没到W市呢,等到了再说。"快到中午张雨又发短信给丁总,丁总回短信说:中午同事一起吃饭,没时间。下午4点多,张雨再次发短信给丁总,丁总说和单位同事在一起,没时间考察。张雨回短信说:知道了,丁总,你忙完一定给我来电话啊,来我们这儿考察也是你工作的一部分啊。

周三下午4点多,张雨接到丁总的短信:你在公司吗?

张雨按捺不住激动的心情,立即给丁总回电话:"丁总你好,你在哪儿?我开车去接你!我现在在公司。"

丁总说:"不用,我们有车。你和司机说下怎么去你们公司。"

下午5点钟,丁总到达了我们办事处,在办事处的小会客厅,张雨向丁总简单介绍了公司的情况,双方又交流了一下工作。然后丁总说要走,张雨马上说:"丁总,你到我们公司考察,不吃饭就走的话,我老板知道了会炒我鱿鱼的。已经订好了。"

丁总说:"麻烦你们多不好!"

张雨说:"吃饭是为了更好地工作,不吃饭哪有劲儿工作啊!"

由于最后的图纸技术交流完毕,招标准备工作就快了很多,一个星期后,范工通知我们去买标书。按照计划,范工邀请了世界知名的价格最高的两家品牌。我自己又拿了一个品牌给张雨,让他安排人去投标,这样就双保险了!

开标三天后,我公司"低价"中标!投标的四个进口品牌中,我方价格倒数第二。整个开标过程很顺利，先是由范工从技术的角度对我公司产品予以肯定，中间还提到了我公司的多个应用案例，然后丁总说我们在 W 市有办事处，在售后方面还是及时的、有优势的。于是丁总一锤定音！我们拿到了这个标！

销售语录： 一个单子最少培养一个关键人，这样你才能了解客户，知道客户的想法，也就明白了自己的打法。

反面教训： 没有掌握足够多的信息，业务员靠感觉做出的决策往往是不全面的，是没有判断依据的。往往到最后也不明白自己该怎么做！

41 给自己一颗敏感的心

前些年，我将我们公司长江销售大区的办公总部设在南京。因为 H 省和江西基本上算是成熟的市场，有老客户，有朋友，我们的市场占有率基本上可以达到惊人的 30%，一般每年都能保证一个基本的量和行业第一的销售额。而在江苏和安徽，我们的市场则还不成熟，在与一些品牌的竞争中基本上是势均力敌。但是我坚信，市场会因为我们而改变。

同样的市场，由不同的人去做，结局肯定是不一样的。相同的事情，由不同的人去做，结果也是大相径庭的。所以要苦练内功，真正做到活到老，学到老。要做一个解决问题的人，而不是将问题推给公司上层或者归咎于各种原因的人！

我在南京的住所离长江销售大区办公总部有两站路，我每天都步行上班。其实，我非常喜欢走在路上的感觉。电视节目《赢在中国》的主题曲《在路上》，歌词就写得非常真实。

那一天
我不得已上路
为不安分的心
为自尊的生存
为自我的证明
路上的心酸

已融进我的眼睛

心灵的困境

已化作我的坚定

在路上

用我心灵的呼声

在路上

只为伴着我的人

在路上

是我生命的远行

在路上

只为温暖我的人

温暖我的人

走在路上，我看到迎面走来的那个女孩，走着走着，忽然扑哧一笑：呵，莫非她想起情郎的俏皮话了？

走在路上，我看到对面的推车的老汉：呵，不努力，可能自己到老了，也要去推车吧？

走在路上，我看到牙牙学语、步履蹒跚的小孩子，那一刻，我的内心充满了爱怜。

走在路上，我也看到有人故意撞别人一下，然后敲诈一笔钱。

走在路上，我也看到有坐在路边的女子，在低声地哭泣。

走在路上，我也看到某些人开着车横冲直撞，故意溅人一身的污水！

我们的一生都在路上，可能你乘的是飞机，可能你乘的是汽车，可能你靠的是双脚。对于做销售的我们，前方总还很遥远，总还会有各种各样的困难，但我们依然，依然会在困难中逆风向前！

20世纪70年代出生的我，小的时候经常玩一个游戏叫"木头人"，说"1，2，3，不准动"，然后小朋友们就都不能动，谁动谁就输了。这个游戏很简单，也很有趣，它的精髓就是：坚持。虽然大家的遭遇、状态都不一样，但是在同一种人生规则下，不问你任何的原因，违反规则你就输了！这就如我们的人生，我们的销售！

销售也有规则，这个规则我们曰"道"，它可以是看得见的，也可以是看不见的；有的是可以说的，有的是不可以说的；有的是直白显露的，有的则是暗含深意的。我们既然参与了这个游戏，就只能遵从规则。而最后的胜出者可能靠的就是这份坚持。

有人说，战术的成功不代表战争的胜利。是的，我也这样认为，所以我一再告诉我的业务员们，思索时一定要站在高处，站在全局的角度上去俯瞰这个事件、这个区域、这个市场。"不谋全局者，不足谋一域"，俯瞰全局，就是要找出几个关键节点，而面对这几个关键节点，就必须用"术"去攻克！因为如果你不用"术"去攻克，别人一旦攻克你就落后了，就陷入了被动。到那时候，你可能要耗费十分力才会得到一分利。

我们的销售就是这样遵从"道"，凭借"术"，抱着坚持、勇敢的信念，一步一步走在路上，一路攻城略地，去实现自己的人生理想！很多人问：机会在哪里？做什么赚钱？我无语。对一个真正的有心之人来说，各行各业都赚钱，机会是自己创造的。下面有个案例可以做佐证。

某年9月，我正在办公室里闲坐，突然手机铃声响起。

"峰哥，我是张雨，有个事情需要你紧急支援！"电话里传出一个焦急的声音。

"什么事情？讲。"我说。

"H省的一个客户，现在即将采购一批设备，我们也去接触了，客户说设计的产品在技术上和我们略有出入。客户说是南昌化工部天六院设计的，除非设计院更改图纸，推荐我们，否则我们不可能参与设备的投标。"张雨在电话里说。

"哦，那你们去做设计院的工作啊。"我说。

"设计院在南昌有色冶金设计研究院，不属于我的区域啊。你正好管理那里，而且下周就要发标书了，我这里还要做工作。而设计院必须在这周五天时间内被搞定并写推荐函，否则没机会。我想，这个事情必须你亲自去一下！"张雨在电话里安排起我了。

"哦，我试试看吧。"我想了想，随后拨通了现在在江西开展业务的、我的生意合伙人王笑的电话。

"老大！什么事？"电话里王笑说。

"张雨有个客户现在工作在设计院那里卡住了，是南昌化工部天六院设计的。你去帮他找个该院该项目中的设计师，让设计师从今天开始三天内帮我写个推荐函，说我们的技术能够满足其设计要求，向客户推荐我们参与设备招标。"

"南昌天六院我知道，但从来没去过，因为我们现在不跑设计院，只跑业主了。"王笑说。

"以前的事，我不管，张雨这事你现在去给我办。"我说。

"可是与设计院达成合作意向，这么短的时间哪能行？三天内认识设计师并让他帮我们向业主写推荐函，这事儿难度太大，估计不可能啊！"王笑在电话里有点儿为难。

"我不管，你给我想办法，不管你怎么做。但你现在必须给我全力去做！必须三天内拿到这个推荐函！"我说完挂了电话。挂了电话，我打开电脑，玩起了网络游戏。

第二天晚上，我突然接到王笑的电话，王笑说："老大，设计院拿下了，设计师给写了推荐函，影印件已发到你的邮箱，你让张雨打印下来给客户就可以了。"

"哦，这么迅速？很好啊！"我说。

"哼，张雨这单子做下来，让他给我最少2%的提成！"王笑电话里很兴奋。

"呵呵，你去和张雨谈喽。对了，你是怎么两天时间拿下这个设计院的？"我问。

王笑说："一开始我很紧张，根据经验，三天时间内要拿下设计院并让设计师写推荐函是做不到的事情。因为设计师不信任我，而且设计师也没太大权力去写这个推荐函。于是我就想，设计院谁最有权力能帮我做成此事。我认真推算下，感觉设计院专业所的技术副总或者所长这个级别的都有这个权力或者影响力。于是我就将能完成此事的目标人物锁定在设计院的机电所副所长、技术总工身上。目标是找到了，怎么才能在最短的时间内达成此事呢？我也是思考来思考去，还是决定先去见面，再随机应变。第二天，我就直奔南昌天六院的机电所副所长办公室（还是通过别人问来的，我也是第一次去）。机电所副所长姓李，我说：'李总你好，我是德国佳菱公司的。'"

接下来的故事是这样的。李总客气地给王笑让座，并喊办公室的其他人给王笑泡了杯茶。

王笑递上以前在德国企业时的单位名片，说："李总你好，我是德国公司专门负责设计院产品宣传的区域经理。我们公司很重视你们设计院，想和你们院建立长期的战略合作关系，所以专门派我来你们这儿进行推广宣传。"

李总："我们也希望和一些技术领先、产品过硬的厂家进行接触、交流学习，保持设备的先进性。"

王笑说："我们公司的政策是……"

李总说："这事你去找我们设计院下属的各个相关科室，和他们谈吧。"

王笑说："我晚点会去拜访下面的工程师的，我第一次到你们院，肯定要第一时间向你报到啊！"

李总："哈哈哈！"

王笑说："对了，李总，你老家在什么地方？"

李总："贵州。我们院是从贵州搬来的……"接着说了些设计院的历史。

王笑说："李总很久没回家了吧？"

李总说："十来年没回去了。"

王笑："啊？现在交通也很发达啊，怎么那么久没回去？"

李总眼眶里有点儿泪水了，说："太忙，没时间啊，真的一点儿时间也没有。"

王笑看到这个情况，知道打感情牌是有效的，于是说："李总，那么巧啊，下个月我们公司在贵州有新产品应用报告会，时间初步定在某个周六或周日，到时候会邀请一些客户和技术人员参加我们的新产品技术交流活动，公司承担来回费用。李总，你哪天想回家跟我说一下，提前两天跟我说，我把机票给你送来，周六、周日就可以，这样既不影响你上班，又可以回家。这也是我们公司的一个政策。"

李总："再说吧。"

王笑说："那我就告辞了，我下午还要去赣州帮公司收笔货款。"

告别了李总，王笑就回去搜了下赣州有什么特产。晚上去饭店吃饭的时候，有个饭店卖盐水花生，新出土的花生，味道很不错。王笑灵机一动，就从老板那儿买了10多元还没腌制的生花生。第二天上午9点半，王笑又来到了李总办公室，李总正好没事，在办公室里阅览图书。

王笑说:"李总,我货款收好了,今天赶回来了。哦,顺路看到当地有卖新出土的花生的,就捎带了些,总共10元,这可不算行贿受贿哦。呵呵,这生花生味道不错!李总,你尝尝。"王笑说完,就从业务包里拿出还带着泥土的生花生。

"那就一起吃吧。"李总说着剥开了一个花生,"嗯,味道不错,我吃生花生还是小时候的事呢。我是农村出来的,那时候经常在花生收获的季节,和小伙伴们去地里挖生花生吃。"

王笑说:"我也是。"于是一包生花生,王笑和李总断断续续吃了一个小时,也聊了一个小时。

王笑说:"李总,我下午要赶到其他区域的设计院去了。你中午帮我安排下,请院里的相关人员吃顿工作餐,也认识下他们吧?"

李总说:"好,我安排下。"

于是中午李副所长带队,带领所里的技术总工,以及下面各科室的设计人员,一行八人到他们单位的招待所去吃午餐。在去餐馆的路上,王笑悄悄地对李总说:"李总,你是我哥哥,酒桌上帮我鼓吹鼓吹。"

李总一笑:"没问题。"

入座后,李总将王笑一一介绍给参与酒席的人。酒过半巡,李总说:"德国的产品还是不错的,你们可以试用下。"王笑借机挨个儿和他们喝了酒,趁机认识了H省那个项目的主设计师,趁那人上厕所的时候,王笑和他谈了写推荐函的事。设计师姓刘,说:"这事要领导盖章,领导说没问题就没问题。"

王笑说:"领导那儿没问题,主要还是你这块儿。刘哥,你帮我个忙,就帮我写一个,我拿去找领导盖章。"

刘工说:"好。"

于是,下午王笑找到刘工,刘工写了个推荐函,推荐函曰德国某某公司产品符合设计技术要求,产品理论上更节能,云云。李总签了字,没盖设计所正规章(不可能盖的),只由刘工盖了个项目组的业务章。

听完王笑有关这件事情的想法和做法,我不由得感叹起来:世界上的事情都是这样啊!没做的时候总是感到很难很难,觉得几乎不可能,甚至想象下都让人害怕。但是真正下决心要做、真正去做的时候,说不定会发现事情很简单,做起来轻松，并没有想象中那么困难。所以，还是古人说得好：人，最大的敌人不是别人，而是自己！

我对王笑说："你的这件事情让我想通了一件事，一件困扰我多年的事情。"

王笑说："什么事情？"

我说："我一直奇怪，为什么现在老板、富翁，绝大多数都是些没有多少文化的人，而一些真正大学毕业的，有点儿文化的，反倒成了打工仔。"

王笑说："哦，为什么？"

我说："很简单，那些没文化的人，没多少就业机会，一天赚不到钱，一天就没吃的，只好自己去努力，自己去拼搏，去做，从基层开始做。所以经过一些积累，就成了老板；相反，那些天之骄子，因为就业机会多，想法也多，患得患失的想法更多，所以在选择的时候往往选择骑驴找马，但马岂是那么容易找到的？所以就一直在骑驴，一直在各个不同的公司打工。"

王笑说："你这个说法有局限性，没有代表性。"

我说："本来成功的原因就有千万种，但行动或者执行力却是其不可或缺的重要因素。"

王笑说："是的。光有想法而不去行动，理想或者计划也就永远不会变成现实。"

我说："你在两天之内把设计院说服，得到了自己想要的，对我也有很大的启发，也学习了。

"一、困难并不可怕，知道困难而不去行动，只会把自己吓倒。在销售中，困难总是存在的，知道困难，克服困难，困难就不是困难了。所以，我们永远要记住古人一句话：天下事有难易乎？为之，则难者亦易矣；不为，则易者亦难矣。

"二、在短时间内攻克一件事，则必须靠技巧，靠'术'，靠出奇制胜。你用了'欲迎还拒'的方法，故意对李总说你去赣州，给李总你很忙的印象，有一种你也算是个人物的感觉，这很好。

"三、直奔主题。中国人一般讲究含蓄，但是有些时候过于含蓄会浪费时间，做了很多铺垫，再含蓄就错失良机。所以该出手的时候就出手，时候到了就将自己的真实意图说出来，并努力促成此事。一般销售员都不敢把自己的想法说出来，怕客户拒绝，其实这要不得。关键时刻就是要告诉别人，自己想干什么，大家一起努力把这个理想变成现实。"

最后，我对王笑说："这事你做得非常 OK，换成我，估计也很难在两天内达到这个效果。"

王笑笑着说："倪总，你别谦虚。这个案例，你可能不会用我这样的手法，但我相信你肯定会在其他方面突破的。"

我也笑了："这是宿命，我们销售员就是要完成任务，所以我们的策略和手段其实都是为了完成任务，手法不同不要紧，最重要的是敏感。"

"敏感？"王笑有点儿疑惑。

"是的，销售员最珍贵的素质是敏感！"我说。

作为一名销售最重要的素质是什么？答案会有无数个，但是真正的营销高手会告诉你，是敏感！对，就是这个词！一位网友曾提供过一个案例，说他去拜访一位新建高速公路的业主，业主的副总对他说了很多话，其中更包括这么一句：看你下多大决心。

但现在这位网友似乎有点儿迷茫，好像不知道怎么做下一步工作才能维持好局面，拿下此单。这就是不敏感的表现！你以为副总的"看你下多大决心"这句话是在和你闲扯吗？我们面对客户的时候，客户几乎不可能对你一本正经地说：某某，你给我……我就把生意给你做了。客户有什么想法，只会暗示你，细细一分析，你就会发现，其实他暗示你的话韵味无穷。而这就需要你的敏感。

当客户暗示你的时候，你不懂，那么我解析给你听，你也许会懂，但是牵涉到不能明说的东西时，真正的东西你还是不懂。因此，想知道下一步怎么做，那么至少你要分析出"看你要下多大决心"这句平淡无奇的话后面隐藏的心理活动，你要懂别人说这句话是为什么，他有什么想法和顾虑。

42　什么样的选择决定什么样的人生

　　充实忙碌的日子总是过得很快，空虚无聊的时光却让人度日如年。自从做了区域销售总监以后，我已经很少亲自做单了，每天的工作就是看看报表，然后每隔几天给各个办事处打打电话，了解一下他们销售员在前线的战斗情况。

　　那一年的 5 月，我整理文件，偶然发现自己两年前写的工作日志，不禁感触良多。从接任 H 省办事处主任到现在已经两年了，时间过得飞快，自己好像也没有什么成就。两年期间发生了不少事情，我出于工作原因认识的人中有不少人也发生了改变，有的人升职了，有的人离职了，有的人进步了，有的人却出事了。

　　一天，张雨来南京向我汇报工作。看得出张雨的情绪不高，于是听完他的汇报后，我便约他晚上吃个便饭，然后约几个同事一起去南京的金丝利放松一下心情。

　　张雨喝了很多酒，我喝得很少，与其说这是节制，倒不如说是职业习惯。一般我们销售员去和客户做商务交流，总要有人清醒有人醉，总要有个人牺牲自己和客户拼命灌酒，也总要有人要清醒地掌握酒桌局势。

　　张雨终于在酒后将他的郁闷表达了出来，他做销售几年了，现在遇到一个"瓶颈"，一直突破不了。他现在有两个问题：一个是由于他前段时间设计陷害了我们公司的销售张总，结果在公司办事处主任这个层面，和他真正交心的人不多，大多数都对他虚与委蛇，而他又不敢和手下的业务员做朋友。爬上了高位后反而没有朋友，这让他很苦恼。第二个问题是销售工作的特殊性导致他很累，有点儿迷茫。自从踏入销售行业以来，他感到和亲戚朋友来往都少了，和朋友关系也淡了，感到自己去做任何一件事都有将利益放在第一位的趋势了。他感到他已经不是原来的自己了。

我夜里陪着他，默默地看着他到卫生间吐了一遍又一遍。这家伙虽然只跟了我两年，但从我过去带他的经验来看，他还是非常信任我的。他目前遇到的这个职业生涯的难关，我想我还是帮他渡过比较好。

第二天，虽然酒醒后的张雨极力推却，我还是开着车送他回 W 市。车子已过九江，天又下起了蒙蒙细雨，我开车从上海到 W 市就职那天是类似的天气。我调到自己非常喜欢的一首歌——*Say You Say Me*，这首歌陪伴我十多年了。看得出，张雨也很喜欢这首歌，他也跟着歌轻轻地哼了起来。

我笑着对张雨说："人生就如这歌词写的一样，是条寂寞的高速公路，是个孤独的旅程。"

"是啊，我现在是越来越孤独了。"张雨感叹道。

我哈哈一笑，说："我问你一个问题吧！张雨，假如命运给你一个酸柠檬，你怎样做呢？"

张雨说："我会把它吃掉。"

我说："卡耐基说，命运交给你一个酸柠檬，你得想法把它做成甜的柠檬汁。"我接着说，"刚才讲的那个问题，其实很有意思，它告诉我们'什么样的选择就决定什么样的结局'。三年前你的选择就决定了你的现状。当年你和张总闹矛盾，说实在话，我并不是很赞同。"

张雨说："为什么？我也是为自己、为大家出气啊！"

我说："对待不公，我们要先自省吾身，看自己是否做得不足，而不是凭着感觉去回应，去报复，甚至去暗算！这是不好的思想。每个人都有做得不足的地方，这一生你总要经历很多不公，难道你各个都要去反击吗？而且公不公平只是你个人的感觉，你能保证自己的感觉是正确的吗？也许公平与不公平只是我们的一念之差，如果换一种角度去想，也许会觉得那才是公平的。"

张雨说："我当时很生气，我们付出那么多，结果张总把我们的成绩抹杀了。"

我说："你呀，为什么今天我要开车送你回 W 市，你明白吗？就是想告诉你一些事情。你跟着我学会了一些思考的技巧，学会了一些做单的招数，但是你忽略了

'道'，忽略了'养身'和'养心'，所以你才会不快乐。"

张雨问道："什么是'道'？怎么'养心'？"

我说："禅宗六祖说'行正即是道'。'人'字就两画，但是站得直就是个'人'，站不直就是个王八的'八'。所以，修心其实也很简单，就是'心平行直'。我们走到哪儿，都要站得直，行得正。希望你以后是个顶天立地的男子汉，而不是斤斤计较的庸人；希望你是个热心助人的好人，而不是背后算计别人的坏人。"

张雨有些不好意思了："我有那么坏吗？"

我淡淡一笑，给张雨一根烟，自己也点上一根。沉默了一会儿，我说："我也走过和你一样的路，也是在销售这条路上一路摸爬滚打过来的，所以我才希望你不要重复我的一些不应该犯的错误。我有个时间段也和你一样急功近利，而且犯了很大的错误。"

张雨很好奇，他一直都不怎么了解我的过去。他说："老大，你还没和我们说过你以前的事呢，说说吧！"

我说："我啊，属于主动型的销售，喜欢新事物，不喜欢墨守成规，这十多年销售做下来，也觉得颇有意思！"

张雨说："颇有意思？怎么会用这个词？"

我说："哈哈！你必然也会和我一样，在销售的道路上经历新手阶段、熟手阶段、能手阶段和专家阶段这几个阶段。由于悟性不同，有的人可能走不到底，但是只要走下去的必然都会经历这几个阶段。"

张雨说："那么绝对？我现在是什么阶段？"

我说："你现在是典型的熟手阶段。"

张雨笑道："晕！老大，我一直都认为自己已经是销售能手了，做项目也是十中五六，嘿嘿！也在行业内有点儿名气了。"

我说："笨蛋！这个划分可不是光看做单成绩的，还要看他的销售理念。"

"销售理念？"

我说："是啊，有什么样的理念就会有什么样的做事风格，有什么样的风格就会塑造什么样的形象，而这个形象呢，又会反过来与客户进行互动。'物以类聚，人以群分'，这个理念就是给你自己贴个标签，让客户识别你。"

张雨摇了摇头，说："老大，你说得有点儿复杂，你的思维跳得太快，我跟不上。"

我说："我简单地和你说说我个人所经历的四个销售阶段吧。"

一、新手阶段

那是在十三年前，刚做销售的前三个月，那个时候的销售世界对我而言是全新的，我啥也不懂，只是对销售有着朴素的理解，只知道拼命地吸收一切知识。那个时候，我在水泵行业世界排名第一企业做销售。我想，水泵已经发明出来几百年了，产品原理、外观都是一样的，我怎么去说服客户买我的产品呢？于是我便研究其他企业的产品特点，研究他们的销售特色。我感觉他们的销售员只是强调自己的产品如何如何好，而我就朴素地提炼了自己的特色，比如我在名片后面印着"我们不仅仅销售优质的产品"，言下之意就是我们还销售优质的服务、优质的技术，等等。

这个阶段就是学习、积累的阶段，我特别勤奋，什么都学，见到对销售有帮助的东西就马上学习，也不管对自己是否有用。那个时候我阅读了很多销售类的图书，经常模仿那些销售高手的做法。

二、熟手阶段

新手期过后，我发现我能做的别的销售员也能做，而且可能比我做得更好。那时候我是从乡下去上海闯荡的土包子，连上海话都听不懂，知识也不够，所以我发现在新手期认为有用的东西在真正的竞争中往往没有用。于是我便反思，最后得出结论：我不能照搬别人的营销观点，我要有自己的特色，用我自己的特色去吸引人。我要灵活地去和客户交流，而不是照搬销售教科书，死板地进行一些所谓的销售。于是，那个时候我的名片后面印着一个"佛"字，因为我发现我应该随和、宽容、真诚，更加关心和理解客户，而不是一味地向客户推销什么东西！

三、能手阶段

经过打拼后，我完成了原始积累，也获得了地位和满足感，这个时候的销售和前面的两个阶段其实已经有明显的差异。前面两个阶段总的来说还是为了个人的前途、"钱景"打拼，做很多事情其实都是为自己。但是这个阶段就不一样了，随着思想的进步和年龄的增长，实际上这个阶段的我已经从单纯为自己谋福利的销售，转变成一个社会责任心很强的人！内心希望祖国更加繁荣强大。所以，我这个时候的名片上印着四个字：实干兴国。其实就是想通过兢兢业业地工作，为祖国的强大贡献自己的一份微薄之力。所以，这个时候的销售已经不是单纯为销售而销售了。

四、专家阶段

十多年的销售之路打拼下来，我已经不需要靠销售技巧来征服客户了，有时候靠名字就能获得客户的信任。我的思想也渐渐进步，比如除了关注国家的富强外，我还提醒自己不做偏激的事情，不去改变其他人本来的发展轨迹，不去干扰别人的命运。说实在的，处在我现在这样的位置，有时候一个决定就可能改变一个下属的命运，一个行动也会影响别人的前途。所以这个时候的我应该谨言慎行，低调保守，不能给别人谋福利，起码我不能"害别人"吧！实际上有时候，我们的一句微言就真的可能改变别人的命运。

张雨笑道："呵呵！倪总，起码你一句话就能使我下课！"

我笑着说："小孩子什么话都可以说，但是位子越高能说的话就越来越少了，因为他的一句话真的可以改变很多的人和事，所以我现在的销售思想就是'不害人'，做一切事都从客户的角度去考虑，有句话叫'不为短期的利益出卖自己的未来'。"

张雨反问道："不为短期的利益而出卖自己的未来？"

我说："是的，这就是我现在的销售价值观。我不走捷径，不要手段，坚持底线，不会为达到目的而不择手段！对我来说，用产品说话才是真正的销售。"

张雨满脸疑惑地问："我也想用产品说话，但是产品怎么会说话？"

我说："这个需要积累。这就是我一开始说我发现销售颇有意思的地方。比如，我在销售的第一阶段就是想向客户展示产品，但是感觉效果不好。后来就学习销售技巧、手段什么的，这样走了一圈儿，在销售的最高阶段，我发现真正的销售还是靠产品说话，还是要展示产品，因为客户买的就是你的产品。"

张雨笑了："你的这个境界我还领悟不了，不懂什么意思。"

我说:"哈哈!简单地说,你在新手阶段也是展示产品,但是你的行业经验、产品知识积累太少,所以无法很好地诠释你的产品。而你在经历很多的事情,达到一个高度以后,你随口的一个诠释,都是客户最关心、最渴望的。这就说明你能把产品诠释到客户的心里去,客户自然欢喜。"

我——一个工业产品销售经理的销售故事就告一段落了,我的故事其实并不精彩。我想,只要你对生活有热情,对人热心,懂得察言观色,在不动声色间能让别人对你产生好感,而且知晓人情世故,并懂得预判事态发展的趋势,然后努力工作,那么你的故事肯定会比我的精彩!

行文至此,我感觉自己的销售之路就好像画了一个圆圈,经历磨炼,又回到起点,只是境界已与往日有很大不同。人生就是一个轮回,销售又何尝不是呢?什么样的选择就决定什么样的人生,而我们才刚刚开始或者刚刚重新开始。

最后送给大家一句德国哲学家的话:如果你想走到高处,就要使用自己的两条腿。不要让别人把你抬到高处,也不要坐在别人的背上或头上。

销售实用锦囊

销售高手们是如何把产品卖出高价的

很多网友来信说自己所销售的产品同质化严重，客户采购时对价格非常敏感，贵1分钱可能就与订单失之交臂，面对这样的客户难免有些气馁，客户关系做起来也非常累。

销售实际上是一个推动客户向我方的目标点移动的过程，每一个销售环节犹如闭式链条。销售的过程也是一个随时在变化、在博弈的过程，竞争对手、我方、客户是时时动态变化着的，我们要对自己做得不好的关键节点进行修正和补足，直至在实现我们目标的过程中，每个节点都发挥承上启下的作用。

销售的过程仅仅一个节点做得好是不够的。某个节点发挥出色很可能是偶然的，但要全局都表现出色，就需要一定的阅历、智慧和行动力。

价格是销售链条上的重要一环，这是毋庸置疑的。因价格没谈拢而失掉客户，是每个销售员每年都可能遇到的事情。向一个乞丐推销宝马车，即使是一个销售大师，穷其一生也不可能完成任务。所以产品想卖高价，首先要记住一个"MAN法则"，即顾客的人（man）是由金钱（money）、权力（authority）和需要（need）这三个要素构成的。

做任何产品的销售，第一点就是要找到一个能买得起产品的客户群，这叫定位。想要做高价的同行首先要记住"二八定律"，即那些没有足够条件购买或总想拿低价的客户，叫作"非精准客户"，他们都应该尽量被删除。因为他们只能给你创造 20% 的业绩，却往往耗费掉你 80% 的时间和精力。

想做高价，第二点要由"我要卖"变成"客户和我一起买"。

人性都是趋利避险的，大多数人在面对问题时都是事不关己，高高挂起，能懒则懒，所以在销售员眼中可能是天大的事，但因对客户的重要性不足就可能被认为微不足道。我们每个人都会按照事情对自己的重要性、危险性来规划工作，所以做销售一定要转化思想，把你一个人的战斗转化成我和客户一起去做某件事情，把"我要向客户卖什么"，转化为"我和客户一起买什么"。

第三点是把你的产品复杂化、重要化。

因为重要，所以重要。雪球是越滚越大的，如果事情足够重要，客户肯定会更加重视。重要性不同，客户的采购模式也会不一样。比如，我们饿了想要买一个面包，因为是充饥，面包的重要性也不够，我们采购的模式就很简单，价格不用过多考虑，随手即买，味道不好扔掉也不可惜。但假设我们请一个重要的领导吃饭，是应该选西餐还是中餐，饭店的星级口碑、菜品的价格都是我们需要关注的，这时候我们的采购模式就会变得严谨和小心。

当一个人面对很稀有、不熟悉的事情时会更加重视，也更小心翼翼。比如 19世纪 80 年代的台式电脑，我们会专门为它修建一所房子，房子里铺设地毯，安装空调，给它创造一个恒温的、干净无尘的环境。但是现在我们每个年轻人都对电脑很了解的时候，我们对待电脑和对待袜子、皮鞋没什么两样，都是用的时候找来，不用的时候随手一丢。

可见，对一件事物的认识度不够，或者认为它比较复杂、比较重要的时候，才能投入更多的注意力，也愿意花费更多的时间和价格成本。所以，要想将普通的产品做到高价，必须学会把你的产品复杂化、重要化。

可能有人会反问，一台清水泵，大家都在做，产品、图片、原理、材料等所有的东西大家都一样，该如何把产品复杂化呢？

举个例子，一瓶矿泉水，在超市里可能卖两元钱，在机场可能卖七八元钱，在五星级酒店可能就卖到了二三十元钱。所以不是缺少将产品复杂化的机会，而是缺少将产品复杂化的思维。一个口罩，普通的就卖三五元钱，但如果宣传有隔绝雾霾的效果，价格可能就能升至三五十元。大家都知道，耐克、乔丹这样的运动鞋都在中国生产，如果贴其他商标标价就只能是 100 元、200 元，但是贴上乔丹、耐克的商标，价格马上就变成了 700 元、800 元，而耐克和乔丹做什么了？他们不过是把一双单纯的鞋子，注入了运动情怀，然后演变成了年轻人地位和实力的象征。

要把一个极其简单的产品复杂化，提升到高价位区域，我们可以根据对消费者购买行为的分析，从以下几方面入手：

1. 将产品和高度复杂化的问题联系在一起。

我当年推销水泵的时候，总是跟客户说，水泵看起来很简单，但这是一般人的看法，真正有经验的人都知道，水泵是整个机体的心脏，是核心，水泵出问题，会带来严重的生产、生活问题。试问，你能想象出一个建筑物 2 天没有水的惨况吗？那卫生间还能进人吗？所以在介绍产品的时候，不能简单介绍产品本身，而应该同其余更复杂的问题联系在一起。

2. 狐假虎威，把形象树立起来。

狐狸很弱小，但当它把自己和老虎捆绑在一起的时候就给人以强大的错觉。同样地，我们销售水泵，面对觉得水泵很简单、就是一堆铁疙瘩的客户，想做高价无疑是神话。所以，我们见客户伊始，就要打压这样的思想，把水泵和一些"高大上"的东西捆绑在一起。比如我经常对客户说："上海东方明珠所用的就是我们的水泵，要不这个周末我组织你们去看一下？普通人最多只能上到东方明珠的第 2 个球，但我们是厂家代表，可以以维修为由带你们去最高的球上去看看，普通人可是一辈子都不可能上得去的哦。"这样的借势，就把产品形象巧妙地树立起来并和竞争对手形成差异。

3. 了解客户的真正顾虑，并提出自己的解决方案。

W 市的 ×× 路上有个宾馆，我做这个宾馆的水泵销售时，价格比同行的高，但客户最终还是购买了我的产品，为什么？

因为去了客户现场发现，×× 路步行街人来人往噪声很大，而水泵是 24 小时运行的。夜里宾馆特别需要一个安静的环境，×× 路的地形又决定了水泵没有地下室，只能在建筑物的屋顶安装，但是水泵有振动，在夜深人静的时候，振动声至少会下传 2 层楼。我通过现场和客户交流，发现客户对水泵真正的担忧是噪声而不是价格，所以我提出我公司有第三代无噪声水泵，并保证此种水泵安装上去绝对不会有振动的声音传到客房。

实际的解决方案是，泵还是原来的水泵，只不过减震垫放了3层。1层减震垫是240元，也就是说我们多花了480元的成本。

4.加大产品的差异化。

你之所以存在，是因为你和别人不一样。以前我们竞争的时候，会在客户面前故意对其他一些水泵厂家露出鄙夷的态度，让客户感到我们作为大厂，对那些小厂是不屑一顾的。连同行都看不起的厂，客户就会感觉那应该是一个比较差的厂。

所以，即使你和别的厂家的产品从外形到内里材料都完全一样，也不要怕，起码你这个人本身跟其他厂家是不同的，你可以利用自己的表情、眼神去引导客户改变对竞争对手的印象。

生意场上，一个表情、一个眼神都说明了太多东西，都可能让你转败为胜。

接近客户的 12 种方法

第一次拜访客户，与其面谈交流的最初两三分钟，在销售流程上叫作接近客户。接近客户是销售员进行一系列销售活动的开始，是在客户面前的首次亮相。这个亮相做得好，客户就会对你产生兴趣，有进一步和你交流的欲望。反之，客户就会随便找个借口把你打发走。

销售活动是一个斗智斗勇的游戏，从事销售工作的同人们应该在最初接近客户时，就在常规中创造新奇。用新奇来吸引客户，让客户对我们产生兴趣。在 W 市做销售的时候，我认识某个消防工程公司的总经理，他的名片背面印着：H 省人，××理工大学毕业，敬请各位老乡、校友提携。这样的字样，不但能让他迅速获得客户的兴趣和关注，甚至能帮助他找到校友和老乡。

可以说，如何接近客户、迅速让客户对我们感兴趣是销售员的基本功，这个基本功扎实与否，会直接影响你后续拜访客户的成效。那么如何有效地接近客户呢？以下 12 种方法，可供大家参考：

第一种：恭维接近法

心理学揭示，适当的恭维能取悦人心，根据马斯洛需要层次论，解决好温饱问题的人都有被人尊重的精神需求。而恭维客户，意味着你对客户的认可和尊重，恰好满足了客户被尊重的需求，因此能得到客户的正面响应。恭维对人际沟通起着很重要的作用，对拉近人与人之间的关系有着催化剂的作用。

恭维的话应该是出自内心的赞美，要真诚，不能虚假奉承。同时也要注意，不同的人、不同的场合要用不同的语言。比如：对商人，我们要说聪明、有前瞻性眼光、生财有道，这样他会喜欢；对官员，要说任劳任怨、心系百姓、德高望重；对技术员，要说他年纪轻轻就获得重要岗位，未来前途不可限量；对客户总经理，一般要说其事业有成、行业造诣很深、见解深刻、知识渊博；对老人，要夸他的小孩；对青年人，自然要说其有格局、很聪慧；对技术型领导和学者要夸他的学问。

我在前几年拜访某省电力部门领导的时候，事先在网络上查询到该领导发表在《中国电力》期刊上的一篇文章，知道他是个技术型领导。在几天后第一次上门拜访的时候，一见面我就说："×局你好，前段时间在《中国电力》杂志上看了您一篇叫《××》的专业文章，给我很大启发。您关于要在电厂内部通过节能项目的改造来内部挖潜的研究，更坚定了我们公司在节能业务发展方面的信心，诚恳地邀请您去我们公司考察、指点。"

该领导也客气了一番，我随后描述了我们的产品能为电厂的节能带来什么利益。在电厂效益不好的今天，任何超过 300 万元的利润都是值得领导们关注的业绩，而且我们这块儿又和该领导的研究方向一致，所以他很有兴趣地听我介绍完产品，然后直接打电话给生产技术部的部长，喊他也来听听我们的节能项目。

会谈结束后，领导安排生产技术部部长和我对接。离开办公室，我和生产技术部部长就后续工作做了交流。该省电力部门下属有 5 个电厂，随后，我安排业务员拜访了这 5 家下属电厂。拜访之前，生产技术部部长亲自打电话给下属 5 个电厂的生产技术部负责人说，有厂家去做节能项目交流，让电厂派人接待。

由于是主管部门的亲自电话通知的安排，我们销售人员去拜访 5 个电厂时非常顺畅，很快做完调研，然后在同年的 9 月立项成功。5 个电厂我们做下了 4 个。

这个单子做得异常轻松，用生产技术部部长的话说，你们用 3 个月的时间，超越了你们产品某个同行花了 3 年时间想达成，但是最后还是没达成的目标。

原来，我们有一家南京的同行，也是做节能产品的，他们做该省电力部门的工作做了 3 年，一直都没打进去。

说到这里，我除了感叹南京同行不抛弃、不放弃的钉子精神外，同时也告知大家，我们销售员在埋头走路的时候，也要抬头看天。我们既要扎扎实实地走好每一步，也要关注销售大局，关注自己销售的思路是不是正确的。这个社会已经不是靠体力的时代，勤奋的付出，不一定会收到回报。只有在正确的时间，正确地做事，做正确的事，才能劳有所得。

第二种：路过顺便拜访法

很多时候我们预约客户，要求上门拜访他时，都是被拒绝的，因为客户厌烦别人向他们推销，很多写字楼的电梯口也贴着"销售员不得入内"的字样。面对客户的拒绝，我们又想去客户那里面谈，那么有没有办法让我们既可以见到客户，又不让其觉得我们的拜访唐突无礼呢？这就有了路过顺便拜访的接近客户的说辞。

这种方法的标准模式是："××，您好，我正好到你们这个城市做技术交流，所以未经事先约定，就顺道来访，电话里神交已久，一直期待能见到您本人，这是我的名片。"这样就开始了销售的面谈。一般而言你都上门了，客户再拒绝你也没意义，所以客户一般就会进入聆听的阶段。如果这个时候你面谈的技巧高超的话，就可以引起客户的兴趣。

路过顺便拜访法是销售员拜访陌生客户很常用的方法。2016 年，在拜访河北省某钢铁集团的时候，我就是这样接近客户的。

第一句话说："陈总，我来石家庄出差做某某项目，现在项目技术交流结束了，准备回家的时候，忽然想起好久没见到您了，所以就专门来看望看望您。"

这个时候，要做个停顿。

客户一般会说："谢谢，谢谢。"

那么你马上来第二句："对了，陈总，根据你们的工作进展，水泵设备估计什么时候采购啊？"

这是很经典的两句话，既接近了客户，又有了铺垫和转折，让会谈内容能转移到我们的销售工作上去。

上面的案例是多次拜访后的接近法，如果是第一次上门拜访，则应变通为：

1. 推开客户的门，找个面善的人问，哪一位是负责水泵的工程师。

2. 按照别人的指点，找到这位工程师。然后说："×工，我来石家庄出差做某某项目，正好路过你们单位。我想，你们这么大的单位估计会用我们的设备，所以进来拜访，给您宣传下产品。买不买无所谓，主要是介绍一下，您在选择设备的时候也好多个选择。"

在这个接近客户的方法里，一般要加一句"买不买无所谓"，因为每个人都厌烦被推销。第一次拜访客户时，客户认为你是来推销的，总会有抵触情绪，会很警觉，所以要安抚他，消除他的警惕。

第三种：利益接近法（FABE推销法）

我当年销售水泵，固定用语是："×工，一般的水泵房都建在地下室，地下室本身就有点阴冷潮湿，而传统的水泵采用填料密封，每分钟漏水3滴，时间久了，地下室难免湿漉漉的，很脏。而我们产品采用的是机械密封，滴水不漏，所以安装我们的水泵，水泵房都很干净舒适，操作人员都很愉快。这是我们和其他竞争对手相比的最大特点。"

使用利益接近法的时候一般都要有些夸张，比如要把客户的痛点夸大，我们给客户带去的好处，要用语言描述出画面感，这样才能强烈地刺激到客户，使客户印象深刻。

第四种：悬念接近法

在推销工作中，我们也可以制造悬念来引起客户的兴趣。比如市面上推销菜刀的拿着刀去砍铁丝，就形成一个悬念：是菜刀砍断铁丝，还是铁丝把菜刀弄个豁口？

当客户对你产生兴趣后，拜访也就变得更容易了。

第五种：第三方介绍

通过第三方介绍拜访是销售员最常用的销售方法之一。一般工业产品的销售员在拜访客户时都喜欢说，我是设计院介绍进来的。因为一般情况下，绝大多数人对自己所知道的第三方人士介绍来的销售，都会比较客气，起码不会拒绝。

表面上，第三方介绍是一种曲折的接近客户的战术，但是假如你理解且熟练地使用它，它将会是你攻城拔寨的有力武器。

第六种：标杆接近法

用业内有影响力的明星企业或人举例来吸引客户，这也是很有效的接近客户的方法之一，在销售实战里，我也经常使用这个方法。比如，去 W 市钢铁公司的时候，我说，上海宝钢的某某部门也在使用我们的这个产品。

我去拜访邯郸钢铁公司的时候，则说"广西的柳钢上个月刚和我们签订了合同，我查找了一些资料，发现你们也有和柳钢类似的项目，所以我特地来和您交流一下，看看有没有合作的可能性"。

第七种：解决方案吸引法

现在的销售理论和技巧的研究，已经从仅仅关注自己的产品本身转向关注客户，发现和满足客户的需求。用新的技术、创意、说法、点子，以及系统的解决方案，帮助客户解除烦恼，是吸引客户的方法之一。

这种方法的精髓是站在客户的立场，帮客户解决问题，使客户更成功。比如，我之前做山东某家公司的业务时，因为这家公司一直在为产品的销量下滑而苦恼，我就帮他们策划了一个营销方案，大幅提高了产品的销量，解决了他们的难题。他们的副总很感激我，就把我推荐给了他们的董事长，使我推开了客户的门，与之签订了战略合作协议。又如一个销售员听到客户抱怨他的电脑卡，就帮他清理了一下电脑。其实只要你用心，总会发现客户的困扰，然后你提供方案，即使不成功或客户拒绝采纳，他也会谢谢你的劳动和建议，这样你们的关系就自动拉近了。

第八种：礼品接近法

大多数人都有占小便宜的心理，礼品推销法就是利用这种心理。这种方法简单易行，实战中礼品不要买贵的，也不要买烟，可以买几个橘子、一盒口香糖、一张鼠标垫，也可以给客户送小盒的茶叶。几元到几十元的东西，不算行贿。但拿人手短，客户接受你哪怕一分钱的东西，他也是欠了你一个人情，所以他不会抗拒你，而是会帮你。

第九种：现场实物演示法

实物总是比语言描述的东西更具震撼力，所以现场实物推销法也是一个很有效的接近客户的方法。我以前销售水泵的时候，曾经背了一台小不锈钢水泵放在客户的办公室，让客户亲眼见到我们的产品，新的闪闪发亮的不锈钢水泵和生产车间里其他锈迹斑斑的水泵形成巨大反差，使客户产生我的产品不错的想法，从而赢得了客户的心。

台湾地区的某著名阀门企业在 20 世纪 90 年代刚来大陆市场的时候，就给一辆货车装了一套给水系统，装了他们公司的控制阀门，然后开着车跑遍了全国甲级的建筑设计院。每到一处，就邀请该院的设计师全都过来参观阀门的现场使用情况，从而给设计师一个鲜明深刻的印象，也顺利地打开了大陆市场，一举发展成为水力控制阀的龙头老大。

第十种：兴趣法

接近客户，迅速判断客户的爱好，然后针对他的爱好和兴趣进行交流，形成共鸣，这也是有效的接近客户的方法之一。比如很多男性都喜欢踢足球，所以当你面对一位男性客户时，你可以说："× 工，我看你有踢足球的照片，请问你是踢哪个位置的？"

第十一种：考察法

销售新手在介绍完自己公司和产品后常常不知道下一步该说什么，而考察法就相当于一张万能牌。做销售工作难免要邀请客户去公司参观考察，但效果一般都不大，它仅仅是帮助你接近客户的一种方法。一般而言，你的产品在技术上得到了客户的认可，客户是可以考虑考察的，销售员只不过要在客户考察的时候进行商务公关。

第十二种：开会接近法

开会接近法是面对零散的小订单的客户比较有效的方法。一个做进口工具材料销售的朋友向我抱怨过，说他的客户太零散地分布在一个省，每个都拜访吧，出差成本高，而且即使多次拜访，对方也不一定会采购，即使采购，每次交易额也才几万元，甚至只有几千元，总有点不够收回成本的感觉。他很困惑。

我说，你为什么不开个产品推广会呢？集中邀请你的潜在客户到一个地方，再集中公关一下看看效果。

按照我的建议，这个销售人员向公司申请，在省会城市五星级酒店搞了一次产品推广会，邀请他的客户群参加，四处送邀请函。客户见是来送邀请函而不是推销的，就很愿意接见他，和他聊得也很投机。产品推广会来了80多人，他那一年的业绩是公司最高的⋯⋯

赠人玫瑰，手有余香，无论是礼品还是集中邀请开会，其实都是给客户带去利益，所以客户一般不会拒绝。

如何每次拜访都让客户乐于接见？

"不知道这则短信你会不会收到，但是我执意要写，因为这是我的一个希望。走进销售圈子就相当于赌博，赌自己的青春，赌自己的精力。一旦没有走出这个泥潭，就是一败涂地，再转行又是从零开始，没学历，没技术，没希望，所以踏入这行的我想放手一搏。在销售过程中，最困扰我的就是多次拜访客户。第一次拜访有目的、有理由，但是没熟悉之前的拜访很不自然。没借口见面，更没方法接触。我想请教一下，怎么在没借口见面的情况下去拜访客户？"

有网友提出了这样的问题，我觉得这个问题问得很低级，不过很真实，我很多年前也在为重复拜访客户寻找理由，应该说这是每个新手都会遇到的问题：如何在每次上门拜访时都让客户觉得很有必要且乐于接见你呢？

细细品味这个问题，其实你会发现，这个问题只有新手级销售员才会遇到，对于销售老手来说，我想拜访就去拜访，要何理由？比如看望父母，需要理由吗？

需要理由的，总是那些不熟悉的人。

这个问题实际上问的是：如何在每次拜访客户时都有充分的理由？它有个很机械的、固定的模板可以解决，比如假设你公司的产品有两种，每种有一本说明书，那么你第一次拜访的时候，只送一本说明书，第二次去拜访的时候再送另一本。理由是："×工，抱歉，上次来拜访你的时候学到不少东西，一高兴，有本说明书就忘记给你了。这次我来拜访你，是专门送这本我们拳头产品的说明书的。"

所以，第二次拜访的理由是："我是来给你送说明书的。"这个理由充不充分？而且，先赞美客户的上次谈话对自己很有帮助，让自己学习到东西，这个赞美之词会让客户不去计较拜访的理由是不是充分。

第三次拜访的理由是："×工你好，我公司有个U盘，质量不错，我专门来送个给你。"

第四次拜访的理由是："×工你好，我路过这里，看有卖新鲜橘子的，就买了几个专门来看看你。"

第五次拜访的理由是："×工你好，我看到竞争对手鬼鬼祟祟来找你们好几啦，我来看看我们这个设备计划什么时候采购。"

只要你愿意，其实你可以有无数充分的理由接近客户。但是，如何让客户喜欢你的拜访，和你商洽愉快，形成订单，才是真正的问题。所以"如何在每次拜访客户时都有充分的理由"这个简单的小问题，其实牵涉到了销售员"如何接近客户"这个销售流程。而如何有效地接近客户这个流程又牵涉到开场白、引发客户的兴趣、激发客户和自己交谈的欲望这些销售心理和销售技巧的应用。

开场白也有几种可用于实战的固定模板：

1. 赞美法。"哇，张姐，你的手形很漂亮，一看你就生在富贵之家。"

2. 求教法。"张工，向你请教个问题，怎么根据楼高估算出水泵的扬程啊？"

3. 送礼法。"张工，我公司有个U盘礼品，很不错，我送一个给你。"

4. 提醒法。"张工，你不买我公司的产品也没关系，但是千万别买B公司的产品，他们的质量是行业内公认最差的，人品是公认最坏的，但也是最会吹牛的，不讲诚信。"

5. 演示法。带个样品或者带着电脑，给客户做演示。

6. 语出惊人法。"张工，我有一款目前世界上最好的产品想给你介绍下。"

在实际的销售工作里，开场白非常重要，它一般都是我们精心设计的，担负着"引发客户对和我交谈产生兴趣"的重责。而能不能引发客户的兴趣，除了开场白以外，你的个人形象和个人竞争力也很重要。

没有思想的人是行尸走肉，同样，没有思想的拜访是销售员的一场梦游！想做一个有魅力的销售员，提高自己的竞争力，一般要从三个角度下手：客户心目中的优秀销售员形象、销售员的销售技巧、销售员的吸引力。

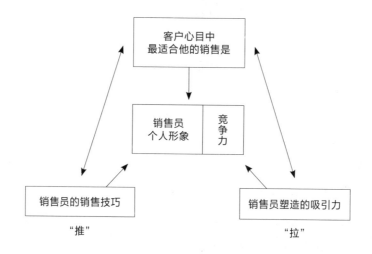

萝卜青菜，各有所爱，我们销售员首先要塑造一个客户公认的优秀销售员的形象，然后通过学习和实践打磨自己的销售技巧，塑造自己的吸引力，有了这三方面的修养，会慢慢形成自己独特的个人魅力，从而建立销售员自己的竞争力。

很多销售员把销售仅仅理解成推销，我们从上图可以看出，竞争力三角形缺失了另外两个角中的任何一个都是站不住的，在实际工作中也能验证这点。仅仅靠销售技巧是拿不到单子的，为什么过去的"关系型销售"慢慢被"顾问型销售"所取代就是这个道理。关系型销售仅仅是打磨自己的销售技巧，却忽略了个人形象的塑造，而现在这个社会，普通人只信任两种人：亲朋好友和专家权威。

变成专家权威，可以采取这些方式：

1. 积累丰富的产品知识，让客户觉得你是专家；

2. 利用客户所信赖的人的观点；

3. 利用自己的优势：行业经验、地位、身份；

4.通过自己的穿着打扮、言谈举止，表现出自己是专家。

而顾问型销售的特点，就是通过学习专业知识，塑造自己行业专家的形象，从而担当客户的决策"顾问"。

销售万千种技巧说到底就是"推""拉"二字。

顾问型销售的本质是对销售技巧"拉"的运用，是销售员在吸引力上多下功夫，通过增强自己的吸引力，使销售工作变得不那么低端。但我在实际的销售管理工作中同样发现，顾问型销售员的单兵作战能力也很弱，原因是在追求吸引力、塑造个人销售顾问形象的时候忽略了销售技巧。

引起客户的兴趣和激发客户的欲望都不难，只要你稍微动点心思，不过是雕虫小技而已，但我们要的不是一时的新鲜，或客户对你的一时兴趣，我们要的是客户对我们的"忠诚"，而这个忠诚就意味着我们销售员必须建立自己的个人品牌（个人形象）。

销售员的个人品牌通过"推""拉"销售技巧的运用，会有一定的辨识度和知名度，但它要和客户心目中"最优秀的供应商"吻合，从而使我们成为客户的第一优选品牌。

再次提醒：销售技巧和个人吸引力都是同样重要的，销售员别以为学习了销售技巧就可以走遍天下。你的销售技巧再高，一个一流的客户也永远都看不上一个三流的销售员，更不要说合作了！

如何和客户公司的大人物交谈？

叩开了客户的门，如何与大人物对话和交谈，又是一个大问题。作为一个从业20多年的老销售，我几乎每天都在和人做语言上的沟通，所以很想抛砖引玉地说说和大人物交谈的一些心得。

一、和大人物交流的时候，要站有站相、坐有坐相，切忌晃动身体、抖腿等不良习惯

一次，我正在拜访某上市企业的董事长，恰逢他招聘一名市场部总监，董事长邀我一起参加面试，帮他在人才识别上把把关。来应聘的Z先生简历做得很好，但面试的时候给人的印象很平庸，说话没有任何亮点。面试结束后，董事长的态度很明朗：此人不适合市场部总监的职位。

我问董事长："为什么做出这样的评价？"

他说："这个人在交谈的时候有一个习惯，就是不停地抖腿，相术上说老是抖腿就把财运抖跑了。从相术的角度来解释难免有些迷信，但我也觉得抖腿是一个很不好的习惯，给人以轻浮、不稳重之感，很难适合高管的职位。"

大人物一般阅历很丰富，见多识广，善于从小节去判断一个人，从小事上下结论。所以谨慎起见，在和大人物的交谈中，我们应该站有站相，坐有坐相，以稳重、严谨的形象示人，首先把自己立于不败之地。

二、说话要有逻辑，注意句式，声音抑扬顿挫、有力，表述准确清晰、层次分明

还是那家公司，他们的人力资源总监是新从外面招聘过来的，原来人力资源部的4位员工，均未升迁获得这个职位。中午吃饭的时候，我问其中一个资深员工："为什么你未升到总监的职位？"

他说："我的能力和新任总监比还是有差距的，能力上确实不如人家。"

我说："能力这个东西在没有实战前都不过是感觉而已。"

他说："我在和人谈话时，总是有点紧张，表述得不够有吸引力。这点和新任人力资源总监有明显的差距。"

我笑了，说："我也看出来了，你和人力总监比，有两个差距：

"1. 人力总监的说话声音比你大。这表明他更有信心。只有在自信的时候，人的说话声音才会不由自主地变大，这叫理直气壮。当你感觉真理在你这边的时候，你的声音自然就大了起来。

"2. 他的语言多命令句，句式很短。而你在和别人交流的时候，使用得更多的是描述性的语言。相较而言，你的句式很长，容易让人抓不住重点。

"最重要的是，当领导的使用语言，一般都是命令式的祈使句，只有经常向别

人汇报工作的人才会多使用陈述句。"

最后我对他说："当领导的都要大嗓门，声音洪亮，小职员哪怕有大嗓门，也处处压抑自己，使自己声音变小，不敢惊扰他人，以免给人不好的印象。所以，和大人物交流，语言一定要简短有力，声音一定要饱满清晰。如果不懂什么叫饱满清晰，那么就简单地理解成声音要大就可以了。声音大至少显得你自信。"

三、拜访交谈前要"预"

凡事预则立，成功很多时候是提前反复思考、练习、预演的结果。一次成功有效的拜访交流，一定要提前花三到五个小时思考并预演可能出现的障碍，反复练习后再去登门拜访，你会发现一切尽在掌握中。作为一个不太能熟练掌握和大人物交谈技巧的销售员来说，在会谈前对客户做大量的信息调研，明确客户的现状和需求，知晓他的自豪点和痛点，然后又针对性地制定会谈所需的话术和策略，这样的精心准备能给客户一种你很专业、值得信赖的感觉。

我在拜访某位大型企业领导前，特意上网搜索了此人的相关信息，发现他在一次重要场合有一段非常精彩的讲话，于是我反复研究他讲话的内容，结合社会现状领悟了他讲话的核心。在之后的拜访中，我特地就讲话内容对他进行了恭维，并提出了自己的思路。如此一来，他在会谈现场就对我产生了惺惺相惜的感觉。后来这位领导晚上推掉预定的行程，特意安排了一次晚宴以欢迎我们的来访。在饭局中，他仍然处于自己的讲话被人欣赏的良好状态中，而我们呢，拜访目的肯定也实现了。

所以，在重要的事情开展之前，一定要勤于思考，多做准备。

四、交谈内容、顺序皆有讲究，切不可谈具体技术要求

实践中，我们可以向高层、大人物介绍一下我们的产品技术，简明阐述即可，不可过多渲染，更不可在与高层的交谈中，对产品进行直接推销。因为一般情况下，在与对方的总经理或董事长会谈时，只要谈到了具体的产品需求，推销产品的时候，他们就会把下属的部门主管叫进来参与交流，这样反而丧失了我们和对方高管直接交流的良机。

那么不谈技术、不谈产品需求，我们谈什么呢？

1. 可以结合大人物的经历，谈公司或者个人的奋斗史，帮助大人物回顾自己的奋斗历程，触景生情，以期达到情感上的共鸣。比如，我20岁闯荡上海的时候就被一个外企的总经理看中。理由很简单，她和我都有20岁背井离乡打拼的经历，在我的身上她能看到自己的影子，于是触景生情，就给完全陌生的我提供了一次进外企工作的机会。

2. 寻找与客户的共鸣点。交谈中先寒暄，简单告诉会谈方自己的来访意图，不要直接进入正题，要观察大人物和大人物的房间摆设，迅速找出他的爱好，进行有针对性的试探，挖掘共鸣点。

我有一次拜访国内某叉车厂的董事长，刚刚就座，发现侧面的墙上挂着一幅书法作品。于是从这幅书法作品入手，先称赞写得好，然后询问是不是董事长写的。董事长说不是，是某某送的，于是就讲了关于这幅书法的故事。有了这个故事，我们的会谈就很愉悦，董事长也有了找到知音的感觉，业务的事情就变得简单了。

3. 如果自己的积累少，很难找到共鸣点，就和对方谈投资回报比吧。作为高管，他可能不关心技术和产品，但他一定关注投资回报比，关注他能获得什么。所以站在客户的角度，帮他们设计一个最有益的方案吧，这也是一个小招了。

五、和大人物交谈重在一个"稳"字

只要进入大人物所在的区域，你就要"稳"字当头，安步当车，走路要慢而坚定，神情要自若，自己的衣服要整洁。在交谈或者行动中，面对突发情况或者自己不熟悉的问题，也不要轻易表露自己的情绪，要坦然置之。一个上市公司的董事长在和我闲扯的时候说：出色的人面对任何事情都要平心静气的，这样才显得有力量去解决问题。

最容易蒙蔽销售员的客户十大谎言

一、白道黑道我都可以，以后在这个城市遇到问题来找我

这是销售员经常遇到的，当你请人吃饭，酒足饭饱之余，总有少数人拍着胸脯对你说这样的话。但是当你真的有事需要他们的时候，就会发现他们比你想象中要

无能很多，根本帮不了你任何忙。所以销售第一戒：远离那些拍胸脯告诉你，他是老大，你以后找他就可以的人！

二、招标活动是绝对公平、公正、公开的

生活中，很多人都相信招标是绝对公平、公正、公开的。但是，当你成为一名销售员之后，在你被真正耍过之后，你才会发现，在这个世界上绝对的公平是不存在的。譬如当年稚嫩时的我，拿着中国第一水泵品牌，3次投标某单位，无论是最低价、中价，还是最高价，都没有中标。

所以，生活告诉我们：有些话听听就算了，别当真，当真你就输了。干销售工作不能走捷径，还得从学习销售技巧和控单开始，秒杀对手！这样你才能在某一项目上独活。

三、竞争对手比你便宜一点，这次真的没办法合作，下次一定优先采购你的

类似这样的话，我听过无数次，一开始还傻傻地等，以为错过了这次，下次还有机会。虽然被客户耍了，但我还是很绅士地说："没关系，期待下次合作。"

经历多了，我彻底明白，这句话就是在欺负傻子呢。这次他吃你的、喝你的，你都没机会，下次？

"下次合作"纯粹是客户忽悠傻子，所以销售员遇到这样的说法，还是要坚持促成这次合作，不要相信客户给你描述的未来！

四、你资料放在这儿，我需要的时候给你打电话

这句话是典型的销售员推销失败，客户为了把销售员赶走而说的一句场面话，我当年竟傻傻地当真了。实际上，客户根本连你的资料都不会看，更不要说主动联系你了。

五、我也不知道什么时候采购

销售员在向客户相关拜访人询问客户何时采购的时候，往往会得到这句话。这句话的含义是："我虽然知道何时采购，但是我凭什么要告诉你？"这句话也是衡

量销售员和客户关系的一个标尺。如果你的客户说不知道何时采购，说明你在客户心里是没合作可能的。

六、只要把标书做好，把你们产品优势说清楚，你们就会赢单

这样的对话一般发生在销售员拜访客户太频繁的时候，客户感到不耐烦，于是开始忽悠销售员，希望销售员别那么频繁地拜访自己。

七、我不在或领导不在

"不在"是个万能的躲避不喜欢的人的回答方案。所以，当客户对你的预约拜访说"不在"的时候，你就应该审视自己的销售方法和为人处世了。

八、你价格再便宜点；你们产品在我公司使用后感觉不错的话，我可以向其他厂家推荐你

这是客户迫使你降价所使用的方法，他试图以"向其他厂家推荐你，使你获得多个合同"为诱饵，使你降价。

有时候销售员遇到这样的情况竟然会觉得客户说得有道理，竟然不知道怎么应对，忘记了自己其实是在谈判，而客户推荐客户和谈判无关。

人，就是这样有意思，有时候为了无关的事情会影响太多现在要解决的事情。

九、我觉得你人不错，才决定给你个机会和你合作

在交易成功的时候，客户往往会对销售员说这样的话，但是销售员千万别当真，真以为自己品格高雅。

十、我真的没时间

当销售员向客户提出聚餐、商务活动、参观考察、技术交流的时候，客户往往会这样说，这是一句明显的敷衍之句，他对你没时间，只说明他不太喜欢你，不愿意浪费自己的时间而已。所以销售员可以把这句话当作你和客户关系的晴雨表，当你的客户这样对你说的时候，你要明白，你的工作实际上还没有做到位，你离赢单

还非常遥远，你需要继续按照销售规律，使用销售技巧，推动销售进展。

产品报价之"七种武器"

很多客户在需求一产生的时候，就立刻想要了解所需产品价格的需求，为自己做资金预算，这个时候的询价是无法产生交易的，因为客户还没考虑购买定位、购买偏好，进行产品比较，这个时候销售员报价高了会吓跑客户，低了客户会认为你的产品品质差、不靠谱，也会把你排除在外。所以销售员针对询价，知道什么时候该报什么时候不报也是一门技术活儿。峰哥认为，在给客户报价的过程中要采取一定的策略，比如以下几种方法：

一、切片报价（分项报价）法

生活中，卖黄金饰品的总是以"克"为单位，假设 1 克 260 元，客户会想"260元也不多啊"。同理，卖西洋参的，1 千克 9000 元，一般消费者一听价，反馈肯定是"贵了，贵了"；但是西洋参销售人员在报价的时候说"每克 9 元"，这个时候消费者的反馈是"9 元，真心不贵"。我曾经销售真空泵，报价的时候往往把真空泵这个设备拆分切片为电机、泵体、油水分离器、阀门等几个部件进行分项报价，客户一般会通过市场询价去调查这些价格。经过价格比对，一般来说，我切片后的价格总和比询价的产品整体价格稍微高一点，客户也是能接受的。但是几个分项加在一起，我们的利润就很可观了。

二、突然降价法

在客户的购买心理中，"感觉上占了便宜"是一个重要的成交因素。客户一般都乐意购买自己认为物美价廉的产品，而实际上，客户对"便宜"的理解并不局限在价格的低廉上，其衡量标准是多重的。一般而言，消费者在产品技术层面上的知识是有限的，对产品的价值也没有清晰的认知，他们一般都只是从品牌宣传上判定产品的价值和价格。比如，某客户一直认为宝马车是种非常棒的高价值车，价格也应该非常昂贵。假设宝马车的价格打折到比同配置的名气较低品牌的价格稍高一点，那么宝马车的这个潜在消费者就会认为其"占了便宜"，从而坚定购买决心。

在水泵行业的销售实战里，一般和客户的关系没那么好的销售员或者销售新人，在赢得客户的合同希望较低时，往往会在即将失败的时候，使出突然降价法。比如，成都的某水泵销售员就告诉我，他的竞争对手有几次在他即将签订合同的时候，突然找到客户的董事长进行巨幅降价，一下就把他搞得很难受，签订合同的时间也会受到拖延。

三、不平衡报价法

在我方总价不变的情况下，选择产品的一些零部件，把常规、通用的零部件以低价的形式报价，而抬高那些具有特殊结构、特殊工艺或专利产品的不具备价格可比性的零部件的价格。这个报价方法由于把客户能做市场询价的常规产品报价放在一个较低而合理的位置，能让客户感觉到我们的产品价廉物美，让客户感觉我们的报价不虚夸，从而得到客户的信任。

四、可选方案报价法

在实际的工作中，采购文件要求中有可选方案或无明确要求时，我们可因地制宜地做出不同的方案和不同的报价。这样，我们可以在原定方案之外再做一套预备方案，有两个价格，我们的价格覆盖面就广一点，使自己产品的价格能更大限度地契合客户的采购心理价位。另外，多一套方案也显得我们为客户考虑得更周全，更加吸引客户，争取对我方有利的因素。可选方案报价法在手机行业运用极为广泛，譬如苹果手机，同一款苹果手机，它就以内存大小的不同，分为32G、64G、128G三个价格方案来覆盖尽可能多的目标客户。

五、比较报价法

将我方的产品与另一种价格高的产品（比如进口产品、市场公认第一的名牌产品等）进行比较，就显得我方产品的价格便宜了。此外，我们把自己的产品和进口产品或者名牌产品放在一起比较，也显得我方的产品质量并不比他们的差。这样把自己的产品与另一个比自己市场地位高的产品进行比较的销售策略，来自一个商业理论：跟着第一名跑总是能在队伍前列，不会掉到后面去。

六、保本价争客户法

有时候我们开发一个新市场，或者介入一个从未涉足的新行业，销售员亟须在新的领域建立一个新产品的样板客户。为了争取挤入这个新市场或与样板客户达成合作，我们可以采取低价竞争的方法。

七、生日蛋糕报价法

我们去买生日蛋糕时，你以为买的仅仅是蛋糕，但是当你拆开包装，却发现里面除了蛋糕，还有蜡烛、能播放生日歌的小玩具，等等。总之，你买的是一个蛋糕，但是经销商却给了你一个系统的解决方案，这在销售技巧里叫作"捆绑销售"，在报价里我们称为"蛋糕报价法"。这种报价法的技巧在于总价不变，商人故意给你提供一些小礼品、新功能等来吸引你采购。生活里运用较多的是淘宝店家，他们几乎每卖出一件产品就会搭配若干个小礼品，以此来吸引买家下单和对其做出好评。

销售知识的学习和使用是很有意思的事情，虽然看起来简单，但是运用到合适的环境，却事半功倍，很轻松地让你得到想要的。所以建议从事销售的朋友们平时多学习些销售理论和技巧，并在自己的工作生活里多运用，这样就容易从"知道"变成"做到"，慢慢变成一个"有办法"的人。

"懒马效应"在销售中的应用

一个苏姓网友问：

峰哥你好，请教你一个问题：我有一个客户，我们报价比其他分公司高，其他分公司同事还在客户面前说我们抢单，现在我们跟这个客户的关系变得特别差了，我该怎么办？

这个问题很有意思。首先我们要厘清：苏姓网友究竟有没有抢单？

一般而言，销售总监给自己的公司设置销售体系的时候，销售员的销售权限划分形式主要有三种：

1. 区域划分。每个销售员只负责规定的一个区域内的销售，严禁跨出自己区域销售。

2. 行业划分。每个销售员只负责划分给自己的行业，严禁跨出自己行业销售。

3. 客户划分。一些小的公司，会根据自己的经营情况进行客户划分，即安排一个销售员只负责几个固定客户，严禁跑公司其他销售员的客户。

所以，这位苏姓网友可以对照上面的三种销售权限的划分形式审核自己有没有违反公司的权限划分。如果违反了，那么同事指责你抢单是理所当然的。不是你的客户，一定要学会放弃。因为不是你的客户，他们只是咨询你的价格而无诚意去通过你购买产品。这样，虽然你付出了劳动，但注定会是风箱里的老鼠，痛苦得很。

但是如果是你销售权限内的客户，被你的其他分公司的同事抢单，而他还指责你，这就需要你维护自己的权益了。

经济学中有个著名的"懒马效应"，是这样说的：

有两匹马各拉一辆货车，一匹马走得快，另一匹马慢吞吞地跟在后面。主人着急，就把后面车上的货全部搬到前面的马车上。这时后面的马笑了，它想：越努力承担得越多，自找折磨，自讨苦吃！

谁知主人随后想：既然一匹马就能把货拉完，干吗要养两匹马呢？于是懒马就被宰了。

道理翻译过来就是——如果让老板和领导觉得你可有可无时，你离被淘汰的日子就不远了。

职场如战场，关系自己的人生起伏，万万不可随意消极应对，被别人欺负打压了，如果不进行反击，时间久了，你就是同事眼里的废人，是可以欺负但不可以一起成长的废物。忍气吞声貌似可以获得一个好人缘，但是一个被人随意揉捏的柿子，我想象不出他有什么远大的前程。

所以就这个案例而言，如果是自己抢单，那么我建议你放弃；但如果是同事抢你的单子，则无论如何一定要破坏掉他们成交的可能性。因为你不这么做，在领导眼里，你的同事就是个销售牛人，他可以从你的地盘把属于你的单子抢走，足以说明他是个销售高手，是值得重用的，以后有升迁、重用的机会也会优先照顾他。

无论是在职场、社会还是在生活中，都不要成为一匹"懒马"。要学会让竞争对手助你走向成功，而不要成为别人向上攀升的垫脚石。要多做事，想办法让别人养成对你的依赖，从而让公司或者客户都觉得你是一匹不可或缺的"快马"。举例来说，早上帮客户准备好早点、占好车位，让客户对你产生依赖，也能形成销售先机。有些销售员甚至帮客户代接小孩上学放学，帮客户省了大量的时间和精力，势必使客户对他形成依赖，销售工作也就成了顺势而为的简单之举。

"懒马效应"在职场或者销售中的应用，就是多做事情、多折腾、多汇报，多让你的领导和客户知道你在为他们而努力。哪怕你做错了，领导和客户也不会因此而批评你，要知道，任何一个领导都喜欢多做事的员工。销售员在客户那里更要知道"懒马效应"的威力，多和客户交流，多做一些事情，努力成为客户眼中的"快马"。

人生是由一件件细小的事情组成的，一次细小的成功也是一个高度，细小的成功多了，你的人生高度就有了。所以，别浪费任何一个机会，别把机会给予别人，然后许多年后你再仰视他！

完成不可能完成的任务 —— 目标分解法

一个叫"方向"的网友来信说：都说要带着目标去拜访客户，可是我很多时候就是为了拜访而拜访，完全没有目标。

这位网友的说法半真半假，首先他的结论是值得质疑的，他说去客户那里没有目标，其实他之所以去客户那里，就是因为有个目标才去的，只不过由于目标太大，很难一下子实现，所以才显得我们去拜访客户时很茫然，无目标。

目标太大，或者根本没完成的可能性，我们就会茫然，甚至主动放弃，所以制订销售规划一定要依据SMART原则。

SMART原则中的"A"就是attainable，是可达到、可得到的意思。

销售员去客户那里的目标只有一个：获得合同。但是"获得合同"这个目标太大，对很多菜鸟销售人员而言是不可能完成的任务。我们销售员如果抱着"获得合同"的目标拜访客户，那么是很容易受挫和迷失自己的，甚至会感到绝望。

所以，一个聪明的销售员，要把"获得合同"这个总目标分解为若干个可以实现的具有连续性的小目标，譬如：

目标一：收集客户信息；

目标二：接触客户；

目标三：让客户对我产生好感（小恩小惠）；

目标四：让客户产生我公司的产品和他们的需求是最匹配的认知（技术卖点反复宣传）；

目标五：获得客户的拍板人、关键人对我的认可（商务活动）；

目标六：了解且满足采购程序；

目标七：参与招投标；

目标八：中标。

假设把"获得合同"分解为上述 8 个小目标，那么每一次拜访客户只是去实现一个小目标，或者通过多次拜访去实现一个小目标，那么我们就会觉得每一个子目标都是可以实现的。

当然，有的销售员会说："我无法完成目标五，我没能力获得客户的拍板人和关键人对我的认可。"

OK，我也认同你的说法，但是现在的销售已经进入团队作战的时代了，我也一直告诉你们，要善于"借力"，你没法说服你客户的拍板人，那么你的领导能不能，你的董事长能不能呢？

你多拜访客户，给你的领导、董事长创造来访的环境，让他们来说服拍板人，你离目标是不是又近了一步？

我们都在职场上，都是背负使命的人。销售员的使命就是获得合同，我们所有的一切都是围绕"获得合同"这一目标而进行的，这就是我们的工作。如果自己前进的脚步受阻，却不借外力帮我们扫清障碍，那我们的工作就会进入停滞阶段，这是浪费时间，是耗费自己的宝贵生命！

彷徨的、犹豫的拜访，自己都不信自己能做到，这样的拜访还不如回家睡上一觉。前者使你在客户那儿感觉越来越糟，后者让你的身体得到了享受和放松！

大客户是销售员的取款机，如何抓住大客户？

根据"二八定律"，你通过20%的客户完成了80%的销售额，这个20%的客户就是你的大客户。20%的大客户带来80%的佣金收入，所以大客户的抓取是每个销售员都应该也是必须重视的。

我也曾因为大客户获益。我在职场浴血拼杀多年，没自己开公司创业去承担更大的风险，也是因为这个大客户。

这个大客户是一个化工集团，与我建立供采关系差不多十年了。每年无论我做什么工作，跳槽与否，还是瞎转悠，这个大客户都固定给我五六十万元的水泵订单。这样，我每年去这个化工集团两三趟，就能赚个十来万元钱，解决了我的衣食之忧。

大客户就如同销售员的提款机，每年给你相对稳定的收入，让你不用为拿不到佣金而担心。假设大客户有两三个，那么销售员就完全可以创业，自己开公司当老板。无数老板都是这么起家的。

那么，既然大客户这么重要，我们如何才能抓住呢？

一、要有战略眼光和耐心

大客户之所以难抓，是因为大客户的采购流程、管理、人际关系、采购习惯、采购标准等都非常复杂，很多人都参与采购，但每个人又都没有权力拍板选定你的产品。所以，面对这样的"庞然大物"，很多销售员没有足够的耐心，事情做到一半感觉无望就放弃了，甚是可惜。

抓大客户的第一关，就是要用战略的眼光命令自己必须弄到一个大客户。下这个决心，然后不怕失败，沉得住气，耐得住寂寞，不计得失，不拿下这个大客户绝不罢休，才能不卑不亢，赢得大客户。

值得一提的是，几乎所有的公司老板、大款巨富，他们都是先从谈下一个大客户、捞取第一桶金而开启辉煌人生的。我的一个销售阀门的朋友，就是在早些年与吉林石化谈下了合作，靠这一个厂成为亿万富翁的。我的另一个朋友，姓林，现在在上海开一家水泵厂，他当年就是靠拿下了大庆油田的某个水泵供应，获得了第一桶金。

牛人们都有一个起点，获得第一桶金。而大客户往往就是他们第一桶金的来源。

二、积累足够的专业知识

能吸收大客户的基本上都是专业水平很高的人才。我一直对朋友说，最聪明的人都在政界、军界和商界中，优秀的人毕业后加入大公司是理所当然的，而这些大公司就是我们的大客户。所以，别试图用那些无聊的"吃送嫖"三板斧去攻克大客户，也别用那些三脚猫的浅显知识去忽悠大客户。要知道，大客户的管理层几乎个个都是名校毕业生，他们的智商不比你低，阳谋阴谋不比你差，心眼儿不比你少，所以别妄图用小聪明攻克大客户，老老实实地积累专业知识，用实力去征服大客户吧。

客户的智商可能比我们高，但在专业知识方面，因为我们天天接触产品，所谓"熟读唐诗三百首，不会作诗也会吟"，你本来的专业知识就和客户有得一拼，如果再认真钻研，相信你积累的专业知识的丰富度，一定会超过大客户。

只有当你的专业知识水平超过大客户时，你才具备说服大客户的实力。

三、刻意的尊重

一般而言，大客户的工作人员都自信满满，做事追求自己的格调，所以在接触中要表现出对他特别重视，形式上的尊重。他们只有感觉和你相处很愉快、很舒服，才会乐于帮助你。

这个落实到工作细节就是，认真听他们说的话；他们有什么要求或者提议，马上就去落实，不要有迟疑；在最短的时间内给他们答复；给他们做承诺，给予他们优惠……只有这样，他们才能感觉你做事利索，为人果敢，才会喜欢和你往来。

四、与人友善，不要过界

大客户的员工一般职业素质比较高，所以他们要求供应商也要有相应的高素质。

一个人的素质没有绝对的衡量的标准，但一个与人友善的人总是受欢迎的，所以销售员要懂得包装自己，放大自己友善的一面，原则上不说人是非。（当然，如果在销售技巧上需要还是要说，因为竞争形势不饶人。)

大客户的供应商很多，而且通常都和大客户的实权派们有着千丝万缕的关系，所以做大客户的生意不要瞎掺和，不要看到其他的东西赚钱，也要插上一脚，尤其是还没打进大客户内部的时候，更不能在言谈中透露这个意思，容易败事。

五、多分享、互动

大客户的员工，因为求他们的人多，所以容易自我感觉良好，待人冷淡，习惯应付性地与人聊天。要想跟他们互动起来，就要加深和他们之间的感情。

任何人，就算再清高、再冷淡，也不会在他的朋友面前清高、冷淡，所以销售员要积极地和他分享大小事情，把他当作朋友，很小的事情也要和他聊聊，时间久了，他自然就会放下架子，和你聊开了。所以一个销售员要勇敢地和大客户的人互动，哪怕是昨天刚交了女朋友这件小事，也要和你的大客户扯扯，管他爱听不爱听，就是要告诉他。时间久了，他就被你"俘虏"而愿意和你交谈了。

销售心法

企业平台重要，还是个人素养重要

销售人员散落在各个企业中，有的在外企，有的在国企；有的在大企业，有的在小企业。待遇也千差万别，小企业的销售人员一个月的活动经费，甚至还没有大企业销售人员一天的出差补助多。在这种情况下，很多销售人员得出了"企业平台论"，认为在一家大企业里做销售，由于公司知名度、员工薪酬高，以及企业的培训都比较专业、到位，所以大企业的销售哪怕再平庸，与小企业的销售高手相比，也能在具体的销售活动中占上风，能拿到单子，获得最后的胜利。

我个人的理解是，武器（平台）的先进与否确实给销售工作带来巨大的影响。一家高知名度的企业和一家小企业同台竞技，在客户眼中的地位显然是不能相提并论的。但是，仅仅武器先进并不能作为每战必胜的保证。甚至从某些方面来说，一家小企业，如果其销售员的销售素养比较高的话，战胜销售员素养一般的高知名度企业也是轻松的。

在水泵行业，以前有"五大泵王"占据着中国的水泵市场，不可谓不强大。但是在小小的温州民营企业凯泉给水工程公司的冲击下，"五大泵王"几年间就土崩瓦解，破产的破产，重组的重组。而凯泉也由一个年销售额几十万元的小作坊，变成现在年销售额十几亿元的中国水泵销售额第一的集团公司。

平台很重要，我们要尽量去争取一个好的平台，但是如果没有好平台，难道我们就在销售场上任人宰割吗？不！虽然我们的平台不好，但是如果个人的销售素养极佳的话，我们一样能在销售市场上称王称霸！

工业产品销售中值得做文章的几个心理特点

1.逆反心理。越是包裹严密的，越是让人想偷窥；越是严谨的，越是让人想突破。

2.从众心理。人人都有从众心理，你去吃饭也是看哪家饭店的人多，就去哪家。

3.同质化。弱势品牌一定要重点阐述这一点，介绍自己的产品品质与行业第一、第二的产品在技术上完全一致，质量也一样，但是自己的价格却比他们的低多了。当然，价格低的原因是我们企业的成本低，而大公司因为人员多、工资高，所以产品价格高。

4.差异化。强势品牌的销售员一定要善于打"差异化"这一招，强调自己的产品在技术或者质量上和竞争对手存在巨大差异。

5.眼见为实。任何完美的推销语言也没有实物带给客户的冲击力大，工业产品销售员可以将样品或者设备的一部分带去让客户观察，给客户直观的感受。

6.利益。工业产品销售额高，客户采购十分谨慎，采购流程复杂，变数极多，但天下人来来往往都为一个"利"字！你的产品能给客户带来什么利益？安全？节能？高效？一个工业产品销售人员一定要告诉客户，你能给他带去什么利益。

拜访前的准备

一个销售人员无论何时都要注重自己的形象，好的气质是一点一点培养出来的。就我个人感觉来看，60%的交易取决于销售人员给客户的第一印象。服饰是销售人员形象的重要组成部分，所以我们先从服饰开始做好销售的准备吧！

一、衣着要干净，大小合适，合乎要拜访的客户的审美层次

工业品销售公司服务的客户群大部分是工厂或者新建工地的技术部门和采购部

门，这样的客户人群相对来说文化水平较高，所以面对这个特定的客户群，销售人员在工作时的穿着要整洁、得体、大方。避免穿高档的服饰，不允许穿奇装异服，也尽量不要穿过于花哨的衣服。整洁、得体的着装给人以值得信赖的感觉，如果在衣着上与客户形成太过强烈的对比，则比较容易引起对方的反感。理论上建议以穿西服为主，尤其是在一些类似招投标的严肃场合，建议销售团体的所有成员一律穿深色西服，这样显得庄重、职业化。

二、仪容修饰应以大方为原则

男销售员：一切以干练为标准，忌长发、光头或过于前卫的发型，胡子要刮干净，鼻毛不要露在外面。我曾见过一个业务员的鼻毛露在外面，被雷到了。对这样的小细节不注意会阻碍他成为优秀业务员的。

女销售员：首饰不要太多，首饰太多容易给人庸俗之感；最好化淡妆，穿职业装，以给人庄重之感。

三、关于着装的几点建议

1. 如果可能的话，最好穿西装，切忌穿运动服、牛仔裤出现在客户面前。

2. 服装穿着尽量靠近你去拜访的客户的眼光，穿着简约但不简单。

3. 领带是西服的灵魂，尽可能打一条质地良好的领带吧！它是焦点。

4. 衬衣的领口和袖口最容易脏，你一定要随时准备好替换的衬衣。

5. 皮鞋干净与否很重要。到一家富丽堂皇的酒店去，你穿上有污渍的皮鞋，你自己都会觉得不好意思的。

每次拜访客户前一定要检查自己的销售工具，名片、记事簿、笔、行程表、产品说明书、手机等都是必不可少的。

寻找潜在客户的途径

1. 从设计院设计师处获得客户信息。

2. 浏览相关的建筑管理部门、行业审批部门等政府部门的网站，他们会定期公布新建或者新审批的建设客户名单。

3. 浏览地方招投标网站，有心的人也可以看出信息。

4. "扫街"获得信息。在区域行业内，销售人员用上门拜访的形式，对估计可能会用到自己公司产品的企业无一遗漏地进行访问，并确定营销对象。

对潜在客户的评估方法

客户的重要程度肯定是不一样的，就好像一个公司有底层、中层和高层一样，客户也分一般客户、重要客户和极品客户几个等级，所以如何进行划分就显得尤为重要。当然，每家公司、每个人的理解不一样，划分的标准也不尽相同，但原则上有这几个销售行业的理论可以指导划分客户等级：

1. "二八定律"。20% 的客户贡献 80% 的业绩，所以销售人员要关注行业的特大客户，这是重点。

2. MAN 法则。作为营销人员，可以从三个方面考虑并判断某个人或某个组织是否为自己的潜在客户，即该人或组织是否有购买需求，该人或组织是否有决定权，该人或组织是否有钱购买。需要指出的是，任何情况都不是一成不变的，客户的情况及一些条件也随时都有可能发生变化。作为营销人员一定要以发展的眼光看待客户，要多打电话和客户沟通，以便随时掌握客户的最新情况。比如停工很久的工地又有钱开工了，比如一个老厂突然要上新项目了，这样客户也由非目标客户转化成为我们的目标客户了。所以我们销售人员要随时留意捕捉每一个机会，这样才能成为工业产品的销售高手。

3. 适合自己原则。销售人员应根据公司的营销目标结合市场范围及市场特点，并考量公司和个人的竞争力而选择适合自己的客户群。不一定客户越大越好，客户大了，你的竞争力不够，拿不下单子，也是白费功夫！

4. 平常心。并不是所有拜访过的客户一有需求就和你签合约了。事实上，几乎所有的工业产品客户都是拜访 6 次以上才有机会和他们签单的。所以，初级别的销售人员最好要有平常心，别给自己太大的压力，抱着"混个脸熟"的思想去拜访客户，但每一次拜访一定要给下一次留有余地，随着访问次数的增加，可以增加访问的深度，这样才有可能拿到单子。

上面所有的这些方法仅供参考，最重要的还是销售人员自己的判断和努力。

拜访客户需要注意的事项

一、最好电话预约

在拜访客户之前，应提前做好拜访计划，并拟定一个较为合适的日子。拜访客户应注意以下两方面的内容。

1.节日前后不要安排拜访。中国是个礼仪之邦，节日前后空手去拜访客户很不合礼节。

2.拜访新客户最好避开刚上班的一个小时。因为这段时间客户刚刚上班，要处理自己的很多事情，我们这时候去拜访会打扰客户。当然，在需要"堵"客户的时候，则必须在客户一开门的时候就出现，这又另当别论了。

二、制定拜访策略

如果仅仅想接触一下，那么销售人员只要能见到一些相关人员就行，即使他根本不是什么负责人。但如想要了解一些深层次的东西，则一定要见到主要负责人。

1.试探性策略。第一次拜访几乎大部分营销人员都使用此种策略，因为营销人员对客户的情况知之甚少，只能试探顾客的反应。

2.针对性策略。这是指营销人员在已经掌握了客户某种需求的情况下，利用自己产品或服务等优势，有针对性地对客户进行劝说。

需要注意的是，大部分营销人员在第一次拜访客户时，采取的是"不速之客"的方式。但如果你准备拜访的客户是已拜访过两次的客户，则最好采用预约的方式，约定时间后再去拜访。最常见的约见客户的方式是电话约见。电话约见时，应注意在首次打电话时，最好列个通话提纲，想象可能出现的问题，提前进行预防。通话时间不要太长，语调要平稳，说话要谦虚从容，内容要清晰、合乎礼节，理由要充分。切忌心绪浮躁，语气逼人，尤其是在客户借故推托时，更需平心静气，好言相应。

拜访后的注意事项

1.建立客户档案。将你的访谈内容、每次拜访的时间、客户要求、你的下一步计划书面记录下来并存档。

2.根据客户的重要与否和时间紧急与否，建立客户等级标准，进行客户归类。

3.计划再次拜访的时间。

4.针对客户的问题，制定销售策略，进行攻关。

成熟业务员拜访客户时，沟通中需要注意的要点

1.拜访新、老客户要提前约好，并遵照约定好的时间去拜访客户。

2.介绍自己产品之前要和客户有比较好的电话沟通，初步了解客户的基本需求。

3.每次为客户做公司或产品介绍时都要提前做充分的准备，最好用 PPT 的形式向客户演示。

4.再次提醒：我们不是单纯的推销者，我们的到访可以为客户提供增值服务。

一、拜访前需要做的功课

1.客户企业性质：国企？合资？外企？民营？

2.客户的财务状况：好？一般？差？

3.客户的采购价值观：最低价中标？综合评价？性价比？追求高品质？

4.客户目的：新建？改造？

5.客户的投资额度。

二、拜访中的注意事项

1.客户生产什么产品？

2.客户以前是否用过本公司生产的类似产品？使用情况如何？原来使用什么设备？存在什么问题？客户这次希望达到什么样的效果？改造预算多少？准备何时投产？

3.新建项目工艺包括哪些？谁来设计？希望采用何种设备？质量定位如何？

4. 具体的设备技术参数说明。

5. 商务方面，招标还是议标？是邀标还是面向社会？

6. 商务负责人是谁？技术负责人是谁？

三、拜访后的注意事项

1. 建立客户拜访档案，记录每次拜访日期。

2. 根据现场情况判断销售策略。

3. 留意客户的办公室、使用现场等有无竞争对手或竞争对手的产品出现。

4. 仔细预判可能会出现的销售障碍，提前消除。

5. 公关需要多大力度？需要公关的人有哪些？

高手级销售员拜访客户需要做的功课

一、拜访前的注意事项

1. 整理行业信息，在全国范围内，你所在的公司和需要拜访的客户在采用相近工艺产品的条件下有无类似的业绩？

2. 对客户的工艺包是否熟悉？是否明确知道要推销的产品适用于哪种装置或者工艺？

3. 是否有足够的客户的生产工艺知识支撑你和你的客户进行技术交流？

4. 对于产品在客户的使用上有何突出的推荐点？

5. 所推荐的产品对客户生产水平有何提高？或者对安全生产有何帮助？能给客户带去何种利益？

二、拜访中的注意事项

1. 见客户第一面采取何种策略？

2. 在与客户交谈中是否询问出足够的信息？

3. 客户透露的信息是真是假？是否要再去拜访其他人进行验证？

4. 客户的购买流程是否清晰？

5. 客户潜在的需求是否探明？

6. 我们的产品是否吻合客户的采购价值观？

7. 留意能培养成为项目线人的人。

三、拜访后的注意事项

1. 定期跟踪。

2. 学会借力。

3. 明确设备的准确购买时间。

4. 竞争对手的优缺点分析，机会分析。

5. 线人是否可信？

6. 是否真正满足客户或明或暗的需求？

7. 还有何难点？

第一次拜访客户需要注意的一些细节

1. 敲门后应退后一步，因为你如果站在门口的话，客户一开门便和你距离太近，给人印象不佳。

2. 建立良好的第一眼印象。你一进门，你在打量客户，客户也在打量你，即使客户没有抬头看你，也会用余光观察你，所以一进门，你就必须自信和微笑！

3. 问路和问人一定要找面善的或者年长的人去问，这些人一般会告诉你答案。别去找年轻人或者面相奸诈之人，说不定他们不仅不会告诉你答案，甚至会盘问你，把你当成小偷戏弄，最后还给你一个错误的方向。记住"相由心生"，那些内心险恶的人往往不会面善，所以千万别去找他们。

4. 宁漏一村，不少一户。人和人的关系太微妙，所以你进门递名片，一定要每个人都递一张。否则，那些没收到你名片的人会感觉你在轻视他，指不定会暗地里使坏。递名片最好正面朝上，文字朝向对方，且双手拿着名片的各一角递向客户。从而使客户一眼就能看清楚你的单位名称及你的姓名等。同时，应微笑着注视对方，不得左顾右盼，那也是失礼的。

5. 如果你去找的人不在，自己又没办法等待下去，那么走的时候一定要留张名片，每次没见到要见的人，走的时候都应当留一张名片。

6. 第一次和客户见面时，要善于寒暄，说些客套话。比如，"你办公室布置得真不错""张工，你的上衣不错，很好看，一定很贵吧""李总，你那么年轻就独立负责一片，真是年轻有为啊"，等等。

7. 见面时，客户可能让你坐，那么你就按客户指定的位置坐下去。客户也可能不理你，不让你坐，那也没关系，要善于自我解嘲和灵活多变，比如拉张椅子自己坐下，并用赞美的话打破冷场，比如说："张工，你真厉害，某某那么大的企业也是你设计的啊！佩服！"当然，这个某某企业是你偷看张工桌面上的图纸得知的。

8. 简单的寒暄过后一定要进入主题——你的拜访目的。千万别一个劲儿地乱扯，就是不扯主题。

9. 要敢于问问题，通过问答的方式，把你想了解的信息问出来。

10. 告辞也是一门学问。有人说过：即使栽倒了，也要抓把沙子起来。所以你去拜访客户就不要空手而归。而等到客户对你有好感了，你问出想问的问题、了解到客户的基本情况等这些信息时，就是你该告辞的时候了，千万别让客户赶你走！

网友实战解析

_ 网友"雀飞绝"提问：

峰兄你好，我现在遇到一个困难，烦请给支支招。我是做电气的，现在在做某客户的工作，对方技术部门已经提交产品计划，但采购部门迟迟不肯采购，我让技术以急需设备否则会停产为由给采购施压，但还是没有结果，反而导致采购对我有意见。我想回头做采购的工作，但不知道如何下手才能让采购对我回心转意。

_ 作者回复：

碰上这样的情况，一般让技术（级别比采购高的）引见你去找采购，采购顺水推舟促成此事。妥协是解决分歧的有效办法，有时候，退是更快的进。

要了解采购为什么不采购你的产品，从别人那里了解或者自己判断，判断出问题在哪儿，工作中的难题就容易解决了。

_ 网友"dongming 999"提问：

你好，还记得我是大连那个做了五年软件销售的吗？类似阿里巴巴的互联网服务。看了您的帖子也转而从事水泵销售，化工的。我在车间实习了一百天，三个月了，现在到办公室学习销售文件，马上要出差了。请峰兄指点，小弟该如何下手？首先跑哪里，怎么跑呢？还有五个月本年度就结束了。我很想在这五个月中创造奇迹，只有靠峰兄帮助了。跪谢。

_ 作者回复：

大连的化工泵一直是中国的 No.1。

1. 如果你自己可以选择销售区域的话，天津、山东、江苏都是可以去的，这些都是化工大省，且经济活跃，购买力强。如果区域是你的领导指定的话，你就没什么选择。

2. 到目标区域的第一件事是去化工设计院拜访，到里面去套信息。如果他们因为和你不熟悉不愿意说，那么你就留意电脑、图纸和桌子上的蓝图什么的，那里可能有工程师正在或者过去设计图纸的一些化工厂的名单。

3. 获取信息还可以浏览当地政府网站，化工厂招商一般会在那里大张旗鼓地做宣传。

4. 最后就是拜访当地的省或者市的化学工业园，现在出于环保要求，化工厂一般都集中在一个工业园区了。所以，常去化学工业园区溜达溜达，你的客户就找到了。

5. 找到你的目标客户后还要会选择，找几家简单的、容易出单的企业猛攻一番，迅速出点儿业绩。单子别搞大的，大单子竞争激烈，不容易出。

6. 如果短时间内你就出业绩的话，那么你在你的公司老板面前就是牛人了。如果再连续出单子的话，那么你就是红人了，不出意外的话，当年你就会晋升到销售领导岗位。

_ 网友"pei_nuaa"提问：

有一个情况想请峰哥指点。我正在通信行业做一个大型项目，先与设计院沟通，定指标和参数然后写进设计方案，以此体现自己优势从而屏蔽对手。但是我公司本身没有投标资质，只是将我们的产品捆入总包，由总包商参加竞标。由于我是新手，本月刚做，老板说他已经找过设计院主设了，现在定的基本参数指标都是有利于我方的。但老板本月给我的任务是盯住设计院的主设，防止对手篡改方案，因为方案在本月底前就会定稿。老板说，不到最后，对手随时都有可能篡改我们的方案。

请问峰哥，我已去拜见过主设一次，然后约请他吃饭两次，他都借故没出来，说以后有机会的，这是什么意思？如果再多约他几次，估计问题不大吧？但我更想知道，如果约出来了，要怎么谈才能确保他坚持我们的方案不动摇呢？我需要出多重的手公关他呢？吃顿大餐？送点小 gift（礼物），还是更大的 gift？或者做承诺？（但峰哥说过，关系不到位不能谈承诺，所以我觉得这条不靠谱。）还有就是有可能我老板已经向主设打过招呼承诺过，那我是否要问下我老板，问他有没有给设计院主设做过承诺？这样问合适吗？最后，即便我的任务是盯住主设，那我还要隔三岔五地往他办公室跑吗？现在他们已经基本认定我们的方案了，我频繁地去，他会不会烦？我也不知道总去还能说些什么，还是就随便跟他聊聊别的话题，混个脸熟？这都让我很困惑，恳请峰哥百忙之中给小弟指点一下吧。

_ 作者回复：

问你老板设计院接触的程度如何。如果你的老板没彻底说服对方，第一次去，你可以：

1. 介绍你公司对设计院的政策。

2. 把自己摆高一个层面，暗示自己也是有些重要的人物（自己想想为什么要这样）。

3. 拜访完离开的时候，说自己去哪个地方（大的知名的地方）出差了。

第二次去：

1. 买份不贵重的小礼品，食品也可以，主要是方便携带的。

2. 把食品或礼品送给他，说自己出差刚回来，在出差的城市买了当地的特产，特意来送给他的。

3. 再邀其吃饭。

基本上这两次就可以说服他了，而且花费不大。

_ 网友"一天到晚游泳的虎"提问：

我想请教峰哥的是，我从事工控行业销售多年，现在猎头公司找我，希望我到一个外企负责中压开关柜这块儿，主要面向电力系统，就是供电公司。电力系统我以前没接触过，听朋友说这个行业不好做，市面上主要是国产中压开关柜。几乎每个供电公司都有自己的开关厂，剩下的很小部分是进口品牌，而且进口品牌中ABB所占份额最大，这是块难啃的骨头。当然，如果坐等在家里单子就来了也就不需要我们做销售的了，我想请教峰哥三件事：

1. 对电力系统产品销售您有没有好的建议？常听说电力系统组织结构庞大，地方供电公司的项目，常常会有上面的领导插手。

2. 全国电力系统都提倡国货，那么进口品牌该怎么做？

3. 同样是进口品牌，ABB得到了市场认可，处于霸主地位已经很多年了，我们如何才能突破？

急切希望峰哥帮小弟分析一下，小弟先谢了。

_ 作者回复：

1. 供电公司是必然要进行公关的，同时也要借助一些和供电公司有关系的工程公司的力量，有时候一个这样的工程公司就会帮你完成你一年的业绩任务。这样的工程公司都是和供电公司领导有直接关系的。

2. 市场定位厂家在做，客户也在做。也就是说，客户如果想买进口的，就不会去买国产的，所以你不需要担心。

3. ABB基本上都是代理在做，深度不够。你可以代表厂家直销，或者和代理商一起做公关工作，以此取得客户的好感。

4. ABB和西门子属于一个层次的品牌，不过ABB更专业，更早地细分这个市场。但中国是个讲人情的国家，你只要经常和客户交流，ABB的优势就荡然无存。

_ 网友"onewncg"提问：

峰哥，我今天才看到你的帖子，包括你与别人的互动信息，从上午开始一直看了四个小时才看完。看完之后有一种畅快淋漓的感觉。说实话，我在线转了好多天，像你这样让许多人收获颇多的帖子我还是第一次看到，特别是你对一些销售新手的不吝赐教让许多人感觉你既像良师又像益友，让我很是感动，同时也收获良多。

我知道你很忙，在这里还是打扰一下，想请教你一些问题。我大学毕业后一直从事人力安置工作（不是公司的人事主管，而是某省劳动局驻广州办事处，主要安排普工），时间真快，一晃七年过去了。说实话，这些年做安置工作也攒到了一些钱。但是随着我们当地经济的发展，外出就业的人越来越少，也就是说这个行业到了夕阳期了，所以去年就辞职自己做生意了。但出于种种原因，生意垮掉了，以前的积蓄赔个精光不说，还欠了别人一些钱。

痛定思痛，我重新定位自己的人生目标，因为我比较喜欢销售这个整天与人打交道，又有些挑战性的工作，所以想在销售领域让自己翻身。但是我现在已经快29岁了，又没有从事过具体产品的销售工作，虽然我想做销售，但是这么多行业，我现在有些不知道该从哪个行业切入比较好。另外，如何才能更快地切入？我之所以将我的情况写得那么详细，是因为我想让你根据我的具体情况帮我指点一下迷津。望峰哥有空时赐教一下，谢谢！急盼你的回复！

_ 作者回复：

1. 思考一下，看看是否有能帮得上你的人，看你有没有什么可以利用的背景或资源。假如你有亲戚或者朋友是某个企业的领导，你可以做他们的原材料生意。

2. 如果没有直接能帮上你的人，就看看有无"可能会帮上自己的人"。

如果有这两种人，你就可以依靠他们赚钱，就看他们在什么行业，需要什么，然后你就去卖点什么。但很多时候，我们就是一穷二白，啥能利用的人都没有！这种情况很糟糕，也是我们大多数人的真实情况。若是这样，其实你也没有选择的机会了，那就让企业或者行业选择你。你先加入一个行业，然后用心去做，留心观察，关键时刻搏一下，也能建功立业的。

加入什么行业？现在任何一个行业都有各自的困难和机遇，所以选择的时候没多大区别，关键是看你加入后如何去做！

_ 网友"slexwillson"提问：

晒晒我的面试经历，峰哥一定要指导我啊。

昨天我去西安一家电力科技有限公司，一大早直奔公司20层。到了之后，前台人员问我是不是安排了我今天面试，我说没有，直接过来的，然后她给我一份简历表让我填写。

我坐到会议室填完简历附上学位证明，经理马上开始面试我，他先是对照简历简要地问了我销售的经历，我一一作答，然后气氛开始凝重起来。

"你这个销售经历跟我们的要求差得太远了，我们的这个产品都是以各省的电力公司为服务对象的，他们都是拿国家的钱为国家办事。"

"坦白地说，你做销售的这些公司都是小公司，市场稍微一波动，它们根本抵不住。"

"是，是小公司。"我附和着，"不过，我也从中获得了销售的基本技能。"

"嗯，你做销售的时间一年有余，不过，还是得多多看书，参加培训，给自己充充电。"不等我说话，他继续教导我，"考你一个问题，做销售是做什么？一个填空题，做销售的实质是做什么？这个是最简单的。"

我想了想。"我认为，做销售就是推销公司的服务。"我盯着他的眼睛答道。

他笑了笑："做销售就是做人！一个一流的公司可能要一个三流的业务员做销售吗？"

"不能。"我附和道。"我也想成为一个一流业务员！"我跟着补充道。

这个经理应该是一个销售培训的经理，因为我发现他很有表现欲。他继续说："一个一流的公司如果要一个三流的业务员，客户会怎么看？肯定不行！就算是一流的产品也卖不出去！"我不作声，心想：你继续说吧，就当给我上课了，我听听也受益。

接着，他又问我："你看刚才旁边坐的那个人像不像做销售的？"他指的是我刚交简历的时候，坐在门口的那位。

"不像，看不出来是做什么的。"我回答道。

"不像？你看他整体，给人的感觉怎么样？是不是很自信？"

"哦，我刚才只瞟了他一眼，不过，他看起来很有精神。"我答道。

"做销售的，就应该有一股不服输的劲儿，一切困难都能拿下的拼劲儿！让人一看就是做这个的！"

"对对对，做销售的要有傲气！"我附和道。

他又翻看了我的简历一会儿，说："你跑过广告业务，这一块儿可以，你跑广告应该不错，我们还有一个广告公司，到时我帮你看看。"

"嗯，好的，多谢你了，经理。"我堆上笑感谢道。

然后又客套了一会儿，临走前，我问了下经理的姓氏。我说："×经理，今天听你一番话，长了不少见识，谢谢。"我伸出了手。

"好，就这样吧。再见！"×经理站起来跟我握手告别。

虽然面试不成功，但是有一个收获，这种做大型设备销售的厂家很看重销售员的整体素质，通常面试官看一眼就能知道要不要这个人。看来我还是嫩了点儿。正如峰哥说的，"苦练内功"很重要！

峰哥，请指点一二啊。

_ 作者回复：

你既然悟出"通常面试官看一眼就能知道要不要这个人"，那么你就要做适当的伪装，给人的第一眼印象就是对方需要的那种人！

那么招聘方需要什么样的人？我想几乎每个人都知道的。

1.自信。不卑不亢、态度从容。

2.专业。行家一出手，就知有没有。你随便说几句，显露出你的专业素养，就能将招聘官的疑虑打消了。

3.忠诚。如果你具备加盟的资格，这时候主考官应该担心你会不会长期和公司一起发展了，所以你得表达你的忠心。

4.关系或者背景。有了这方面的背景，其实你在其他方面差一点也无所谓了。看你的应聘经历，确实表现得不尽如人意。

第一，你没表现出自信，反而表现得像个学生，结果让主考官自我吹嘘起来了。

第二，专业上你没征服主考官，你没用专业的销售员的特质去征服主考官。

第三，找工作之前要做做工作，针对对方的企业和销售特点研究下。你没销售经验，那就吹嘘自己或者朋友有电力行业的背景，这样也足够诱惑别人给你机会的。

_ 网友"缓称王广积粮"提问：

峰兄，弟现有一项目9月10号二次开标，合同额100多万元，公开招标。想请你帮忙指点迷津。

优势：与业主有关系，以前有过合作。

平势：投标方的技术和产品都差不多。

劣势：价格可能会高（政府采购都要求低价中标），招标为委托代理机构，专家随机抽取，变数很大。

业主就一个名额，随机专家四个，打分制，选第一名。请问怎么操作好？

_ 作者回复：

业主一般最少会去三个人，虽然票数少，却是最重要的。你做好业主的工作就OK了。

业主想帮你，随便在别人的标书里挑点儿刺出来，或者随便帮你说句话，你就中标了。

_ 网友"紫沙苦"评论：

设计院喜欢进口产品，质量放心。太多没有名气的国内厂家做设计院的工作时，因一句质量没保证就被排除在外了。做设计院工作是要花点儿钱的，公司不支持就很难做。任何时候都要记住，公司支持才能干。

_ 作者回复：

大体上可以这样说：设计院工作是整个工业产品销售过程中最简单的一环，只要你能表达清楚，给人以信任感，设计师基本上就和你合作了。这是因为工业产品厂家拜访设计院设计师基本上在 1993—1999 年，1999 年以后就几乎没有工业产品厂家去拜访设计院了，原因是：

1.1999 年以前，设计师设计的产品，业主一般不敢改动，所以设计院的分量很重，导致工业产品厂家把设计院作为极其重要的客户对待。

2.1999 年以后，国家相关部门规定不准设计院在图纸上注明具体的厂家和设备型号，这样导致设计院丧失了设备的推荐权。

3.1999 年以后，业主也学精了，不再信任设计师推荐的产品了。

所以，现状是一般厂家已经不拜访设计院了（为了节约钱）。一般厂家不去拜访，而你很慎重地去拜访。因此你只要去拜访设计院，态度诚恳，设计师也许就愿意和你合作了。可以说现在做设计院的工作已经没任何难度了，因为很少有销售去拜访了，说不定他们正期待你去呢。

_ 网友"扶摇小生"提问：

峰哥你好，我是山东青岛的。从朋友那儿看到你的文章，一看就上瘾了，看了一周才赶上来。我毕业就做销售，有八年了，一直没人指点，都是靠自己跑出来的经验。这么多年也没有拿得出手的成绩，挺惭愧的，看了你的文章我学习到了很多东西，感觉销售思想都上了一个高度，谢谢你了。

另外，我想请教下，我一直在做建材这块儿，以前做大理石，现在做工业地坪。过百万元的单子和几万元的单子都接过，但一直是个业务员，也没挣着什么钱。我就是老感觉我做成单子都是靠运气。我没钱操作，就是努力跑业务，单纯依靠公司的优势和自己的实在劲儿，从来没有用什么手段去搞定过什么（我们这块儿一般不招标）。所以做到现在，我也挺茫然的，我现在的情况是自己弄了个空壳公司挂着，自己跑活儿干（地坪这个行业现在都是自己干，活儿小，给公司干根本挣不到钱），也没有钱做你那样的操作。你能不能给指导下，我现在应该怎么做才能在这个行业突出重围，多接点儿活儿？谢谢。

_ 作者回复：

在销售里，有钱有有钱的打法，没钱有没钱的打法，主要是自己要清楚怎么打，你自己要清楚啊！你的现状是没钱搞前期的动作，这没关系，我的文章里有很多案例都是有关前期不花钱的，你可以参考下。最近做的单子就是前期仅仅请客户洗了个脚（两个人共花了160元），这点儿钱相信你应该拿得出来吧！

简单来说：

1.找对人（具体方法我在文中有描述）；

2.让他感到你的公司正规、有实力，你人还是优秀的。这很重要，人们都愿意和优秀的人打交道；

3.约他出来吃饭（他出不出来不重要，重要的是你传达出你的信息了）；

4.自己判定或者向你联系的人询问他们的采购标准，然后你按照采购标准去做。

这些招数基本上就可以让你不花钱而能谈下一般的客户了，祝好运！

另，根据你描述的情况，我个人感觉你应该采用断腕打法了。多跑些潜在客户，然后锁定一两个能做出价格、获得高利润的单子，这一两个单子可以让你赚到你人生的第一桶金。

成功了，你就是个自由自在的小老板了。与其憋憋屈屈地活，不如这样去搏一把。

网友"扶摇小生"再问：

谢谢峰哥指导。你前面说的几条我一直在做，毕竟是自己的公司，形象还是要打好的，这一点没问题了，你说的请个客的小钱也还是有的。主要是地坪这个行业太乱，都是个人在接活儿，一个活儿有10家去争，那就算是少的了。甲方基本是私营企业，所以价格没法做上去啊。这第一桶金始终没挖到。

另外，现在我们这块儿的单都很小，一般10万元左右，大一点儿的也就不到50万元，超过100万元的几年能有一个。我常说，全赚了也就那么点儿钱，所以我现在一边联系工程，一边联系别的方面的代理。看了你的文章，我也考虑去别的公司一边跑业务，一边做自己的，这样降低费用，拓宽视野。最近我想法挺多的，有点儿乱。你帮忙想个可执行性比较强的方案怎样？谢谢了。

另外，刚才我们行业的情况我也说了，我的做法就是主攻一个关键人物，行就行，不行拉倒。这个做法可取吗？

作者回复：

说服一个人的想法可行性很高，但要获得高额利润，必须把采购流程的所有关节打通，典型的做法是：

1.了解采购程序，明白项目最后选定哪家是怎么决策的，以及是按什么标准评标评选出来的；

2.把参与决策的所有人都拜访到，并建立一般客户关系；

3.必须和采购程序中最重要的几个人（推荐人、关键人、拍板人）达成合作；

4. 你给他们制定采购标准，很简单，就是将他们需要的标准提高。比如预算是每平方米 200 元，用一般的材料，你就建议他们预算 250 元每平方米，用些高档的材料，这样整体预算就上来了。

5. 现在企业采购全都是货比三家，所以你要建议他们邀请行业内最有名、价格也最高的那几家参与。这样，你做了关系，制定了高标准，所有参与的厂家报价都顶上去了，而你的价格会变得很有竞争力。单子一旦做下来，基本上比你跑一年的散活儿要赚得多得多了。

这个社会没傻人，都在盘算各自的利益。你要多想你能给别人带去多少利益，有利益了，别人自然会主动与你合作。说服"王"，要借助"奇才怪略"（就是技术）；说服"士"，要借助利益。换句话说就是，说服老板、老总这个层面的人，你要谈技术，谈钱你没资格，别人也不会理你；说服打工的中层领导，你要谈利益。你去谈技术，别人只会表面说好好好。

最后一点是要细分市场。你什么活儿都去接是不对的，那很没质量，所以赚钱就不会那么顺畅。你要细分市场，可以具体到某个行业，比如化工。可以说，青岛附近的化工企业都是相通的，你只要成功谈下一两个，那么行业内就都知道你了，所以在细分的市场上你可以考虑做大做强。

另，再小的行业都有很大的运作空间，只看你怎么去做了。我在××市看到一个卖不锈钢水箱的销售员，开的是宝马车。你想想看，不锈钢水箱多简单，几块钢板平焊起来，傻瓜都会做，但是那个销售员居然买了宝马车！

_ 网友"炫武人生"提问：

峰哥你好，小弟是山东的，现在在做人事这块儿，感觉前途不大，想转行做销售，不知道我适不适合做销售，请大哥指教，谢谢啊！

介绍一下我自己，人比较老实，思想也比较传统，重感情、讲义气，喜欢武术，喜欢看传统文化方面的书，有梦想，渴望成功！以前上学时也做过一些小生意，但都不是很成功，基本没赚什么钱。现在工作一年了，感觉生活太平淡了，每天上班下班，太无聊了，再这样下去我想我这一生就完了，真心期望大哥能帮我分析一下，我能否做销售？应该从哪行做起？

_ 作者回复：

销售的门槛很低，你当然可以做，但要想做得好，必须有两个基本条件。

1.有亲和力（所有的销售看起来都一团和气，这就是生意人，和气生财嘛）。

2.能吃苦。真正地能吃苦，销售是拿体力换金钱的职业。

具备这两个条件，你就可以开始销售之旅了。至于成为人中龙凤，那尚需更多，就不在这儿多说了。

_ 网友"苔得很的虫虫"提问：

我现在想跳出来做销售，但有个疑问想请教下峰哥。我应该去阿里巴巴锻炼一年后再接触工业类泵及阀门的销售（我是工控出身，对阀门很熟悉，但是对于泵类，我们这个行业几乎没见过），还是直接进入化工泵/水泵/阀门等工业品销售行业？确如峰哥所说，目前很多泵类公司在招人（水泵、化工泵等），但我这样的情况贸然进入可行吗？

我目前手头存款是零，最近能到福建出差一个月，如出差后辞职手头大概会有一点积蓄，不知道能不能维持住销售前期三个月的开销。

_ 作者回复：

你问及职业的选择，而我只是个销售，职业选择或者职业规划，实在不是我的特长。如果硬要说自己的意见的话，那么就是我不赞同阿里巴巴的网上电话销售。（曾经有一年，我只要出差，就准能接到阿里巴巴销售的电话，差点儿崩溃！）销售是门艺术，是富于创造力的，是给人春风般温暖，而不是给人以烦恼的。

另，文章中提及泵阀，并不是很鼓励你去做泵阀。工业产品有很多，泵阀只是其中比较简单的、容易上手的一种，但竞争极度恶劣，现在的泵阀行业你们进去基本上已经连汤都喝不上了。选择职业、岗位，可以考虑那些技术含量高，一般人不容易理解或者不懂的行业、产品，那才是真正地销售技术，而不是销售产品本身。

_ 网友"fatpig 0797"提问：

我是做短线产品销售的，这个行业市场小，听说行业内不少人都是以回扣、

"吃喝嫖赌"来招揽客人，相当腐败，这是常见的吗？

_ 作者回复：

做工业产品销售，聚个餐很正常，但是嫖和赌极其少见，几乎没有可能。因为工业产品销售都是几十万元、上百万元的单子，利益牵涉太大，客户不会和你走得那么近。

工业产品销售可简单分为：

1. 技术销售。技术销售以外企居多，这类销售以用技术满足客户要求为宗旨，公司明面上是禁止销售员给客户回扣的。

2. 关系销售。关系销售以民企居多，这类销售将工作关系放在第一位，也谈技术，但基本技术知识比较薄弱。

3. 价格销售。很多企业派出业务员，每单都参与，就是打价格战，凭最低价偶尔中标。

工业产品销售主流还是非常健康的、清澈的！因为再腐败的人也不敢花几十万元，甚至几百万元买一堆不能用的设备回去，要真是那样的话，他马上就会身败名裂的。

工业产品销售合同金额大，参与游戏的人都很谨慎，很少出现客户和销售交往太过密切的现象，也不会有太过亲近的活动。这一点与圈外人的看法是不一样的。

_ 网友"工业为王"提问：

我现在找的这家公司是上海某单位的驻外省办事处，主要是做市政污水处理厂和大型化工企业自建污水处理厂的污泥脱水设备，价格在 100 万元左右，在污水处理厂方面，全国有五六十家成功案例。刚进公司我的表现比较好，经理打算十一长假之后让我独自负责另外一个省的市场，可以自行找代理商。目前我对业务开展方面比较迷茫，不知道是先在网上找一些项目信息去跟，还是先跑设计院建立点儿关系顺便捞些信息回来。同时，也感觉与设计院建立关系比较困难。我之前是做产品销售的，接触的基本是私企和外企的技术部工程师。

今天上午尝试跑了下 W 市这边的设计院，感觉对方不是很好接触。首先去的就是峰兄文章里提到的 ×× 设计院，到门口开始拨打他们官网上公布的几个电话号码。几通电话过后，终于找到了工艺部，不过得到的结果是让一个实习生下来将资料拿上去。和那个实习生聊了下，他对情况都不是很清楚。下午去跑另外一个设计院，得到的结果差不多。所以，我就在想到底是先找到项目，和业主沟通后，得到设计院的项目具体负责人的信息后再去跑，还是努力先和设计院搞好关系。

还有一个困惑就是，我和其他像我这样的新手，依现在的状态根本就找不到技术副总之类级别的人，或者说连技术副总或项目设计师姓什么都没办法知道。恳请峰兄和各位高人看在小弟一片拳拳之心上稍微指点一下，先行谢过。

_ 网友"8顿"回复：

我也是跑工业销售的，我觉得作为知名产品的销售，首先得培养自己对该产品的熟悉程度跟信心。换一句话讲，现在谁都很忙，就是不忙，也不愿意过多地浪费自己的时间跟一个不能给自己带来收益（包含产品知识、设计费等，如果跟峰哥，那就是多跟他学习人与人交往的人生哲学）的人有过多交往，可以说这就是世俗。

我倒有个建议，多了解你们的产品状况，同时去走访你们的老用户，在适当情况下，帮助用户解决一些自己力所能及的事情，知悉该行业中用户的关注点，这同时也会是设计院的关注点。慢慢地，你会发现你懂的东西比别人多，比别人深刻，别人觉得跟你聊天有收获，起码就愿意给你机会。对设计院进行陌生拜访是销售突破自己的必修课。拿到设计师的名片，然后多去两趟，总会有点效果的。然后拿到业主负责人的联系方式，用你的办法去沟通。反复操作，你会发现其实工业产品销售就是协调与各参与方之间的关系。你能办的事情越多，各参与方就越喜欢跟你打交道。

_ 作者回复：

1. 你的准备工作不足，到部门找谁以及怎么进门，应该在去拜访前就准备好，陌生拜访也要事前对其进行电话联系和调查。

2. 欠缺进门技巧。怎么进很难进的门，最简单的就是守在门口，看到从里面出来的像是业务员的，你就向他询问你要找的人，一般其他产品领域的业务员都会告诉你的。

3. "8顿"的回帖说得很好，对产品的熟悉程度跟信心，这对新手尤其重要。产品是业务员打仗的武器，业务员如果不熟悉产品，就先输了一半了；信心是能传染人的，你对自己都没信心，客户就更不会相信你。没有这两点，业务就不用做了。业务员的信心，一是源于对自身业务能力和素质的肯定，二是源于产品，三是源于企业。

做工业产品的销售，跑设计院是一个捷径。搜索信息更好的方法应该是浏览当地政府网站，政府网站总是会突出当地招商引资的成绩，那里有足够的信息。另外，还可以去当地的发改委网站等官方渠道收集信息，所有的大型新建项目都必须在网上公示。

现在的信息来源太多，所以设计院的价值（对我们销售而言）已经不大，但如果和某个设计院的关系相当好的话，那将如虎添翼，对事情绝对是有帮助的。

_ 网友"8312230"提问：

峰兄，你好！一连看了几天你的大作，到现在还没有看完，主要是里面有太多值得思考和消化的地方，所以阅读速度快不起来。非常感谢你能给我们年轻人提供这样的精神大餐，小弟获益良多，万分感谢！

这里有个问题想请教峰兄！以前在上大学的时候，看了很多关于销售的培训录像和书籍，感觉确实很有煽动性，人也会变得积极向上，过后却感觉没有什么实际的东西，或者说只是些理论，跟实践相差太远。我想问一下峰兄，陈安之的东西到底适不适合销售人员看？或者说应该怎样学习他的理论？

_ 作者回复：

刚刚进外企的时候，老板给我们新进的员工每人几本书，《谁动了我的奶酪》《给加西亚的信》《细节决定成败》等。这些书看起来很有道理，但就目前中国的商业环境而言，谁看这样的书，谁把它们当作信条去遵守，谁就会"死得很难看"！"尽信书不如无书"，古人都知道这个道理，所以我们应该在古人的基础上再有所进步。

任何理论都有其存在的环境，环境不一样，而套搬做法，就很可能搬起石头砸自己的脚。看人，要看他的内涵，而简单辨别内涵，就要看他的气质。行家一出手，就知有没有。销售员要不要学习销售理论？我个人的见解是不需要！任何一种理论都有其基础，都有其必要条件，而写书的能把这基础和条件写清楚、说明白吗？永远不可能！就好像我写《抢单手记》一样，涉及一些案例也是遮掩着写一些事情，有些话是不可以明说的。所以作为一个读者，如果不以自己的智慧去辨析、总结和归纳的话，那可能就被误导了。有可能看到的和实际遇到的完全是背离的！

市面上的销售书大多一致，他们只写出了规则的一部分，但一些至关重要的实操规则，他们不会说。所以，在现在的商业环境下，任何只注重学习销售理论的做法都是自我摧残式的自杀行为。

提高自己销售能力的不二法门永远都是：多跑，多想，多总结，借鉴、吸收别人的经验或者思想。借鉴而不抄袭，吸收而又有自己的主见，然后慢慢形成自己的销售风格。

_ 网友"振身"提问：

之前去过几次化工厂，但是进不去，现在都有些恐惧了。看了你之前的帖子，看来是必须得想办法打进去啊，毕竟那里才是真正有可能淘到金的地方。

_ 作者回复：

上海的企业在全国来说都是相当难进去的。一般而言，进不去门，说明你事前的准备不充分。一般的销售有如下六个步骤：

1.事前准备（客户信息收集）。你进不去门，显然这个环节没做好。

2.接近客户（上门和客户洽谈）。

3.客户状况的把握（通过现场观察来判断要谈什么内容，以及适不适合谈某些内容）。

4.产品介绍（主要谈技术和产品）。

5.证明（你说了那么多，怎么让客户相信你呢？需要你证明）。

6.游说采购、促销，或者和客户一起规划如何让你中标。（前面五点都是为这一点服务的，所以一定要在关键时刻谋划这个事情。）

这是销售的六个步骤，一步一步递进的，穿插在里面的就是一些"术"的应用，"术"也是为你的目标服务的，所以每个阶段所应用的"术"也是不同的。

_ 网友"大隈"提问：

峰哥，您好！我在南京刚开始做销售，主要销售进口机床，最近遇到个令人郁闷的案子，想请教一下。客户 A 在南方某海滨城市买了一台我的设备，总价格 100 多万欧元（此价格是我用信誉担保跟外方要的最低价格）。现在距和客户签完合同已经四个月了，还没收到订金，只要我去催款，客户总是找各种理由推托，我也搞不清真实情况。我该怎么办？最郁闷的是，在同一个城市也有第二家客户 B 有个 200 多万欧元的项目，需要我跟外方要好价格才可以拿下（客户老板保证，只要我拿到他说的价格，保证签合同）。由于前面的案子使我信誉受影响，好价格我再也拿不到了。客户 B 老板等我的价格已经两个月，现在已经和竞争对手在起草合同，但还是给我留了一点儿时间。我现在很郁闷，望峰哥能指点一二。

_ 网友"情与剑"回复：

大隈，为什么不同你的上司一起去客户 B 那里？真的只是价格的问题吗？价格好了是否可以把合同和款项带回来？要把情况摸清！

对于客户 A，他推托的真正理由是什么？你需要给外方一个有说服力的理由。

做销售，合同签了就要注意回款，几百万欧元的设备，搞得像萝卜、白菜一样就不严肃了。

_ 作者回复：

客户四个月没付款，估计这个合同也作废了，起码起了重大变化。那么久的时间，你没到客户那儿去找原因吗？

任何事情的变化都是由内因引起的。我们做销售的尤其要注意，客户所表现出来的与往常点点滴滴的不同，我们都要追本溯源才能解开困惑，解开谜题。

你的第二个单子，个人建议你别信任这个客户，因为外企的销售都知道，要求最低价的客户永远不是我们的目标客户。你所描述的简单的客户情况，无法提供给我判断项目真实情况的依据，因此你要弄清楚以下两个问题。

1. 你有没有去拜访过这个客户？

2. 你有没有去拜访过这个客户的技术部门和商务部门？关于设备是用进口的还是国产的，他们是怎么说的？

如果他们确定用进口设备，你就不用担心。如果他们确定用国产设备，那么事实上就是那个老板一直在忽悠你，将你作为一个谈判的砝码，去压别人价格的。你可能会有疑问，认为客户有可能买进口设备，也有可能买国产设备。这种情况几乎不可能，因为进口设备和国产设备价格差距太大，客户都是有预算的，设计院和业主在早期就做了投资概算。因此，模棱两可的采购基本上是不现实的。

＿ 网友"ttssll 5220"提问：

峰哥您好！您的文章我已拜读，一句话：精辟且实用！（我当培训教材用，不是拍马屁。）前几天在出差，一直用手机阅读，今天回公司后将一些经典的和自认为暂时做得不好的内容特意记录在笔记本中，以便日后能经常提醒自己。先感谢您指点迷津了！

另外有问题请教峰哥。我在上海一家贸易公司（公司主要销售手机外壳、电脑外壳、显示屏等产品，为国际一线品牌）做销售。目前正在跟进一家大客户 A，具体情况如下。

1. 客户 A 在广东，是另外一家大客户 B 介绍的。两家客户做的都是玻璃显示屏，设备和工艺完全一样。与客户 B 的关系已经很铁，从工程到采购全说服了。

2. 客户 A 今年刚投产，6 月已小批量订购了我的产品作为培训期间的试样，预计年底才能开始量产。

3. 已同客户 A 的采购经理建立了良好关系，通过其已联系上所有相关人员，并建立了自认为良好的人际关系。

4. 我的产品已被客户 B 长期使用，客户一般不会随便更换。有更换品牌权限的是工程部的两位工程师，现只同其中一位工程师经常沟通。（若同时与两人沟通，我担心两人彼此有戒备心理，他俩对我也会有防备心理，日后不好开展工作。）

由于以上情况，我现在有几个困惑：

1. 因中间还有几个月时间，为防夜长梦多，除了密切联系之外，还需注意哪些事项?

2.我总感觉常联系的那个工程师说话很虚。比如,我介绍一些技术知识给他,他总会表现得很诚恳,找个培训中遇到的问题呼应我,但我明显感觉到他说的是客套话(通过平时的观察,我发现这是他的习惯)。我下一步该如何跟进更好?

3.若常同客户联系,担心日后长久合作有困难:倘若他自己拿好处,我常联系的话他会心虚(即使是下班时间联系)。请教:用什么办法能保持良好的长久合作关系?需要注意哪些事项?

4.若要斩除竞争对手的威胁,说服工程师就行,其他人没有话语权,所以您在文中提及的占优时给竞争对手设置障碍对我挺实用的(我说服客户B也是用的这一招)。除了这一点,我还得考虑哪些方面呢?

由于我去年才大学毕业,阅历尚浅,商场上的显规则和潜规则还不能完全领会,所以请峰哥不吝赐教,以助小弟我"拿下"大客户,完成原始积累,谢谢!

另外,凭小弟我这番介绍,以您的眼光应该能看出小弟我的特点,请简单指出我的不足之处。期盼您在百忙之中扶小弟我一把,再次感谢!

_ 作者回复:

像我们这样的工业产品销售,在做大客户时,讲求控制,就是说要控制所有可能会起变化的人和部门,提前进行布局,做关系,施加影响。这样不管发生什么变化,都不会影响我们最后拿到合同。这样去思考,你的问题就很简单了。

1.客户的采购共有几个环节?有几个人参与其中?你说服了几个人?

理论上,我们要将所有人都说服才是最佳的,但是工作中往往做不到这个程度。所以,我们只需把关键人、推荐人和拍板人这三类对我们销售有影响的人搞定,提前疏通或建立友好关系,这样才不怕竞争对手的到来。

根据你的描述,你现在其实只说服了两个推荐人中的其中一个,可能这个推荐人集推荐人、关键人和拍板人这三种角色于一身。从控制的角度来说,忽略另一个有决定权的人是危险的。所以,建议你和另一个推荐人也要处好关系。

2.有了良好关系,还需不需要进行良好的沟通?

答案很明显:需要。采购是人,也有感情,如果仅仅靠产品本身而不掺杂其他，那么在将来，在竞争对手也有和你相当的产品时，你的地位就可能被取代。对他们来说，买谁的产品都是买。

3. 与客户联系，客户会不会嫌烦？

答案也很明显：你朋友经常打电话给你，你会不会嫌烦？建议先把客户变成朋友，而不仅仅是客户本身。

八月十五到了，我买了20部学习机，准备向已成交的客户和还没成交的客户都各送一部。学习机是给小孩学习用的，客户也没太大的理由拒绝，因为我是以关心孩子、对孩子成长有好处的名义送的，谁会拒绝呢？现实生活中，增进感情有时候是需要礼物做润滑剂的！

另，还记得我在文中说我的销售理念是"不害人"吗？切忌一旦与客户建立良好的关系就得意忘形、肆无忌惮，这样你的客户会害怕你的！我们要保护我们的朋友和关系人。这样才是真正地做生意。从表面上看，啥关系也没有，竞争对手也不会提防你，但背地里，你早就谋划好怎么运作了。这样，才算得上是操作！

▁ 网友"kimmisu"提问：

峰哥，看帖很久，一直潜水学习消化，但近日一个项目自我感觉困难太大，特来请教。

我们公司销售的是石油管道防腐产品，公司在国内属于后起之秀，产品质量不错。该产品在管道项目上属于小价值产品（占整个工程预算的1%左右），所以在很多地方项目上，业主大多会包给施工单位采购。

我目前正跟进一地方项目，与项目业主的正、副总工及一个副总见过两次面、吃过一次饭，不清楚副总是否负责采购。两个总工表示欢迎我们，其中副总工似乎没有实权，但我一直通过他了解情况，他也比较愿意帮忙。问题是：现在业主说是物资采购准备中，却一直告诉我还不确定谁来采购我们的产品以及什么时间采购，让我等通知；公司又不想让我常驻那边，怕费用高且暂时抓不住工作重点。

现在我要不要去找业主领导做工作（怕最后包给施工单位采购）？怎么做工作？公司要求我用电话确认信息后再出发是否合适？拜请峰哥赐教，也烦请网友指点，多谢啦。

_ 作者回复：

管道十有八九会包给施工单位。你现在应该能判定是否已包给施工单位了，如果施工单位都已经确定的话，那么包给施工单位其实就确定了。

即使已包给施工单位，也可以做业主工作，业主可以对施工单位施加影响，让他们采购你的产品。价格部分要包含施工方的点数，比如 10% 左右，施工方有利益也会与你合作的。即使在施工方总包的情况下，有时候业主会提供给施工方三家品牌，让施工方在里面找一家购买，现在也可以做施工方的工作啊。

现在是设备准备阶段，时间还早，你有充足的时间既做业主又做施工方的工作。当然，这个"做"是比较简单的，就是了解采购归属哪一方。这样，你与业主和施工方在项目初期都建立了不错的关系，无论最后采购归属哪一家你都领先。

做关系不一定要花钱。态度诚恳，有时候也可以和客户建立比较深的关系。

_ 网友"rover 2011"提问：

峰哥，我也有一个问题想听听你的看法。你觉得现在的高合金钢这一块儿市场怎么样？我刚刚应聘上了欧洲某公司在中国的总代，去做的话，前（钱）途大吗？同时手上还有一个进口品牌的剥线等相关设备的 offer，这家公司是另一家欧洲公司的直属分公司。我现在拿不定主意，到底去哪一家，你能给点看法吗？在此先谢谢了！

_ 作者回复：

非常抱歉，你说的高合金钢和剥线，恰好都是我的知识空白点，没接触过这样的公司，所以也没有指导性的建议。

建议你分析以下两个问题。

1. 个人在两家公司里面的成长性。分析个人在里面做能不能做到领导位置，如果有上升空间的话，还是值得奋斗的。

2. 可能几年之后，你要自己创业开公司了。如果几年之后要开公司的话，那么你能利用到现在的资源吗？换句话说，你现在做的事情对你以后创业有帮助吗？

所以，你可以比较下，现在哪个公司的产品更适合中国市场，哪个公司的客户你更能把握，以至于将来创业的时候，你可以将客户也带走。如果你现在的客户群也是你几年之后创业的客户群，那么你就要好好地做，而你由打工仔转变为老板，也是极为简单和轻松的，就看你想不想。就好像我一个销售日本冷却设备的朋友，销售了六年，将华东地区的客户抓在了手上，前年自己在上海开厂了，现在年销售额平均有 5000 万元。

从销售员转变为老板不算难，你是新手，所以一开始就积累客户的话，你的成就会比我们这代人大得多！

＿ 网友"不 ＿ 喜欢 ＿ 风"提问：

非常感谢峰哥的无私分享。我也有问题请教，请峰哥花一分钟时间解惑，感谢！

一、我们单位的情况

属于 IT 行业，公司不大，但技术在行业内绝对是第一名，包括国外一些超级大公司也在学习我们的技术，这也是我放弃了好几个大公司一直留在这个单位的原因。

公司前期在市场开拓方面的意识非常薄弱，不舍得投入。所以，虽然技术很强但是业务并不好，技术在各个行业的具体应用都不成熟。

公司的技术特点是视觉效果非常好，容易抓人眼球，同时控制核心技术，在行业内基本没有竞争对手。

今年公司来了一个很有经验和魄力的新领导负责销售团队，所以现在整个公司也在转型，由原来的技术主导逐步转向销售主导。

二、目前项目的情况

甲方是政府部门，这个项目是甲方主动联系我们（目前有将近一半的客户都是甲方主动联系我们），甲方已经到公司考察过一次，我也带领导和技术人员前往甲方单位进行过一次集中的交流，效果都非常理想。

A 是甲方部门的负责人（级别较高），B 是 A 的下属技术人员，负责和我们进行沟通联络。但项目进度实际上是由 A 本人进行推进的（当初也是 A 本人主动联系我们），B 对项目信息了解得不多。这中间就存在一个问题，A 不愿意和我直接沟通太多，基本上都让 B 来和我沟通，但是 B 对项目情况了解得并不清楚，所以基本谈不出什么实质性内容。

为了解决这个问题，我们也在想办法，比如最近我在找各种借口（路过、出差等）来拜访 A。特别今天没有和 A 预约，直接来了之后才打的电话，结果见面后 A 很明白地告诉我："你用不着这样来回跑，我们都很忙，需要的时候自然会联系你们，不会把你们忘了的。"然后基本上就下逐客令了（已经产生反感情绪了）。

晚上，我很有诚意地约 B 出来吃饭，也被回绝了，现在一个人在宾馆郁闷。

B 上次告诉我项目已经立项，但这次问，他也不敢确定了，项目立项的消息今天 A 也没有说，我现在持怀疑态度。本来这次主要目的是送中秋礼品，结果到现在也没抓到机会送出去（和 A、B 根本没有机会单独在一起，甲方单位的走廊回音很重，说句话全楼层都能听见）。

A 属于学者型，清高，不容易接近，但对新事物感兴趣。

三、请教的问题

1. 有个好的开局之后，中间如何能够有效地跟进？既不让客户感觉你很功利而产生反感情绪，又同时能够有效地推动项目进度。

2. 提高和客户的见面频率是不是万能法则？比如针对本案例中的 A 该怎样来促进私人关系的发展？

烦请峰哥指教几招。

_ 作者回复：

怎么做 A 这种类型的、级别较高的领导的工作，其实我文章里的故事说得很清楚。

1. 在我的文章里你会看到，去见 A 类型老总级别的人物，第一次见面总是很短暂（你思考下为什么）。

2. 但第一次见面离开后 30 分钟左右，需要给对方打电话或是发短信（你再想想为什么）。

3. 以后的拜访时间都不要太长，拜访频率也不宜高，且拜访主要集中在私下进行（你思考为什么）。

4. B 这样的客户怎么接触都无所谓，但是你的口风要紧。

5. 最重要的一点是：你的级别不够！营销界有个名词叫"组织销售"，即你的销售对象最好是对等的组织里的对等的人。什么意思呢？也就是说，假如你是业务员的话，那么和你对等交往的就是对方的工程师；假如你是老总的话，那么和你对等交往的就是对方的老总。换句话说，假如对方来的是业务员，而我方派去联络的人是老总，那么就是自降身价了！假如对方是个老总，我却派业务员去接待，那么你的意思就是看不起对方了。

所以，分析下你的情况，其实你已经犯了营销的常识性小错误。

1.组织间不对等，你去拜访对方老总是失礼行为。

2.你的销售功力需要加强。与人接触要让对方如沐春风，像客户有点儿抵触情绪的话，说明你的销售方式有点儿硬，还不够软。

3.你的销售方式和手段需要改进。建议让你的领导与 A 秘密接触，你去的时候最好让 B 领你去见 A。你可以无所顾忌地拜访 B。

知道为什么我的销售理念是"不害人"吗？因为像 A 这样的领导或者稍微有点儿地位的人，都是站在风口浪尖上的，有很多人对他的位子虎视眈眈。所以，我们销售一个处理不当，可能就会让 A 的竞争对手们抓住把柄，使 A 受到攻击。所以 A 与你保持距离，实在是情理之中，因为你还需要给他信任感。加油！

_ 网友"她笑着说我狠色"提问：

峰哥您好，先祝您周末愉快！我们不是一线品牌，在您的眼中，不是一线品牌该怎么去做呢？价格也不是很好。我们是贸易公司，做的是自己的品牌，自己生产的产品。

谢谢峰哥！等待峰哥回复。

_ 作者回复：

在中国目前的大环境下，一线品牌由于价格高，所以主要谈技术或者谈品牌。你们不是一线品牌，那么我的文章中有说：和打工的中层、底层交往，主要谈利益，用利益打动对方。只要你给人恰当的利益，你就会赢得中、底层客户的心。

这个"利益"不单指金钱，它是个很广义的词。

_ 网友"rockefellerpeng"提问：

峰哥您好！很久没回来看您的帖子了，现在才发现那是多么愚蠢啊！最近工作做得很不好，从 7 月 13 日到现在都没有一个单子，手上只有一个行业内前三名的大客户在跟，很有希望出单，不过最近经理都不让我直接插手了，只是让我做一些表面的工作，也许是因为我刚毕业吧。还有一个南京的客户节后准备到深圳来实地考察。这两个客户就是目前我手上的资源。峰哥，这么久了，单没出，钱没挣到，老板也看我不顺眼，我现在是不是很危险啊？我自己也不想再这样下去了，真的。烦啊，峰哥！

＿ 作者回复：

这样不出单子的压力是每个销售员都会遇到，且需要自己克服并扭转局面的。虽然不出单，但是要卖力工作，起码要表现给老板看：虽然没成绩，但是我也非常努力了！对老板来说，不出单子不要紧，起码你在拼命工作；对你的销售经理而言，你虽然没出单子，但你是自己人，哪个销售经理不需要几个心腹呢？

我曾经在外企有六个月不出单子的经历，那时候的压力可能比现在你的压力更大！所以，别急，要加倍地在领导面前工作（工作要让领导看到）。

＿ 网友"mirror123"提问：

也说一下我自己，目前在这家公司上两个月班了，做两个省的工作，很累。

客户对象：电信运营商，电力。

目前状态：两个月没做单，主要工作是找资料，研究客户内部情况并与其电话沟通，下个月准备出差。

担心事项：老板在公关费用上面舍不得花钱，两个人吃个饭超过 100 元钱还要申请一下，郁闷……

现在还在搞工作月报，总结一下两个月的客户进展，下个月的工作计划，十一之前要发给老板。

三个月销售经验的菜鸟，奋斗中……有进展再来和峰哥以及网友们分享。

＿ 作者回复：

电力行业属于没有彻底放开的市场之一，还是有很大空间的。

请客多少钱以上就必须请示之类的说法，一般企业都是要求新手的，但这仅仅是为了恐吓你，主要是怕你乱花钱，让你约束下自己不乱请人，这才是目的，并不是老板抠门之类的原因。一些销售老手与老板相处时间长了，这个规矩对他们来说就无所谓了。

对于新加盟的新手，由于老板对你不熟悉，所以一些条条框框可能就多些，也是在考验你；对于公司的老员工，则是相互妥协，相互合作，相互促进。

这是所有中国企业，甚至是中国人的特点之一。

_ 网友"yjfvswc"提问：

我想请教峰哥的是：我现在该怎么选择行业呢？就我本人来说，我现在只有语言优势（英语），以及了解一些基本的销售理论和心法。

曾经想过，做销售的对手是采购，采购们一般见过很多销售的方法，我是否需要先从采购的角度多学一些销售的方法再来做销售？因为现在我有可能转岗到采购那边。如果峰哥对我的人生有更多建议，敬请明示。

_ 作者回复：

1. 你的英语好，其实这就是你的巨大优势。至于一些销售心得和理论，那要和实践相结合、相融合，才能真正指导你的工作。

2. 换位思考是有益的工作思考方式之一。采购的工作相对于销售就简单得多，但千万别把销售的心态带到采购的工作里去。买和卖的心态是不同的，这一点千万别互换，这是谈判的砝码之一。一个采购要冷静，而销售要热血、有激情。

3. 对你人生的建议就是：你的英语好，可以将你的长处好好发挥发挥，给自己一个满意的人生答卷，别为了工作而将自己的英语给荒废了。

我是"70后"，我们这代人好像对理想比较坚持，还有点儿执着，所以如果讲建议的话，只是从理论上讲，要坚持自己的理想！

我就是这样过来的，虽然经历很多坎坷，但一直坚持自己的理想前行。我的理想是做个儒商：穷而商，商而好学；学而后知足，知足常乐。

峰哥，看了你的文章，真是醍醐灌顶，想明白了很多事真的会少走许多弯路。我是做软件销售的，主要做制造执行系统、仓库管理软件等，目前已经有一年多了。我觉得在中国似乎只有实体产品才好做，软件在中国真是极度难做，大部分客户都是一次性的，因为软件上一次就行了，不需要天天买；一单也没有多少钱，做过几单都是五万元左右。

我觉得有前途的销售：第一，有些技术；第二，销售实体产品；第三，每一单金额怎么说也有几十万元、几百万元。峰哥，你觉得我的想法对吗？不知道你能不能给我推荐些行业或者产品，我现在真是不想再做这一行了。三个月到半年才出一单，一单 5 万—10 万元，迷茫了，不知道该做哪一行。峰哥，你见多识广，给指条明路吧。

峰哥，大项目出现时，各公司的销售都是一窝蜂地冲向推荐人、关键人和拍板人。各个关键人很有可能对每个销售都表现出极其友好的、极其亲和的一面，如何判断此人已经和你站到统一战线里呢？

峰哥说，一次成功的销售，人在其中占了 70% 的因素，但是我现在体会最深的是，平台才是最重要的。我们公司是纯贸易型的，基本没什么库存。就像卖电脑，有人买惠普我们就找惠普卖给他，有人买联想我们就再找联想。我们现在根本就没有项目可做，因为大项目没有价格优势基本做不下来，而且在大项目里我们会遇到总代和美国厂商，我们这样的小公司去了就是当炮灰，所以我觉得平台真的才是最最重要的，起码这是我目前的感受。

假如峰哥您不是在德国佳菱公司，能和鄂北的马局长联系招商吗？能以世界 500 强企业投资的筹码和马局长洽谈吗？所以，峰哥，我觉得金额越大的采购越需要公司实力强大才行。像很多大项目，都是顶级公司之间的竞争，也就是说，要做金额大的工业品销售，首先一点便是进入大公司，您觉得我说得对吗？

唉，每到过节，就会有些难过，也许我这种难过峰哥你永远不曾有过。当年我在一所军工院校读本科，因为犯了错误，在大四时被开除了，于是我远离家乡，江湖飘零。因为没学历，只能进一些行业最下游的小贸易公司。我现在又开始学习了，但拿到学历也要两年以后了，这种自考的专科学历也不顶什么用，现在真不知道该如何奋斗了。从小到大，我一直是刻苦勤奋，志存高远。我在现在的公司做了半年，我的业绩就在公司的销售里排第三了。和我同期的有三个，还有两个比我早干了一年的，其余的都是比我早干两三年的，我觉得自己好像还行，有空就看看销售方面的书，琢磨琢磨客户，想想将来怎么办。

我最近想起我四叔，他真是智力超群，为人处世都行，平时兢兢业业，年轻时便是志存高远，曾经独自搞过公司，现在却一贫如洗，家里连500元钱都拿不出来，四年来只有两身衣服，冬天连条厚的裤子都买不起，就在那儿硬扛。看到现在的他，很难想象当年他风光一时的架势。

峰哥，如果有空的话，能不能给我几句建议呢？

_ 作者回复：

你四叔的故事真让人唏嘘不已。能力强不一定能成为老板，在你的四叔那里成了一个小小的注脚。关键是你四叔以前没明白"势"的转换。我在以前创建的QQ群里，将销售员的成长历程写得很清楚。

1. 打工，销售产品（这点估计是每个销售员的起点）。

2. 完成原始积累（普通的销售员要花3—5年完成这个阶段）。

3. 代理产品，自己成为老板（利用以前的客户关系，代理以前打工销售的产品的不同厂家，在以前的客户那里销售，这一点很容易做到，也很容易存活下去）。

4. 自己成为工厂主（产品代理做到一定的量，就可以考虑开工厂了。其前提是要不停学习，始终站在行业的前端）。

你四叔没有走完上面的历程，因为功夫不到家，做事不彻底，这是做老板的大忌，也是我迄今没有成为工厂主的原因，不愿意让自己那么早就进入榨取别人剩余价值、盘剥别人的阶段。

你说每个关键人对你都很友好，这是可能的，笑里藏刀的敌人有时候对你也很好，但你要透过表面看本质，对你友好的人不一定是想帮助你的人。你可以通过询问一些内幕，让他们为早日拿下订单做一些事情，看他们说的和做的是否一致。

你现在感觉平台才是最重要的，那是因为你受到了目前的学识和认知的限制。一个人的思想认知很难跳出他所在的环境，困扰你的是别的销售员因为平台强大而使你在竞争里屡屡受挫，所以你的认识就是销售平台最重要。等到你的销售水平进入高一点儿的层次，你就明白，平台比起"优秀的人"的作用来说，价值太小了。当然，大家素质都差不多的时候，运气和平台就成了决定胜负的关键。但是职业素养不一样的人在一起做销售，素养低的人就是平台再好，也是被别人利用，成为陪标的最佳人选。

另外说说文凭问题。本人找工作，从来没有出示过文凭，第一次打工的时候都没有出示过，所以文凭不能成为你的遭遇的借口。我在文中一直强调找工作的技巧，建议都是找老板谈，找话事人谈，试问哪个老板在和你谈的时候要看你文凭？看文凭是人事部门的活儿，老板是没有工夫看的。你和老板接触谈好了工作，老板自然会告诉人事部门要用你，给你职务，人事部门不知道你和老板是什么关系，他敢问你要文凭吗？他们巴结你还来不及呢，还敢问你要这要那吗？形式上要的话，你说忘记带了，这事儿百分之百就过去了，他们绝对不会再提的！

一个目标远大的人，必须是"心狠手辣"的人。试想我们一年要开除多少人？不是你的人，难免会有二心，你下达一个命令，他都推三阻四，这样的人早晚会是你的绊脚石！

所以，建议你以后衡量事情都以利益为主。这样时间一长，你看问题、解决问题，都是以利益为标尺，这就是老板的眼光了。当然这个"利益"是有多重意思的。

_ 网友"e7955"提问：

峰哥，你好！关注你的帖子很久了！今天正好有感想，就想和你交流一下。我在一家垄断企业上班，目前对待遇什么的都比较满意，工作也稳定，但感觉缺乏前进的动力，不想就这样在国企混一辈子，所以一直想找机会做点儿自己的小事业。我有一个研究生同学，我俩关系还不错，经常在一起玩。他所在单位是大型轧辊企业，集团规模还是比较大的，他是总经理。我想请问你，像那样的企业，该如何去确定或寻找一个可以操作的项目？或者什么项目比较合适像我这样刚刚起步的新手操作？非常希望得到你的指教，请指点一下迷津！谢谢！

_ 作者回复：

你这个同学的平台很牛了，你可以和他深入探讨一下合作的问题。

做他们的原材料供应是最佳的，他们的原料天天都要消耗，需求量大，而且需要长期购买。足够你富个两三代了。

_ 网友"东方之珠512"提问：

峰哥好，我现在在做一建材产品的省级总代理，想找一位懂营销的经理来带领我的业务团队拓展业务，可是这种人才似乎很少，没有合适的。望峰哥指点，怎么才能找到合适的人才？

_ 作者回复：

现在你们那地方的经济环境大热，做建材还是前途可观的。

销售经理水平高的，一般在春节前后会大量出现，那段时间是销售高手转会的高峰期。现在青黄不接，除非有大的变故，一般销售高手都会蛰伏到年底，和老东家结完佣金再谋发展。

人才都是奇缺的，任何企业都是缺真正人才的，建议你培养自己的销售班底。建材销售还是比较简单的，基本上达到"销售能手"级，就完全可以胜任。

如果讲建议，你可以招聘你们地方客户的前端产品的销售员，尤其是卖水泵和阀门的。这些销售员所在的行业是你客户的前端行业，也就是说，这些业务员卖掉了水泵和阀门以后，客户才会考虑你的建材产品。所以，你招聘这些销售员不仅可以了解更多的当地客户的信息，而且再笨的销售员都会有几个关系好的客户，你可以直接介入，使销售工作有个好的起点，你挖的销售员说不定直接可以给你带来订单呢。

_ 网友"antongxing"提问：

你好，峰哥！看了你的文章感觉茅塞顿开。我现在在做水泵销售，在××的公司，就是你说赚不到钱的那个公司。事实也如你所说，我们的工资不高，且罚款很多，压力特别大。天天忙，但是没有多少收获，自己也一直在考虑出路，毕竟做了三年了。但是一直比较迷茫，幸亏能遇见峰哥这样的良师益友，也算是人生的一大幸事了。我不甘心就这样混下去，所以想请峰哥点拨一下小弟，下一步该往哪里走，因为以峰哥这样的高度，看小弟现在的处境应该很清楚下一步的路该往哪里走。

_ 作者回复：

三年时间不算短了，在一家企业如果三年还不得志，还不能起飞，就说明你在这家企业已经被打入冷宫了，就可以考虑跳槽了。建议你在年底的时候跳槽：

1. 跳到其他熟悉的企业的销售管理岗位，比如办事处主任、区域经理之类的。（既然跳槽就要向上跳，跳到平级的话没意义，宁愿在原单位混，也不要平级跳。）

2. 跳到外企去。三年的专业销售背景，已经足够吸引外企的 HR 了。年底是销售员转会大挪移时间，估计全中国最少有 5% 的销售员在那个时候换工作。

_ 网友"色弟"提问：

弟现在有个棘手的问题，想请峰哥指点。

我从一家不错的公司跳槽到同行业的另外一家公司，这家公司比以前的公司小，但是公司产品有特色，给我的待遇也不错，这些都是我过来的主要原因，目前正在公司培训阶段。公司招聘我过来是因为我个人的专业素质很好（销售高科技产品很需要专业背景），还有一定的销售经验，销售经理很欣赏我，对我期望很高，也是她主动招聘我过来的，并希望我以后做销售管理。

但是，我目前遇到一个很棘手的问题，销售部有个经理助理是老板的亲戚，是那种你顺着她，她很好，一旦逆着她，她就总是找你麻烦的女人。因为一点小事，我们争吵了两次，现在她对我态度很冷淡，我很想跟她搞好关系，以后报账能帮我忙，但是又担心她不领情，也不太想厚着脸皮刻意讨好她。她是办公室老大型的，讲话很冲，有时候又很好，经理不在，办公室就是她的天下了。

峰哥及网友们，能否帮我出出招儿，怎么将峰哥的公司内斗技巧用到这个方面？小弟多谢了。

1. 在办公室里别得罪那些自以为是，且有点儿权力的人。

2. 笼络人心。可以在出差的时候，带些出差地的特产回去给办公室人分享，办公室的人吃了你的东西对你的印象一般就可以了。类似这样的小招数可以用一用，很容易的。

3. 千万别拉帮结派去内斗，结果一定不容乐观，还是无为而治的好，因为你无为、无争，反而别人都信任你，可能都会站在你这一边。

4. 不想采用上面的手法时，也可以多用赞美（是赞美，而不是拍马屁）。你去赞美她，她总不会再和你计较吧（伸手不打笑脸人）。

我以前去新单位，也为融入团体而为难，于是就去请教一个有点儿威望的女士一个问题（其实那个问题我早有答案）。每个人都喜欢被人尊重，都喜欢为人师。那位女士看我虚心请教，就耐心地为我解答，还关心了那个问题一段时间。于是，通过她，我知道了公司的一些内幕，一些人的是非与特点。甚至以后在开会的时候，那位女士总是无论对错都支持我。

海纳百川方为海。

_ 网友 "2009 飘在西北" 提问：

峰哥，我做的是大学计算机公共基础科考试软件，公司技术非常好，全国基本上就我们一家在做，但是学校的需求要自己挖掘，现遇到问题。

1. 软件计算机系用得很好，但报告提交上去以后，申请总是被驳回，教务处或主管副校长不同意上软件。我与一家高校的教务处处长关系非常好，他给我的答复是：（1）不紧急；（2）只是用于一门课程，需要建立题库；（3）价格太高。

2. 有个单子，在行业会议上认识了某学校计算机系主任，我做过软件的讲解，他们非常感兴趣。但是当安装上软件后，他们让老师们看一下软件，结果老师们反对，计算机系主任也就不感兴趣了，再往下推进就特别困难。我分析原因是需求挖掘不充分，但是没有想到更好的解决办法。

3. 我们公司在提交方案后，缺乏必要的公关手段（有的客户拖两年都签不下单子来），就是拼命催使用单位，使用单位领导现在都不敢接我们的电话了。

_ 作者回复：

IT上的销售规则我不懂，你这样的销售案例，是典型的忽略了推荐人的做法。销售里，对关键人、推荐人和拍板人都要做工作，这样才有较大把握拿单。仅仅搞定一个人，往往都以失败告终。

_ 网友"大头偶"提问：

峰哥，我也想等学好技术然后去做销售，我今年建筑工程专业刚毕业，进了烟台最大的建筑公司，来了以后才发现与想象中差距很大，想辞职，但还是要忍着，现在空有一腔理论，没有经验。想让峰哥给介绍一下工业品销售，像我这样的以后该做什么方向的工业品销售，能不能提供点儿参考？谢谢峰哥！还有，怎么去联系工业产品公司？再谢！

_ 作者回复：

今天出差，就简单说几句。

不赞同你转行做销售。

可能在学校中将未来想象得很好，而工作后却发现理想和生活有极大反差，这很正常，是绝大多数人都经历过的。这个阵痛，你要挺过去。

建筑业相信你也看到了，现在很红火，以后也会很红火，这个行业是很赚钱的，你看遍地都是建筑企业你就明白了。

你现在需要做的是学习做人、做事的技巧，混入你单位有权势的小圈子，这样你早晚会从技术员升到项目经理，甚至升到公司领导的。这需要时间来磨炼自己，所以你要留心怎么和领导层建立一种关系，最简单的就是锁定一个领导，然后效忠。这样领导看你的成熟度，早晚会给你个金饭碗的。

一个项目经理，在我们这儿的年薪是30万元，加上杂七杂八的一些收入，年收入最少100万元，相信已经可以满足你对收入的要求了。所以，你要做的不过就是潜伏，然后谋取项目经理这个岗位。你现在可以去考一些证什么的，为以后的道路多攒点儿资本。

_ 网友"木叶毛毛"提问：

峰哥你好，我想请教个问题。

你前面说了要将战略和局势摆在第一位，技巧第二位，我还没参透其中的奥妙，百思不得其解。对于一个产品固定了、客户锁定了的业务，这对局势的分析是做客户的需求分析，对自身成功率的判断，对业务单的筛选，对自身能力的评估，还是对经济周期规律的掌握？我一直没参透其中的道理。

对战略的分析，是对这单做不做的分析，还是对做这单难易程度与控制方法的分析呢？如果是控制方法的问题，那不又归类到技巧上面了，分不清战略和技巧了？对战略与局势的分析有别于技巧的关键到底是什么？还望赐教！

_ 作者回复：

得知一条项目信息后，第一个阶段是"庙算"，就是客户分析，这在销售培训里叫SWOT分析法（自我诊断方法），或者也可以叫定位。这个阶段主要是弄清客户的定位、你自己的定位、竞争对手的定位、市场的机会、市场的威胁，等等。这个定位其实就是指对自己的目标和实力优劣的判断。换句话说，这个阶段就是谋划怎么去干一件事，以及以何种面具出现在客户面前。

这个阶段表面上看务虚，其实对全局影响是最重要的。比如，客户是注重价格的，你偏偏以技术的身份和形象去沟通，就很难在客户那里留下一个好印象。又如，客户是追求高技术的，如果你以一个产品专家的身份去与客户进行技术交流，那么你拜访客户时一定会引起他们的兴趣的。

第二个阶段就是混战了。就是你要亲自到客户那里，进行相关的和不相关的一通拜访，探索销售的机会和难点。这个阶段是公开的，你和竞争对手也会经常碰面。你可以将这个阶段理解为宣传和战略包围、收集信息、寻找机会的阶段，也可理解为"察"的阶段，其主要目的是不暴露自己，尽可能多地探求事情的真相。

第三个阶段就是攻城了。在常态下与竞争对手、客户都有了很久的接触，彼此都清楚对方的基本信息了。这时候就要开始攻城了，就要运用到销售之术了，具体请看我的帖子中关于"异"的描述。

综上所述，如果在谋划的第一阶段（你可以看作是战略的制定）你就定位失误的话，那么在以后的销售过程中，你怎么努力都将无法改变最初给人留下的印象。

_ 网友"乾坤在我心"提问：

在许多跟帖中，我发现有很多关键的问题峰哥都没回复，也许没注意到或者没时间回答吧，譬如款项如何追结等。希望以后峰哥能分享一些关键性技巧。也许这个要求有点儿过分，但还是希望能透露那么一点点。

_ 作者回复：

不知道你说的关键问题有哪些，建议你系统地将你认为很关键的问题一一列举出来。

款项如何追结这个问题，在外企不是问题，因为外企一般都是先款后货，最起码也是货到结算到90%以上。国内产品的付款环境要恶劣得多，甚至有的网友透露说，现在只要能在竞争中获胜，连预付款都已经不作要求了——这确实是残酷的竞争。

付款的快慢与你做工作的力度大小有关系，你关系到位，即便别人的钱都不给，也会先给你的。从销售的角度上看，回款从来都不是大问题。回款有问题，说明你关系没做到位，别人在刁难你。

_ 网友"zhuaner 2009"提问：

你好，峰哥！我公司生产电子产品，在行业里，在中国应是 TOP 2 或是 TOP 3，在世界应是 TOP 5。公司人员有五六千人。公司有三星、飞毛腿等这样的大客户。

我想去开发某著名外企，跟那家公司的人初步联系了，但只是发邮件，不是很正式的那种。因为具体的方案我还没有想好，而且这样的大客户也不是一朝一夕就能搞好的，所以就没有急着推进。

一开始我只跟这家外企的全球采购经理发了一则简单的节日问候，没有介绍我们公司，他居然回了我的邮件，并表示有一定的兴趣，问我是谁，是怎么知道他的联系方式的，是哪家公司的，等等。这是我没有想到的，原本以为这样的大公司，这样高职位的人，对一封非常不正式的邮件应是根本不搭理的。于是我在邮件里简单地说我是通过朋友知道他联系方式的，而关于我与我们公司仍然没有做详细介绍。可是这位经理居然追着问，于是我在第三封邮件里详细地介绍了我们的公司。此封邮件经理没回。第四封邮件，我谈到我想去拜访他（我公司跟他的公司不在同一个城市）。他回复说非常对不起，他不负责我们的产品。

当然我不会气馁，因为我根本连电话都还没有开始打，如果打了电话，我相信结果肯定不同。当然，也可能是连见面的机会都不会给。只是我已经锁定了客户，凭峰哥的丰富经验，能否赐教，我怎么能更好、更顺利地去开展这个项目？谢了！

▁ 作者回复：

1.你的前两封 E-mail 之所以都能收到客户采购经理的回复，那是因为采购经理的好奇心。每个人接到一个陌生的电话或者信函，总想弄清楚对方是谁，这就是好奇心。

2.至于你的第三封 E-mail，客户的采购经理就已经不回复你了，这说明他已经认为他知道你是谁了，所以就不再和你联系了。

与这样的正规公司开展业务，我想你应该按部就班地进行。首先要重点拜访客户的技术部门，目的是获得技术部门的认可，这是关键。其次是拜访客户的商务部门，主要打感情牌，有了技术部门的认可，剩下的事情就是简单的商务活动了。采购经理这张牌要在最后关头打，不要轻易使用，好牌总要最后出！

在做工作的时候，注意要在客户内部找同盟军，让他在基层推荐你，而采购经理可以顺理成章地支持你，这样基本上就可以掌控了。当然销售活动是变化的，要注意观察，随机应变。

▁ 网友"hookuy"提问：

峰哥，我现在做企业的信息化项目的软件销售，公司有国家级的技术研究背景，总部在北京，在某省会城市成立了一家分公司，我正在该市一个大型化工集团跟进一个项目。

项目背景：客户方现已应用一套软件，用了将近 10 年，现考虑重新规划一个全集团的综合信息管理系统（一期），今年完成系统上线，预算 500 万元。现经过半年多的沟通，客户的需求已经梳理出来，并给客户方做了应用方案，且通过了其公司信息化专家评审。

客户内部情况：该化工集团总经理希望更换现有系统，选择一家更有实力和技术服务优质的供应商（10 年前的系统，现在应用起来确实问题很多，适应不了该厂业务要求），但发展规划处和信息中心领导坚决反对，他们的意见是继续使用现有软件系统，做系统的升级和更新。

人物背景：

总经理：新上任领导，支持更换软件，支持我们；

信息中心科长 B1：支持我们；

财务处会计 B2：本案总经理的老乡，支持我们；

信息中心干事 B3：从下面分厂借调上来的，支持我们；

规划处处长 A1：在该化工集团工作已 10 年，本化工集团现有系统就是 A1 的亲属所开公司开发的软件系统；

下属信息中心主任 A2：经常在方案细节上刁难我们，支持 A1；

下属信息中心副主任 A3：个性飞扬跋扈，反对我们，支持 A1（总经理曾有过让其走人的想法）。

本系统将于年内上线，时间比较紧迫，之前由其他同事做，现在转交给我。最近一次现场拜访客户是在 8 月，后面我方高层也同对方沟通过，但一直没有进展。我刚来公司，迫于压力，我必须在年内签下此单，不然工作就丢了。

现如何快速推进此项目，并突破客户内部的各方矛盾，引导客户从我方采购？请指教。

˰ 作者回复：

由于要在年内完成系统的升级，所以提出异议的规划处和信息中心的人在用"拖"字诀。你们要特别注意：越拖对你们越不利，系统改造的时间短，而全新的系统上线时间长。所以，你们公司一定要在最短的时间内逼迫你们的客户拿出最终的方案，到底是上线全新的系统，还是系统改造？

建议你们公司写一份推荐函，并给对方每个相关的人和部门都发一份，要盖上你们公司的章，把事弄大。推荐函内容是进行系统改造和上线全新系统的各种优劣对比，用数据说话，来否决规划处和信息中心的建议，让他们在道理上站不住脚。有了这样的有力的数据，与你们关系不错的总经理才可以顺水推舟，拍板定调，定下新系统。这个工作，可以有力地破解规划处和信息中心的"拖"字诀。

不过，有几个问题你首先要弄明白。

1. 这个项目的操作手是你还是你的领导？如果你仅仅是副手，你的领导已经指派你去做 A2 和 A3（信息中心正、副主任）的工作，那么实际上你的问题就仅仅是做这两个人的公关工作，这很简单就可以实现。你的担忧来自你对客户内部情况的不了解，虽然你说出了各个部门的各个人，但是这些人、这些部门都起什么作用？

2. 客户的采购形式如何？是议标、邀标，还是招标？

3. 客户的采购标准是什么？价格标和商务标各自占多少分？

4. 参与招标的部门有哪些？在部门里谁可能会去招标现场？去招标现场的人才是你真正要做关系的。

5. 评委是哪些人，是认识的还是不认识的？评分的标准是什么？

6. 你的优势是什么？竞争对手的劣势是什么？

如你能回答上述问题的话，基本上你就知道该怎么做了。

如你所述，信息中心正、副主任对你们都不感冒。但是即使他们去开标现场，也只会去一个人，所以你的工作其实就是说服一个人而已。

很简单，是不是？

_ **网友"电子精灵"提问：**

峰哥你好，最近我在逛人才市场，招人的看到简历上我的年龄都很迟疑（我不到 20 岁），是不是年纪小没办法做工业产品销售？

我也想过按照峰哥的方法直接找话事人。我虽然有一些销售经验，但是没做过工业销售，之前的工作也不能说做得出类拔萃，加上年龄偏小，这样没办法打动老板……求峰哥指点一下！

_ 作者回复：

因为年龄小引起的别人不信任的问题，可以用穿职业装的形式来弥补，当然谈吐也要职业化。

一个警察，即使年龄再小，穿上警服，也给人很职业的印象。销售也是一样的，年龄再小，一套西服，一身职业销售行头，别人也不会轻视你的。

_ 网友"甲骨文 oracle"提问：

从第 10 页穿越过来顶帖。我就纳闷了，怎么就没有人踢场子呢？我也是搞 IT 运维的，对工作、生活十分迷茫。很多 IT 人都想转行，觉得 IT 运维不是一个可以为之奋斗终生的职业。有同行吗？

_ 作者回复：

本文不怕踢场子的，虽然到目前为止还没有来踢的。

来踢场子的起码都是我的老师。因为针对一个案例，我的视野是一种，踢场子的人考虑得一定比我深远，他的想法一定比我高明，所以他才能来踢场子。就像下棋，我能看三步，踢场子的起码要有看四步的能力才会来，所以说踢场子的是老师是没错的。

在我小说里的第 5 节讲到 J 市铁矿的案例，我对 J 市铁矿的朱科长说："一个安全的矿，才是一个高产的矿。"这句话其实是西门子真空泵公司企业产品宣传册里的宣传口号，被我盗用来的。我可以自负地说，虽然本文写作很小白，语言朴实无华，但是有心的人真的能收获到一些东西。因为说不定哪一句你认为很小白的话，其实就是从世界顶级企业的内部培训资料转化而来的，虽然简单，却是真理。

_ 网友"richard_ang"提问：

峰哥您好，能教我们怎么做 100 万元以下的小单吗？

_ 作者回复：

100 万元以下的小单子和 1 亿元的大单子，从做单的原理上讲都是一样的，都要按照如下步骤操作。

第一步，分析自己、竞争对手和客户的基本情况，策划你的亮相，你和客户的第一次见面异常重要。

第二步，根据客户采购的情况，进行销售要点安排，先安排能实现的目标。比如第一阶段可以先选择说服基层人员，这个阶段一定要搞清楚客户的采购标准（进口还是国产）、采购时间和采购参与部门，要搞清楚客户的历史采购情况，要搞清楚敌人和友人，要搞清楚参与采购决策的人，等等。说起来复杂，其实老手去看一下客户现场，心里就知道了。

第三步，对采购的重要节点、对生意成交起决定作用的几个部门和人进行研究，并制定相应的计策来说服这些部门和人。

第四步，考虑突破和布防。

有了这些考虑，你拿下100万元以下的单子就很轻松了。当然，客户要是你的目标客户才行，比如你的目标客户是买国产产品的，你非去做买进口产品的客户的工作，那么你即使花费很多精力，也不一定会有收获。

_ 网友"zwse123"提问：

烦请峰哥指点一下。我去年大学毕业，学的是设计专业，毕业后进入台湾地区的一家企业，做了半年，总觉得没有意思，于是一时冲动辞职回家了。今天过完年来的深圳，找了一份业务工作，就是往别墅里卖高级水晶灯，做了几个月，业绩一直不好，主要问题是灯太贵，很难有机会见到潜在客户（别墅小区很难进入）。后来，因为整个深圳公司业绩不好，被总公司给关闭了。没办法，我又重新找工作，进入现在这家公司。

这是一家做床垫的公司，代理国外的一个品牌，这些年发展较快。我主要负责做酒店工程，以前没做过类似的工作，现在不知道该如何开始，特别是如何找客户，如何联系话事人。而且感觉这个行业特别小，有新建的酒店，我的同事都能知道，我不知道该如何开发别人未知的区域。

_ 作者回复：

你销售的产品，和以前有个哥们儿销售的机床上的钻头类似。

想用巧劲儿的话，就先去找你的上游产品的厂家销售，和他们一起捆绑销售。比如，你可以发展你们那个城市的跑房地产销售水泵的销售员。一般大楼在即将封顶的时候会订购水泵，这属于你的产品前端业务。一个城市几乎所有的在建项目，那些销售民用水泵的销售员都会拜访到，你可以从他们那里获得在建和新建的酒店信息。而且由于他们要销售水泵成功，也必须做工作，所以你可以和那些业务员联盟，站在他们的肩膀上获得订单，只是你要和他们分享一点成果而已。

_ 网友"王小石1977"提问:

峰哥您好，请教个棘手问题。

一直合作的行业核心客户A领导原为B领导上级，我跟A领导一起运作过项目，但A领导属于保守谨慎型，项目微利。由于A领导辞职离开客户公司，接下来的工作由B领导负责，与B领导一起运作项目，合作很愉快，感觉客户老板对B领导挺器重，B领导运作项目很有力度。几年后，A突然返回客户公司，又重新做了B领导的上级。但目前由于时间短，尚看不出客户老板是否会把实质权力给予A，给了A一个分管领导的岗位，部门还是由B领导，但A作为高层领导分管B的部门。

问题：我该如何处理与A和B的关系，能看出A和B现在的关系很微妙，接下来运作项目如何处理才能更妥当些？

_ 作者回复:

再奇特的客情都有其内在规律可循。建议你的领导去和A建立战略关系，你自己则去做B的关系。现在销售的一个特点是组织销售，讲求销售组织结构中的对等。如果你不是老总的话，而A是老总，则位置不对等，你很难做A的工作。你和你的老总这样分开两条线去走的话可能会稳妥些。

_ 网友"七剑下佛山"发帖:

我做了十年业务了，也是从基层业务做到大区经理的，但是我不得不说，和峰哥还是有很大的差距。因为我做发动机配套销售，没有招标采购一说，只有提高产品的配套份额。但是营销的道理是相通的，说服汽车厂家决策层，搞定对手，以提高自己的市场占有率为最终目的，手段与方法就是峰哥提到的"道"和"术"的应用。公司破产后，我做了三个月的水泵销售，和峰哥算是同行。说实话，整天跑工地、工业园太残酷了，关键是佣金一年后才能算清。晕啊，哪天辞职不干了，一年前的业绩佣金就不给结算，等于白干一年！现在选择行业，要看清局面再进入职场，磨刀不误砍柴工。

看到很多人想做销售这行，对此谈谈自己的看法。个人认为不是所有的人都适合做销售，毕竟销售和产品的技术含量、公司给予的待遇、公司对销售的支持力度、客户资金回笼、售后服务质量等很多因素密切相关。刚开始做会遇到很多难题，毕竟不是在车间做重复的技术工作，每天都会面临挑战，不是被对手KO，就是KO对手。只要坚持不放弃，就能成功，只能算是一种励志的方法，不能一味盲从。头撞南墙鲜血直流有两种解决方法：一是绕道行走 —— 条条大道通罗马，通往成功的道路不是只有销售一条；二是把南墙拆了 —— 付出的成本比获得的收入高。

所以，做销售的人要及时总结、分析、判断自己的选择是否正确，职场规划是否需要重新考虑。

_ 网友"琴菜"提问：

峰哥你好！我是女业务员，做水处理产品的，看了你的帖子，真的是受益匪浅啊。其实今天很郁闷的，知道有个项目，但是套不出更多的信息，而且项目要到明年四五月才开始，我想早点儿介入。

我比较幸运的是有个好师父带我，我刚进入这行不到两个星期，呵呵。我会记住你的话：努力＋勤奋＝女业务员的成功。

_ 作者回复：

明年四五月的项目，你现在介入是可以的，但要注意拜访节奏，最近一个月去拜访客户一次足矣。

另外，你已经在犯小错误了。你说"知道有个项目，但是套不出更多的信息"，从这句话可以隐约判断你操之过急了一点儿。这个阶段，项目还没开始，客户自己都不知道项目的细节情况，你还去硬"套"信息，实质上是给客户压力，客户容易产生逆反心理，慎之！

这个阶段你去拜访客户，什么都可以扯，但是千万别去扯你的生意。

_ 网友"振身"提问：

我最近在跑一个单，是医院的项目，几万元排污泵的小单，介入的时间已经很晚了。由于是先找的甲方，再找的乙方，结果乙方直接跟我说这个项目由他们定，我去找甲方只会弄巧成拙（实际上是甲方定品牌，乙方负责采购），然后跟我踢皮球，推来推去又说时间早了，把我搞火了。我心想，大不了做不成，我也不让你们如意。就在给甲方报价的同时，也向甲方告了乙方一状，说我将这个价格给乙方看的时候，他们说我的价格低了，让我再把价格提高30%。但我们是不可能这样做的，实事求是地把真正的价格报给你们了，我估计乙方推荐品牌的时候不会把我这个牌子推荐过来。说得甲方也有些信了，然后甲方跟我承诺说，他们会在我这家和乙方推来的牌子里好好挑选，如果最后发现乙方推来的牌子不合适就给全部拒绝了。

哈哈，反正水现在是给我搅浑了，不过甲方那边关系还没做到位，因为负责人都还不肯给我手机号。现在该怎么做呢？大家有建议没？

_ 作者回复：

一度无语了。你所在的企业这个品牌说实在话，没什么值得说的，普通的国内企业。但是，一个销售要善于提炼产品卖点。美国有个最经典的卖啤酒的广告语是：本啤酒瓶经过高温消毒，请放心饮用。其实，每个啤酒厂的啤酒瓶都是经过高温消毒的，但是你说出去和没有说，绝对是两个概念！其引发的效应也绝不相同。国内的乐百氏的广告语是：27层过滤！（这个创意非常棒，很醒目。）

针对你所在的企业，你起码可以提炼出两个卖点：

1. 香港投资企业；

2. 建厂历史悠久。

就这两点就足够醒目了，你可以去搞些大单了，何必在这样的小树上吊死呢？况且你也可以跑化工厂这样的工矿企业的。

_ 网友"rover 2010"提问：

峰哥，我是一个女的，以前做电话销售，看了你的文章后，我也想去做工业品销售。前不久找到一份工作，是卖硅胶的，上班第一天就被经理带着去陪客户应酬了。吃饭的时候，经理一个劲儿地叫我喝酒，我以身体不舒服推辞了。他告诉我，做销售要肯付出，我很反感，第二天就没去上班。峰哥，你说我做得对吗？难道女孩子做销售就一定要陪客户吃吃喝喝才能拿到订单吗？我到很多公司面试过，他们都说要经常去陪客户应酬，这是我们女孩子的优势，情况真的是这样吗？峰哥，我想听听你的意见，谢谢了！

_ 作者回复：

谢谢你的信任。工作中经常遇见女销售，女销售在工作中受到男性客户的特别关注或者骚扰很正常，而出色的女销售会把握一个度，既不拒人于千里之外，也不会和客户有亲近之举。

真实的销售活动中，女销售可能更多地被客户开几个不痛不痒的玩笑（客户自认为很幽默），而不会被严重骚扰，因为彼此都不会跨越那一步，跨越那一步很要命！

其实在销售工作里，女销售和男客户一起吃饭的概率非常小，因为男客户怕被女销售给缠上，吃完饭后，男客户还要买单，总不能让女人买单吧？而且要给生意做，这样的倒霉事情男客户一般是不会做的（除非他有其他的想法了）。

我带过大约 10 个女销售员，她们加起来请人吃饭不超过 20 次。女销售即使请客吃饭也会把销售经理带上，所以女销售还是很安全的。你说你的经理劝你喝酒，这只说明你的经理的素质偏低，不能反映出客户素质低。很多时候，女销售更不堪来自自己公司的人的骚扰。

很多时候在面试中，他们会问女销售能不能喝酒，其实他们不一定是让你去喝酒，问这句话的潜台词是你能不能入乡随俗。招女销售最怕的就是女销售把自己看成皇宫里的公主一样，这也不行，那也不行，所以 HR 才会有此一问。